Edward Follis
mit Douglas Century

IM DUNKEL DER TOTEN

Undercover gegen den globalen
Drogen-Terrorismus

Aus dem Amerikanischen von
Elisabeth Schmalen

W0177902

HEYNE ‹

Die Originalausgabe erschien 2014 unter dem Titel *The Dark Art.
My Undercover Life in Global Narco-Terrorism* bei Gotham Books, New York.

Verlagsgruppe Random House FSC® N001967
Das für dieses Buch verwendete FSC®-zertifizierte Papier
Snowbright Super liefert Hellefoss AS, Hokksund, Norwegen.

Inhalt

Ich habe alle Situationen und Gespräche so genau wieder-
gegeben wie möglich, doch da ich im Laufe der Zeit dreißig
Jahre gereift bin – einige würden behaupten, dafür bräuchte
ich noch ein paar Jahre mehr –, habe ich festgestellt, dass
Geschehnisse und Erlebnisse manchmal etwas verschwim-
men, wenn das Gehirn Schocks verarbeitet, wenn man zu
übermütig ist und wenn man zusehen muss, wie andere
gute Leute vor einem die Welt verlassen. Eines Tages werde
ich ihnen folgen. Bis dahin kann ich sagen: Es war ein wilder
Ritt, eine Feier zu Ehren derer, die alles, was ich in meinem
Leben – und in der DEA – je erreichte, möglich gemacht
haben.

Edward Follis

Figuren

in der Reihenfolge ihres Erscheinens

Die Vertreter des Rechts

Edward Follis: DEA-Spezialagent, geboren in St. Louis, ehemaliger US-Marines-Militärpolizist, anfänglich bei der Gruppe vier der DEA-Dienststelle in Los Angeles

General Mohammed Daud Daud: ehemaliger Mudschahed, der jahrelang gegen die sowjetische Invasion kämpfte. Später gründete und leitete er die erste Antidrogeneinheit der afghanischen Polizei (CNPA)

Rogelio Guevara: DEA-Spezialagent, Vorgesetzter der Gruppe vier der Dienststelle Los Angeles, bei einem Undercover-Einsatz in Monterrey (Mexiko) schwer verletzt

José Martinez: Spezialagent bei der Gruppe vier der DEA-Dienststelle in Los Angeles, der 1988 bei einer Schießerei mit Drogenhändlern beinahe tödlich verletzt worden wäre

Paul Seema: DEA-Spezialagent, in Thailand geboren, 1988 bei einem missglückten Drogendeal in Pasadena (Kalifornien) ermordet

7

George Montoya: DEA-Spezialagent, ebenfalls 1988 in Pasadena (Kalifornien) ermordet

William »Billy« Queen: Spezialagent der Behörde für Alkohol, Tabak und Schusswaffen (ATF), tätig für die Heroinabteilung der DEA-Dienststelle in Los Angeles

Mike Holm: DEA-Spezialagent, wurde nach vielen Dienstjahren in Beirut und Kairo, wo er Beweise gegen Drogenhändler aus dem Nahen Osten gesammelt hatte, stellvertretender Chefermittler der Dienststelle in Los Angeles

John Zienter: stellvertretender Chefermittler der DEA-Dienststelle in Los Angeles

Jimmy Soiles: DEA-Spezialagent, in der französischen Niederlassung in Paris tätig; später stellvertretender Einsatzleiter in der Abteilung für weltweite Drogenbekämpfung der DEA

Rudy Barang: DEA-Spezialagent, in Bangkok tätig

Mike Bansmer: DEA-Spezialagent und Regionalverantwortlicher für Songkhla (Thailand); verbrachte fast ein Jahrzehnt damit, Beweise gegen die Shan United Army zu sammeln

Don Sturn: stellvertretender DEA-Landesattaché in Bangkok

Don Ferrarone: langjähriger DEA-Spezialagent in den USA, später DEA-Landesattaché für Thailand in Bangkok

Don Carstensen: Leiter der Abteilung für organisierte Kriminalität der Staatsanwaltschaft in Honolulu (Hawaii)

Charles Marsland: Staatsanwalt in Honolulu (Hawaii), dessen Sohn Charles »Chuckers« Marsland in den 1980er-Jahren brutal ermordet wurde

Enrique »Kiki« Camarena: DEA-Spezialagent, 1988 während der Ermittlungen gegen ein immer mächtiger werdendes Kokainkartell in Guadalajara brutal gefoltert und ermordet, was einen ernsthaften diplomatischen Konflikt zwischen der mexikanischen und der US-amerikanischen Regierung auslöste

Botschafter Ronald Neumann: erfahrener Mitarbeiter des US-Außenministeriums, von 2005 bis 2007 als Botschafter für Afghanistan in Kabul tätig

Steve Whipple: DEA-Spezialagent, zusammen mit Spezialagent Follis in El Paso (Texas) bei der Sondereinheit »Juárez-Kartell« tätig; Experte für Telefonüberwachungen und andere legale Methoden zur Bekämpfung der mexikanischen Kokainkartelle

Die Drogenhändler und Verdächtigen

Hadschi Juma Khan: bedeutender Opiumhändler und Geldgeber der Taliban mit Machtbasis in der Region Belutschistan nahe der Grenze zu Iran; ließ den Taliban mutmaßlich Mittel in Höhe von mehreren hundert Millionen Dollar zukommen

Khun Sa: Pseudonym von Chung Chi Fu, dem Anführer der Shan United Army, einer in Burma und Nordthailand ansässigen Rebellentruppe; während der 1990er-Jahre angeblich verantwortlich für 70 Prozent des Heroins in den USA

»Dr. Dragan«: Heroin- und Waffenhändler, beschaffte in Los Angeles militärische Waffen für die Shan United Army

Kayed Berro: einer der Finanzbosse des Heroinhändlerrings der Berros aus dem Libanon, versteckte sich in Südkalifornien, nachdem ein ägyptisches Gericht ihn in Abwesenheit wegen Drogenhandels zum Tode verurteilt hatte

Mohammed Berro: Patriarch des Berro-Heroinhändlerrings, der im Libanon und im Norden Israels aktiv ist

Ling Ching Pan: bedeutender Finanzier und Mittelsmann der Shan United Army, in Bangkok (Thailand) aktiv

Sam Essell: Boss der Essell-Gruppe für Drogenimporte und organisierte Kriminalität, verantwortlich für umfangreiche Drogenimporte in die USA, in Lagos (Nigeria) ansässig

Christian Uzomo: wichtiger Mitarbeiter der Essell-Gruppe für Drogenimporte und organisierte Kriminalität, in Kalifornien tätig

William Brumley und **Mike Lancaster:** gewalttätige Mitglieder der Essell-Gruppe für Drogenimporte und organisierte Kriminalität; bekannt für den Handel mit illegalen Waffen und die Herstellung von Schalldämpfern

Harvey Franklin: Mitglied der Essell-Gruppe für organisierte Kriminalität und der Crips-Gang, bekannt für den Handel mit Heroin, gestohlenen Inhaberschuldverschreibungen und »Supernoten«, perfekt gefälschten Dollarscheinen

Ronnie Ching: Auftragskiller für führende hawaiianische Drogenhändler und organisierte Kriminelle, gestand schließlich neunzehn Morde

»Phong«: Spitzname eines wichtigen Handlangers der Shan United Army, in Nordthailand aktiv

Amado Carrillo Fuentes: der sogenannte »Herr des Himmels«, Boss des Juárez-Kartells und quasi der Firmenchef eines weitreichenden Kokainimperiums mit einem geschätzten Vermögen von 25 Milliarden Dollar, galt Mitte der 1990er-Jahre bei der DEA als mächtigster Kokainhändler der Welt

Vicente Carrillo Fuentes: Zweiter in der Hierarchie des Juárez-Kartells. Einige behaupten, er habe später die Position als Boss des Kokainkartells übernommen

Joaquín »El Chapo« Guzmán: ursprünglich ein Handlanger des Carrillo-Fuentes-Kartells, stieg schließlich zum mächtigsten Drogenboss aller Zeiten auf und erreichte laut *Forbes* Platz 86 unter den reichsten Menschen der Welt

Mullah Omar: geistiges Oberhaupt der Taliban und praktisch Staatschef Afghanistans von 1996 bis Ende 2001, tief verstrickt in die Produktion und den Verkauf von Opium sowie in entsprechende Preisabsprachen

Hadschi Bashir Noorzai: afghanischer Opium-Warlord und Geldgeber der Taliban, verantwortlich für einen erheblichen Teil des Opiumanbaus und der Heroinproduktion in der Region Kandahar

Hadschi Bagcho Sherzai: afghanischer Opium-Warlord und Geldgeber der Taliban, ehemaliger Mudschahed, verantwortlich für einen erheblichen Teil des Opiumanbaus und der Heroinproduktion in der Region Kandahar

Hadschi Khan Muhammad: bedeutender afghanischer Opiumhändler und Taliban-Rebell, in der Region Kandahar ansässig

Teil eins

Zudem sollte beachtet werden, dass sich terroristische Vereinigungen zur Finanzierung ihrer Aktivitäten vermehrt mit kriminellen Kartellen wie dem Drogenhandel verbinden. Derartige gemeinschaftliche Aktivitäten werden den Terrorismus und die kriminellen Kartelle noch gefährlicher und effektiver machen.

US Joint Forces Command,
»The Joint Operating Environment«
November 2008

Niemand kann zwei Herren dienen; er wird entweder den einen hassen und den andern lieben, oder er wird zu dem einen halten und den andern verachten. Ihr könnt nicht beiden dienen, Gott und dem Mammon.

Matthäus 6, 24

ENTFÜHRUNG IN KABUL

Zuständig: der Landesattaché, GS-15
Standort: Kabul, Afghanistan
Ziel: die terroristische Drogenorganisation von Hadschi
Juma Khan
Datum: geheim

J egliches Blutvergießen ging auf meine Kappe. Sollte
einem meiner Agenten oder Informanten während eines
Einsatzes – selbst bei Routinefahrten außerhalb des sicheren
US-Botschaftsgeländes – etwas zustoßen, würde ich dafür
verantwortlich sein.

Anfang 2006 war ich Landesattaché für Afghanistan, ein
hochrangiger Mitarbeiter der Drug Enforcement Administration mit der Gehaltsstufe GS-15 – was beim Militär ungefähr dem Rang eines Obersten entspricht. Aber ich machte
weiter wie immer: Ich arbeitete auf der Straße. Noch nie war
es vorgekommen, dass ein GS-15 mit einem M4-Sturmge-
wehr und einer 9-mm-Glock in einem Land Cruiser durch
Kriegsgebiet jagte, um in den feindseligsten und gesetz-
losesten Landstrichen Afghanistans Undercover-Einsätze
durchzuführen. Meine Vorgesetzten bei der DEA waren oft
alles andere als begeistert, wenn sie den Schwall von Tele-
grammen, E-Mails und Sechsern lasen, die mein Team aus
Kabul schickte.[1]

Doch ehrlich gesagt konnte ich nur so arbeiten. Ich war nie ein normaler Schreibtischchef gewesen. Ob in Los Angeles, El Paso, Bangkok, Tel Aviv, Kairo oder Kabul – ich befand mich immer mitten im Geschehen.

Die DEA-Jungs in Los Angeles hatten mir deshalb den Spitznamen »Custer« verpasst. Scheiß auf die Risiken: Ich war jederzeit zum Einsatz bereit. Sie schenkten mir ein altes gerahmtes Foto von General Custer, das ein paar Wochen vor der Schlacht am Little Big Horn gemacht worden war: typischer schwarzer Polizistenhumor. Das Porträt hing über meinem Schreibtisch.

Die US-Botschaft in Kabul, ein riesiger Komplex, wird bewacht von einem Trupp Gurkhas aus Nepal, Experten für Sicherheit und Terroristenabwehr. Das Gelände selbst, das die USA 880 Millionen Dollar gekostet hat, ist von massiven Festungsmauern umgeben. Anders als in Bagdad existiert in Kabul keine Grüne Zone. Außerhalb der hohen Betonmauern war man *niemals* sicher. Jeden Tag gab es Anschläge von Aufständischen. Ich wohnte in einem kleinen Apartment direkt unter der Residenz des Botschafters und wurde fast jeden Morgen von Explosionsgeräuschen geweckt. Als im September 2006 der Ramadan begann, wurden wir sechzig Tage lang ununterbrochen angegriffen.

Sobald man die Botschaft verließ, war man ein mögliches Ziel für Selbstmordattentäter mit sogenannten VBIEDs – *vehicle-borne improvised explosive devices*, selbst gebauten Autosprengsätzen. Ich fuhr einen silbernen Land Cruiser mit einer Panzerung der Stufe drei, doch bei einem direkten Anschlag würde das wenig helfen. An jeder Kreuzung musste man nach VBIEDs Ausschau halten. Es ging aber sogar noch primitiver: Manchmal rollte ein Kind inmitten der um Almosen bettelnden Menschenmenge auf der Straße eine Handgranate unter den Wagen. Dann blieb nicht einmal Zeit für ein letztes Stoßgebet – das war's.

Es war ein strahlender Junimorgen, und im Talkessel von Kabul kündigte sich schon ein drückend heißer, stinkender Nachmittag an. Ich saß an meinem Schreibtisch, direkt unter dem gebieterischen Blick General Custers, als mich Mike Marsac anrief, der eine Einheit anführte und für einen unserer täglichen Undercover-Einsätze zuständig war.

Ich hatte einen Einsatz genehmigt, bei dem mein Ermittlungsassistent Tariq gemeinsam mit einem afghanischen Informanten mit dem Codenamen 007 in verdeckter Mission 3 Kilogramm Heroin für fünfzehn Riesen kaufen sollte. Die Dealer, auf die wir es abgesehen hatten, waren nur kleine Zwischenhändler, aber ich hatte das Gefühl, wenn wir uns dort einschleusten, könnte uns das näher an die größte Opium- und Heroinorganisation der Welt heranführen und an den Mann, der sie angeblich befehligte: den geheimnisvollen Hadschi Juma Khan.

Es hätte ein Routinekauf werden sollen, wie ich ihn im Laufe meines Berufslebens schon zu Hunderten getätigt hatte, doch nun vernahm ich einen atemlosen Marsac, der sich vor Angst fast in die Hosen machte: »Ed, sie sind weg!«

»Wer?«

»Tariq und 007. Jemand hat sie sich geschnappt und in ein Auto verfrachtet.«

»Wovon zum Teufel redest du da?«

»Ich weiß nicht, wie – aber sie sind auf offener Straße entführt worden.«

»Mike, wo sind unsere Leute jetzt?«

»Wir wissen es nicht.«

»Scheiße.« Die Wahrheit traf mich mit der Heftigkeit eines Sandsturms in der Wüste: Die Sicherheitssysteme hatten versagt. Unsere Überwachung ebenso, denn unsere DEA-Agenten und ein Team der CNPA – der afghanischen Antidrogenpolizei – waren in Undercover-Fahrzeugen an beiden Enden der Straße postiert gewesen. Doch irgendwie wurden wir im Verlauf des Einsatzes reingelegt.

Zwei Kleinwagen – ein älterer roter Toyota Corolla und ein grauer Honda Civic – waren mit quietschenden Reifen herbeigerast und zentimetergenau zum Stehen gekommen. Der Corolla hielt diagonal vor unserem Undercover-Fahrzeug, der Civic parkte direkt dahinter. Das Auto steckte fest. Nach Mike Marsacs Beschreibung schnappten sich vier Typen – allesamt Afghanen – Tariq und 007, zerrten sie in ihren Wagen und machten sich aus dem Staub. Alles innerhalb von weniger als neunzig Sekunden. So schnell, dass unsere Überwachungsleute es zu Fuß nicht zum Ort des Geschehens schafften. Tariq und 007 waren verschwunden. Die Schnelligkeit der ganzen Aktion machte mir eines deutlich: Die Entführer unserer Männer waren ausgebildete Geheimdienstler.

»Womit haben wir es hier zu tun?«, fragte Marsac.

»Das war wie aus dem Lehrbuch«, erwiderte ich. »Das haben die beim Scheiß-KGB gelernt.«

Ich tätigte eilig ein paar Anrufe bei den Jungs in Langley und bei der Nationalen Sicherheitsdirektion (NDS), dem afghanischen Inlandsgeheimdienst. Im Grunde sprach ich mit zwei Köpfen derselben Hydra: Obwohl die NDS eine eigenständige Institution des afghanischen Staates war, wurden die Fäden dort von der CIA gezogen.

»Hören Sie – ich habe gerade *zwei* Leute verloren«, brüllte ich in mein Motorola.

Allgemeines Leugnen. Eine CIA-Agentin, dem Dialekt nach aus dem Mittleren Westen, erklärte mir wiederholt: »Nein, bei uns stehen zwar heute Einsätze an, aber keiner davon hat mit der Drogenbekämpfung zu tun.« Ich legte mitten im Satz auf. Es gab nur *eine* mögliche Erklärung: abtrünnige afghanische Geheimdienstler. Agenten der NDS, die von den Sowjets an Universitäten in Moskau und auf Militärstützpunkten ausgebildet worden waren, hatten sich auf einen Nebenerwerb verlegt: Dealer ausrauben. Sie mussten mich und meine Leute beobachtet und dann gefolgert haben, dass unsere Männer – Tariq und 007 – wirklich Heroindealer seien. Für unsere Tarnmethoden war es eine Auszeichnung, dass man uns für einen authentischen afghanischen Drogenhändlerring hielt.

Die Typen hatten einen kühnen Coup geplant: Sie wollten Tariq und 007 entführen, den Stoff klauen, ebenso das dafür vorgesehene Geld und dann die 3 Kilogramm Heroin mit einer Marge von 100 Prozent verkaufen. Ein paar tote Heroindealer in der afghanischen Wüste: Wer würde da schon Fragen stellen?

Die CIA verweigerte ihre Unterstützung. Wir mussten die beiden selbst rausholen. Ich schnappte mir Spezialagent Brad Tierney, meine rechte Hand in Kabul. Brad war als US-Marshal in Tulsa tätig gewesen, bevor er zur DEA kam. Er war dreiundfünfzig Jahre alt, groß und hatte dichtes braunes Haar – ein Polizist, wie man ihn sich nur wünschen konnte. Ein Typ, dem man sein Leben anvertrauen würde.

Und genau das hatte ich in jüngster Vergangenheit getan. Tierney war mit mir in Bangkok stationiert gewesen, während der dreieinhalb Jahre, in denen ich an der Unterwanderung der Shan United Army gearbeitet hatte, der größten Drogen vertreibenden Rebellenbewegung der Welt. Es war lustig, wie viele der Agenten, die nun in Afghanistan waren, mit mir gemeinsam in Thailand oder in El Paso gedient hatten, als ich dort die mexikanischen Kartelle bekämpfte.[2] Es war, als wären die verstreuten Bauern, Läufer und Türme für eine allerletzte Partie Schach neu aufgestellt worden ...

Von meiner Bürotür aus gab ich Brad ein Zeichen: »Pack deine Sachen.«

Tierney nickte. Jeder von uns hatte als Dienstwaffe eine Glock 17, und wir prüften die Magazine unserer M4-Karabiner – der Kompaktversion des M16, des Standardsturmgewehrs des US-Militärs, die sich besser für Einsätze in engen Stadtgebieten eignete. Und natürlich steckte mein Cold-Steel-Bowie-Messer in der Scheide auf meinem Rücken. Wir schwangen uns die M4s über die Schultern und liefen hinaus zu meinem Land Cruiser.

Noch bevor wir auf der Straße waren, hatte ich General Mohammed Daud Daud, den Stellvertreter des Innenministers und zuständig für Drogenbekämpfung, angerufen. In den letzten sechs Monaten war Mohammed zu einem guten Freund geworden. Während der schlimmsten Angriffe im Ramadan waren wir gemeinsam – ein frommer Muslim und ein frommer Christ – in einer Moschee in Kabul auf die Knie gefallen und hatten gebetet. Mohammed war Tadschike, ein hoch angesehener Mudschahed, der heldenhaft gegen die sowjetischen Besatzer gekämpft hatte. Und er war Stabschef von General Schah Massoud gewesen, dem legendären Löwen von Pandschir – dem Vater der afghanischen Demokratie, den al-Qaida im Vorfeld des 11. September 2001 ermordet hatte.

Daud war mittlerweile ein Drei-Sterne-General mit einem beachtlichen Ruf und einer der wenigen hochrangigen Männer Afghanistans, deren Rechtschaffenheit als unbestritten galt.

»General«, sagte ich, »zwei meiner Männer sind weg – entführt.«

»Um wen geht es, Ed?«, fragte er.

Ich erzählte es ihm. »Aber keiner sagt etwas. Bei der NDS schwören alle, sie waren es nicht.«

Über zwei verschiedene Handys organisierten General Daud und ich eine Ringfahndung. Wenn meine Leute tatsächlich von Drogenhändlern gekidnappt worden waren, hatte man sie inzwischen aus Kabul herausgebracht, und man würde sie als Geiseln festhalten und ein Lösegeld aushandeln. An der Fahndung beteiligten sich meine DEA-Leute, General Dauds CNPA-Beamte, Mitglieder der Spezialeinheit »National Interdiction Unit« und afghanische Polizisten in Uniform – mehr als dreihundert Augenpaare, die alle Hinweise durchgingen und sämtliche Wege, die aus Kabul herausführten, im Blick behielten.

Die Drogenbekämpfung in Kriegsgebieten bringt eine große Gefahr mit sich: Es gibt keinerlei Schutzmaßnahmen gegen irrtümliche Angriffe der eigenen Leute. Die DEA, die CIA und die unterschiedlichen afghanischen Polizei- und Geheimdienstabteilungen haben keine Möglichkeit, sich dagegen abzusichern, dass ein verdeckter Ermittler – nichtsahnend – in einen anderen Undercover-Einsatz platzt und festgenommen wird.

Mohammed spielte seine Trumpfkarte aus: Er rief im Büro der Nationalen Sicherheitsdirektion an und sprach mit

General Ahmad Nawabi, dem stellvertretenden Kommandeur der NDS in Kabul. Brad und ich rasten währenddessen zum NDS-Hauptquartier. Dort bot sich uns ein Anblick wie aus einem Traum: Wir waren nicht mehr in Afghanistan. Die Tore öffneten sich und gaben den Blick frei auf üppige Vegetation, auf einen kleinen Garten, einen sorgfältig gepflegten Fußballplatz. Eine grüne Oase inmitten des gesetzlosen Wahns der Kabuler Innenstadt.

Das Gebäude selbst war ein Gussbetonbau aus den frühen 1980er-Jahren, in dem der KGB seinerzeit Verhöre durchgeführt hatte. Ich rannte drei Treppen hinauf und sah grausige Überbleibsel der späteren Nutzung des Gebäudes durch die Taliban. Ein paar der Treppenfliesen waren rosa verfärbt, befleckt vom Blut der »Gesetzesbrecher«, die von den Gefolgsleuten Mullah Omars wegen Gotteslästerung, Ehebruchs oder anderer Verstöße gegen die Scharia ausgepeitscht worden waren.

Afghanische Wachen führten uns mit vorgehaltener Waffe direkt zu General Nawabi. Er erwartete uns in seinem Schreibtischstuhl aus Leder, lässig rauchend, jedoch mit gerunzelter Stirn. Er trug einen dunkelgrauen Anzug und eine grau-blau gestreifte Krawatte, sein grauer Bart war perfekt gestutzt. Wir verschwendeten keine Zeit auf Händeschütteln oder Nettigkeiten.

»Hören Sie mir eigentlich zu?«, fragte ich. »Erzählen Sie mir nicht, das sei ein beliebiger Raubüberfall gewesen. Er wurde mit geometrischer Präzision durchgeführt. Ich *weiß*, dass das Ihre Leute waren.«

Nawabi verzog das Gesicht und ließ uns dann ohne Vorwarnung allein im Büro zurück. Ich konnte nicht verstehen, was er im Nebenzimmer sagte, aber er sprach offensichtlich in sein privates Handy. Als er zurückkam, machte er zum ersten Mal eine klare Aussage.

»Anscheinend haben wir Ihre Männer gefunden.«

»Ja? Wo zum Teufel sind sie?«

Nawabi räusperte sich. Dann spuckte er eine Adresse aus: Meine Agenten wurden in einem Haus am Ostrand von Kabul festgehalten. Brad Tierney und ich stürzten hinaus. Die Sonne brannte mittlerweile unerbittlich vom Himmel. In den Straßen Kabuls würde es von Fußgängern, Straßenverkäufern und Gläubigen auf dem Weg zur Moschee nur so wimmeln. Ich entschied, dass wir undercover größere Erfolgschancen hätten. Das entsprach zwar nicht den Regeln, doch so lief es in Afghanistan meistens. Ich griff nach der Reisetasche, die ich hinten im Land Cruiser versteckt hatte.

»Hadschi-Zeit«, sagte ich. Wir warfen unsere Undercover-Kleidung über: die weißen Baumwolloberteile des *salwar kamiz*, schwarze Tücher rund um das Gesicht und zwei Pakol-Mützen – die braune, barettähnliche Kopfbedeckung, die schon der Löwe von Pandschir bevorzugt hatte. Ich trat das Gaspedal bis zum Boden durch und ließ den schweren gepanzerten Toyota ausscheren, als hätte mir jemand eine Dosis pures Adrenalin verabreicht. Auf den Straßen um uns herum war es so voll wie auf einem mittelalterlichen Basar. Ich hatte einen Tunnelblick und nahm gar nicht wahr, wie die Seitenspiegel des Land Cruiser Fußgänger touchierten und mehr als nur ein paar auf den Bürgersteig stürzen ließen. Tierney registrierte es ebenfalls nicht. Hinter uns hörten wir wütende Schreie.

Ich warf Brad einen Blick zu. »Hör mir zu, Mann«, sagte ich. »Egal, was wir tun müssen – ich meine, wirklich *egal* – wir holen sie da heute raus.«

»Da kannst du deinen Arsch drauf verwetten.«
Während ich durch die Nebenstraßen Kabuls preschte,
gaben wir einander dieses feierliche Versprechen – als Männer, nicht als Polizisten. Wir gingen nicht davon aus, dass
es zu einem Feuergefecht kommen würde, obwohl in Kabul
alles möglich war. Ich fuhr auf die gewundene Schnellstraße,
die zu den östlichen Vororten führt. Mein Blick wanderte zu
den hoch aufragenden, höckerigen Bergen hinauf, von denen
Scharen afghanischer Frauen und Jungen Hunderte von Metern hinabstiegen, um sich ihr tägliches Wasser zu holen.
Wir hielten an der Bordsteinkante und kontrollierten, ob
wir an der richtigen Adresse waren. Es handelte sich um ein
Bürogebäude aus weißem und grauem Beton, das ebenfalls
aus der Sowjetzeit stammte: unscheinbar und kastenförmig,
gezeichnet vom Geschützfeuer des Bürgerkriegs. Am Eingang und in der Umgebung des Hauses war keine äußere
Bedrohung auszumachen, daher ließen wir unsere Sturm-
gewehre im Auto. Als wir ausstiegen, zogen wir bloß die
Glocks aus den Lederhalftern.

Wir eilten ein stinkendes Treppenhaus hinauf zum vierten
Stock. Dort angekommen, vernahm ich dumpfe Schläge,
Schreie und Stöhnen, und ich spürte, wie mir das Herz bis
zum Hals schlug. Wir stürzten durch eine unverschlossene
Tür in eine Wohnung und sahen, dass Tariq und 007 brutal
verprügelt worden waren. Sie lagen zusammengekrümmt
auf einem blutverschmierten Sofa, ihr Zustand irgendwo
zwischen halb bewusstlos und halb tot.
Sofort nahmen wir uns die vier Entführer vor. Sie waren
westlich gekleidet, nicht wie Hadschis: helle Polohemden,
Khakihosen und Lederschuhe.

Auf den ersten Blick müssen sie geglaubt haben, wir seien Taliban, doch dann rissen wir uns die schwarz-braunen Tücher vom Gesicht und gaben uns als DEA-Agenten zu erkennen.

Der Anführer der Einheit, ein winzig kleiner Paschtune, sprach ein gebildetes Englisch, wenngleich mit starkem Akzent. Sein Mann für die Drecksarbeit trug ein blutbespritztes helles Leinenhemd und hatte eine Wunde am Auge, die von einer einfachen Mullbinde bedeckt wurde. Auch er schien Paschtune zu sein, war knapp 1,90 Meter groß und gut 100 Kilogramm schwer. Stunden später erfuhren wir, dass er Boxer gewesen war, ein von den Russen trainierter Schwergewichtler, der seine Fähigkeit zweifellos kreativ zu nutzen wusste. Er hatte Tariq und 007 professionell und methodisch zusammengeschlagen: gebrochene Rippen, blaue Augen, Nasenbeinbrüche, ausgeschlagene Zähne.

Die Entführer starrten uns an. Aber da sie keine Waffen zogen, steckten Brad und ich unsere Glocks weg. Sofort brach lautes Fluchen und Geschrei aus.

»Wer zur Hölle seid ihr?«

»Wir führen eine Drogenermittlung durch«, sagte der Anführer schließlich ruhig.

Ich sah auf das Sofa hinab. Tariq war wieder bei Bewusstsein, jedoch kaum in der Lage, aufrecht zu sitzen. Unser Informant, 007, konnte dem Anschein nach genauso gut tot sein.

»Wo ist das Heroin? Wo sind die 3 Kilo?«, rief Brad.

»Die haben wir als Beweismittel sichergestellt.«

»*Beweismittel*? Verdammte Scheiße, wovon redest du?«

»Und wo ist das Geld?«, fragte ich.

Der ausgesprochen bullige, einäugige Boxer zuckte bloß mit den Schultern.

»Das waren fünfzehn Riesen für 3 verdammte Kilo!«

Es war eng im Zimmer. Die Lage war aufgeheizt und extrem brisant – jeden Augenblick konnte irgendjemand in die Luft gehen. Ich sah Tariq und 007 an. Beide bluteten stark, verdrehten die Augen und drifteten in die Bewusstlosigkeit ab ...

Das fehlende Geld und das Heroin waren mir völlig egal. Für mich galt einzig und allein: Ich musste unsere Jungs zurück aufs Botschaftsgelände schaffen, damit sie medizinisch versorgt wurden. Brad und ich hievten sie wie Feuerwehrleute auf die Schultern, drängten uns an den Entführern vorbei und schleppten sie die Treppen hinab.

Ich trat die Eingangstür auf, und wir standen plötzlich wieder im blendenden Tageslicht. Um meinen Land Cruiser hatte sich eine glotzende Menge aus zornigen afghanischen Männern, teils jung, teils mittleren Alters, versammelt, die sich immer enger zusammendrängte und dabei waberte wie eine große menschliche Qualle. Da wir die Tücher abgenommen hatten, konnten sie nun unsere sonnenverbrannten amerikanischen Gesichter sehen, und sogleich machten sie uns als Schwindler, als Eindringlinge, als Ungläubige aus.

Wir schoben uns zum Wagen durch lauter werdendes Geschrei und Beschimpfungen hindurch. In meinem Nacken spürte ich heißen Atem.

Die Menge teilte sich. Wir zwängten uns mit Gewalt in den Land Cruiser. Tariq und 007 fielen bewusstlos auf den Rücksitz.

»Zwanzig Minuten«, sagte Brad, als ich endlich auf der Schnellstraße in Richtung Kabul preschte.

»Keine Frage«, meinte ich. »Wenn überhaupt ...«

Tierney hatte recht: Wären wir zwanzig Minuten später aufgetaucht, wäre es *aus* gewesen mit unseren Männern. Der Boxer hätte sie totgeschlagen.

KAPITEL 1

GRUPPE VIER

An meinem ersten Arbeitstag hatte ich schreckliche
Angst.

Die Arbeit an sich machte mir keine allzu großen Sorgen.
Mir graute es davor, *zu spät* zu kommen. Heute erscheint
mir das lächerlich – Los Angeles wurde schnell zu einer Art
neuer Heimat für mich –, aber damals, als frischgebackener
DEA-Agent auf dem Weg in eine unbekannte und furcht-
einflößende Welt, fuhr ich zum ersten Mal über die Auto-
bahnen von LA. Das Haus meiner Tante lag 50 Kilometer
vom DEA-Büro entfernt, und ich hatte keine Ahnung, wie
die Verkehrslage sein würde.

Ich hatte kaum geschlafen, war um vier Uhr morgens
aufgestanden, hatte geduscht, meinen dunkelblauen Anzug angezogen und auf das erste Tageslicht gewartet.
Fuhr dann nach LA rein und war um Punkt sechs Uhr
im Büro. Zu der Zeit befand sich das Hauptquartier der
DEA mitten im Bankenviertel, im World Trade Center
von Los Angeles, einem niedrigen Bürokomplex an der

South Figueroa Street 350, wo etwa hundert Angestellte arbeiteten.

Ich fuhr die South Figueroa hinunter, parkte und ging hinauf. Nur eine weitere Person war schon da: Lekita Hill, eine DEA-Sekretärin, die eine meiner besten Freundinnen und mein emotionaler Fels in der Brandung werden sollte, als die Fälle, die ich übernahm, immer schwieriger, logistisch aufwendiger und politisch heikler wurden.

In der Dienststelle in Los Angeles wurde ich der Einsatzgruppe vier zugeordnet – der Sondereinheit Heroin, bei der ich aus erster Hand die Grundlagen der verdeckten Drogenermittlung erlernte. Die Einheit bestand aus lauter älteren, unersetzbaren Gesetzeshütern, Veteranen, die das Lehrbuch für Undercover-Agenten neu geschrieben hatten.

Als ich zur Gruppe vier stieß, hatte sie gerade ein schweres Trauma erlitten, eines, das im ganzen Land Schlagzeilen gemacht hatte und zu dem beinahe täglich noch Artikel erschienen. Drei bewährte Männer waren in Pasadena bei einem Undercover-Einsatz Opfer einer Schießerei geworden. Überlebt hatte nur DEA-Spezialagent José Martinez, die beiden anderen verdeckten Ermittler, Paul Seema und George Montoya, waren von einem Gangster mit einer .45er-Halbautomatik erschossen worden.

José, der Fahrer bei dem Einsatz und bei der Schießerei schwer verletzt, bekam später von Präsident Reagan persönlich die Ehrenmedaille überreicht.

Kurz bevor ich bei der Gruppe vier anfing, brachte die *Los Angeles Times* eine Titelstory, in der die gefahrvolle Welt dargestellt wurde, der ich kurz darauf angehören sollte. Ich erinnere mich daran, wie ich den Artikel bei meiner Tante am Küchentisch las.

29

Eine Schattenwelt zwischen Leben und Tod:
Verdeckt ermittelnde DEA-Agenten leben gefährlich und sterben
oft eines plötzlichen Todes

Der Artikel beschrieb in vielen Details den brutalen Mord an den Agenten Seema und Montoya und erläuterte, dass Erfahrung, Instinkt und Ausbildung der Undercover-Agenten nichts daran ändern könnten, dass die Drogenhändler fast immer die Oberhand behielten. Sie würden von »absoluter Gier« beherrscht und seien kaltschnäuzig bereit, sowohl andere Dealer als auch verdeckt ermittelnde »Bundesbeamte, die ihre Rolle zu überzeugend spielen«, ohne Zögern umzubringen:

»Im Fernsehen sieht es immer nach Spiel und Spaß, nach Räuber und Gendarm aus«, sagte Rogelio Guevara, der in Los Angeles für die Drug Enforcement Administration arbeitet und mit den beiden Männern befreundet war. »Aber unsere Arbeit ist sehr real, ein extrem gefährlicher Job, und das konstant.«

»Die Anschlagsquote bei uns ist höher als bei allen anderen Strafverfolgungsbehörden«, fuhr er nach einer Weile fort, »und sie scheint sogar noch zu steigen. Das ist nichts, womit man sich brüstet, nur die traurige Wahrheit.«

Es war nicht ohne, zur verschworenen Gruppe vier zu stoßen. Ich spürte es sofort: Dies war eine Familie mit einem Trauma, eine Familie voller Leid. Ich hatte weder Paul Seema noch George Montoya persönlich erlebt – obwohl ich Jahre später, als ich in Thailand lebte, oft mit Leuten sprach, die Paul als jungen Mann gekannt hatten; vor seiner Versetzung zur DEA war er bei der CIA gewesen. Die Leute in Thailand brachten dem ermordeten Agenten einen Respekt entgegen, der an Verehrung grenzte.

Als ich bei der Gruppe vier anfing, war ich mit den Einzelheiten dieser Geschichte nicht wirklich vertraut: Ich wusste nur, dass zwei verdeckt ermittelnde Agenten bei einer Herointransaktion ermordet worden waren. Der einzige Überlebende nahm, obwohl er schwer verletzt worden war, nur ein paar Monate später seine Undercover-Tätigkeit wieder auf und saß nun zwei Meter von mir entfernt.

José Martinez wurde mein Partner, unverzichtbarer Freund und Mentor von unschätzbarem Wert.

José war als erstklassiger Undercover-Ermittler bekannt, vermutlich der beste UC, der zu jener Zeit in Gruppe vier arbeitete. Er war nur etwa 1,65 Meter groß, aber stark wie ein Bulle und ließ sich von niemandem einschüchtern. Auf dem College hatte er zu den besten Ringern gehört. Seine Familie stammte aus Mexiko, doch er hatte eine sehr helle Haut zu seinem tiefschwarzen Haar – seine Gene waren wohl eher vom Erbgut der spanischen Eroberer geprägt als von dem der Azteken, das die Gesichtszüge vieler Mexikaner prägt. José sprach akzentfrei Englisch, aber auch Spanisch, außerdem mehrere mexikanische Dialekte und Spanglish. Auf der Straße handelte er intuitiv – ein solches Verhalten lernte man nicht in der Schule oder bei praktischen Übungen der Bundesakademie.

José nahm mich unter seine Fittiche, und ich wurde sein Juniorpartner. Mein erstes Weihnachtsfest in LA feierte ich mit ihm und seiner Familie. Bei der Observation von Undercover-Einsätzen verbrachten wir viele lange Nächte miteinander, in denen wir über die Schießerei in Pasadena redeten.

Die Schusswunden an seinen Beinen waren noch rosa und kirschrot, und genauso frisch war das Trauma in seinem Kopf. Er musste mit jemandem darüber sprechen, brauchte Klarheit, musste verstehen, was mit seinen beiden Freunden passiert war. So ganz verarbeitet man es nie, wenn man zwei seiner Partner verloren hat und dabei beinahe selbst draufgegangen wäre.

José setzte sich mehr als alle anderen in Gruppe vier dafür ein, dass ich ein Undercover-Agent wurde. Er hatte mir sofort angesehen, dass die Arbeit als UC am besten zu mir passte. Er verfügte über ein verblüffendes, quasi angeborenes Talent für diesen Job und erkannte dieselben Eigenschaften bei mir.

Rogelio Guevara, der die Gruppe führte, war mein direkter Chef. Er hatte ein sehr enges Verhältnis zu den Agenten Seema und Montoya gehabt.

Rogelio, in Mexiko geboren, konnte bereits auf ein ereignisreiches Leben zurückblicken, bevor er zur DEA kam: Er war Metzger gewesen, hatte einen Collegeabschluss in Strafrecht gemacht und wurde schließlich zu einer Legende unter den mexikanischen Heroinagenten. Bei einem Undercover-Einsatz wäre er unten in Monterrey (Mexiko) beinahe umgebracht worden. Er büßte für den Rest seines Lebens die Sehkraft auf einem Auge ein.

Banditen hatten ihm aufgelauert und ihm eine Kugel in den Schädel gejagt, doch wie durch ein Wunder überlebte er den Kopfschuss. Er und sein Partner waren hinter einem Gebirgskamm auf eine Bande mit mehr als dreißig *banditos* gestoßen, einige davon beritten. Eigentlich war die Sache als groß angelegter Undercover-Marihuanakauf geplant gewesen, stellte sich aber als Raubüberfall heraus. Die Drogenhändler brachten Rogelios Partner um. Einer der berittenen Verbrecher schoss Rogelio ins Gesicht. Eine Kugel drang direkt über einem Auge in seinen Kopf ein und trat an der Schläfe wieder aus. Eine riesige, dunkle Narbe auf einer Seite seines Gesichts blieb ihm als ewige Erinnerung. Auch Rogelio kannte keine Angst, genau wie José Martinez. Er war kräftig gebaut, hatte aztekische Gesichtszüge und war etwa 1,85 Meter groß. Die lange Narbe und sein verletztes Auge prägten sein Erscheinungsbild. Als ich zur Gruppe vier stieß, wechselte er noch ständig zwischen der Führungsposition in LA und Undercover-Einsätzen in Mexiko hin und her.

Rogelio war ein großartiger Kerl. Mehr als einmal führte er als Chef gemeinsam mit mir eine verdeckte Ermittlung durch – was das Regelwerk der DEA eigentlich nicht vorsah, vor allem da er auf einem Auge praktisch blind war. Ich beobachtete und verinnerlichte das und übernahm es, als ich selbst später Chef, Vorgesetzter und sogar ein ziemlich hohes Tier in der Hierarchie der DEA wurde. Für Rogelio spielte der Dienstgrad keine Rolle. Er wusste, dass die wahre Polizeiarbeit auf der Straße erledigt wurde.

Nach meinem Abschluss auf der Bundesakademie in Quantico (Virginia) standen mir mehrere Jobmöglichkeiten offen. Der Secret Service hatte meine Bewerbung abgelehnt, aber mir wurden Stellen beim NCIS, beim FBI und bei der DEA angeboten. Schon als Militärpolizist in Hawaii war ich von der CIA angeworben worden – ich hatte sogar bereits Unmengen an psychologischen Tests in Langley absolviert. Einen Tag lang ließ ich mir alles durch den Kopf gehen, ohne irgendjemanden um Rat zu fragen. Ich wollte die Entscheidung selbst treffen. Dann sagte ich dem FBI und dem NCIS ab und rief ebenfalls die CIA an. »Vielen Dank«, erklärte ich, »aber mein Herz schlägt für die DEA.«

Im Grunde wollte ich dort Drogenfahnder werden, seit ich mit neunzehn den Song »Smuggler's Blues« von Glenn Frey gehört hatte. Ein paar Zeilen des Textes über die Kokainepidemie der Achtziger sprangen mich geradezu an aus den blechern klingenden Autolautsprechern:

It's propping up the governments in Colombia and Peru,
You ask any DEA man,
He'll say, »There's nothin' we can do ...«

Als ich damals in meinem alten Chevrolet saß, löste das Lied etwas in mir aus – wahrscheinlich machte es mich wütend – und ging mir nicht mehr aus dem Kopf. Ich war wochenlang wie besessen davon. Sprach ständig mit meinen Kumpels darüber. Dann kam einer dieser prägenden Momente. Ich sagte mir: *Scheiß drauf, ich* werde *dieser DEA-Mann. Und dann soll noch mal wer behaupten, wir könnten nichts tun ...*

Etwa zur gleichen Zeit bekam ich das Buch *Serpico* von Peter Maas in die Finger, und es haute mich um. Heute, nach Jahren bei der Strafverfolgung, ist mir klar, dass ich ein paar von Frank Serpicos Charakterschwächen teile. Doch damals, als sehr junger Mann, betrachtete ich seinen Ermittlungsstil – ein einsamer Wolf im Kampf gegen den Rest der Welt – als Vorbild. Nachdem ich *Serpico* gelesen hatte, war ich fest entschlossen, verdeckt ermittelnder Drogenfahnder zu werden. Später den Film mit Al Pacino sah ich ungefähr sechsmal.

Rückblickend weiß ich, dass ich ein Idealist war – vielleicht sogar ein naiver –, aber ich glaubte wirklich, etwas bewirken zu können. Ich steckte mir auf dem College entsprechende Lernziele und richtete mein Leben von dem Tag an ganz darauf aus, Drogenfahnder zu werden. Jeder meiner Schritte und jede Entscheidung zielten darauf ab, Undercover-Agent bei der DEA wollte ich sein und Drogenhändler dingfest machen.

Für mich war die Drug Enforcement Administration der optimale Ausgangspunkt für eine Polizistenlaufbahn. Die Wurzeln dieser Dienststelle gehen auf Gesetze zurück, die 1914 erlassen wurden. Gegründet wurde sie jedoch erst am 14. Juni 1930 und war der Prohibitionsbehörde des US-Finanzministeriums unterstellt. Nur wenigen Menschen ist klar, dass das Bundesamt für Betäubungsmittel (Federal Bureau of Narcotics, FBN) jahrelang die einzige Strafverfolgungsbehörde war, die sich mit der Mafia befasste. J. Edgar Hoover leugnete bekanntermaßen, dass sich das organisierte Verbrechen landesweit zu einem Syndikat zusammengeschlossen hatte – bis die peinliche Aufdeckung des Apalachin-Meetings von 1957 ihn zwang, die Existenz einer nationalen Verschwörung im Bereich der organisierten Kriminalität zuzugeben. Hoover weigerte sich stur, das Wort »Mafia« zu verwenden; er nannte die Verbrecher lieber Mitglieder von La Cosa Nostra (LCN).

Trotz der weitverbreiteten Überzeugung, dass Mafiabosse Drogengeschäfte aufgrund moralischer Bedenken nicht billigten – ein Mythos, der durch Filme wie *Der Pate* aufrechterhalten wird –, handelten die Bandenchefs schon seit Arnold »The Brain« Rothstein und Charles »Lucky« Luciano in den 1920er- und 1930er-Jahren mit Heroin. Luciano umschrieb

Heroin einst mit den berühmten Worten »eine Million Dollar in einem Koffer«.

Eine bewährte Binsenweisheit lautet: Wo Drogen sind, da ist auch das organisierte Verbrechen. Das FBN nahm somit fast automatisch eine Vorreiterrolle bei der Verhinderung von Importen, Beschlagnahmungen und Verhaftungen ein. In den 1960er- und 1970er-Jahren war vor allem mit Heroin Geld zu machen. Horse. H. Um alle Fälle, die mit der berüchtigten »French Connection« – bestehend aus korsischen Importeuren und sizilianischen Herstellern – zu tun hatten, kümmerte sich der Vorläufer der DEA. Seine Sondereinheiten bestanden aus Mitarbeitern des FBN, örtlichen Polizisten der New York State Police und Kriminalbeamten des New York Police Department.

Die Drug Enforcement Administration, 1973 von Präsident Nixon gegründet, vereinigte das Amt für Betäubungsmittel des Finanzministeriums mit dem Amt für Betäubungsmittel und gefährliche Medikamente des Justizministeriums. Bevor ich zur Truppe stieß, befand sich der DEA-Hauptsitz an der 1405 I Street NW in Washington. Als die Behörde wuchs, weil illegale Drogen das Land geradezu überfluteten, wurde der Hauptsitz bis 1989 ausgebaut und nach Pentagon City in Arlington (Virginia) verlegt. Gegründet wurde die DEA als führendes Organ des »Krieges gegen Drogen«. Wie ich während meiner Jahre auf der Straße lernte, konnte es kaum eine irreführendere Bezeichnung geben als »Krieg gegen Drogen«. Der »Krieg« – wenn man diesen militärischen Ausdruck beibehalten will – besteht ausschließlich aus Kämpfen gegen einzelne Drogenhändler. Für mich war das Konzept eines »Krieges gegen Drogen« unsinnig. Egal wie erfolgreich man ist, egal wie groß die Fälle sind, man konfisziert einfach nie genügend Drogen, um wirklich etwas zu verändern.

Schon am Anfang, als ich frisch von der Akademie kam, erkannte ich: Tatsächlich etwas bewirken ließ sich nur durch die Taktik der *Enthauptung*. Man musste die Köpfe der Kartelle ausschalten. Die Organisationen schwächen, indem man sich nicht von unten hocharbeitete, sondern direkt auf den Anführer zielte. Wenn wir gewinnen wollten, mussten wir die Bosse kaltstellen.

In dieser ersten Zeit in Gruppe vier – ich war erst knapp zwei Wochen im Dienst – lernte ich aus erster Hand die Grundlagen der verdeckten Drogenermittlung kennen. Die Sondereinheit umfasste DEA-Agenten wie José und Rogelio, aber auch ein paar Spezialagenten der Behörde für Alkohol, Tabak und Schusswaffen (ATF).

Einer davon war ein kampferprobter Mann aus North Carolina, den alle Billy-Boy nannten: Spezialagent William Queen. Damals entwickelte Billy sich gerade zu einem Undercover-Spezialisten, für »One-Percenter«-Motorradgangs im gesamten Südwesten. Ein Jahrzehnt später beschrieb er seine Undercover-Erlebnisse bei dem kriminellen Motorradclub Mongols in seinem *New-York-Times*-Bestseller *Ermittlung auf zwei Rädern*.[3]

Als ich das erste Mal als verdeckter Ermittler einen Heroindeal durchführte, war ich quasi noch ein *Baby*. Der Plan war, in einem bestimmten Hotel ein Pfund des Stoffes zu kaufen. Die Dealer waren unabhängige mexikanische Großhändler – Verkäufer mittleren Ranges, die mit einem der Kartelle südlich der Grenze, der Riveras-Organisation, in Verbindung standen.

Sie dealten mit einer Art Black-Tar-Heroin namens *chiva*. Anscheinend gehörte ihr *chiva* zum besten in Kalifornien. Den Slang beherrschte ich mittlerweile: Mengen wurden in »Eightballs« und »mexikanischen Unzen« angegeben. (Die Mexikaner verwenden, wie in den meisten Ländern üblich, das metrische System. Ein Kilogramm entspricht 35,2 Unzen, eine Unze ist somit gleich 28,35 Gramm. Bei der mexikanischen Unze wird der Einfachheit halber auf 25 Gramm abgerundet.)

An dem Tag war ich als Undercover-Agent zwar allein unterwegs, doch das Team, das mich im Hintergrund unterstützte, war verdammt stark: Es umfasste sowohl meinen DEA-Partner José als auch ein paar der Jungs von der ATF. Außerdem Billy Queen und Mike Dawkins – beide so erfahren, wie ich grün hinter den Ohren war. Billy war, genau wie ich, eher klein, aber er verfügte über eine Furcht einflößende Präsenz und war bekannt für seine Geschicklichkeit im Umgang mit *jeglichen* Schusswaffen. Dawkins war mit seinen 1,95 Metern körperlich deutlich imposanter – ein Spezialagent, dem man nicht in die Quere kommen wollte.

Der Einsatz begann wie im Lehrbuch. Einer unserer Informanten, Miguel Green Eyes, der sich schon im Holiday Inn befand, verbürgte sich für mich. Ich trug meinen dunkelblauen Anzug. Bevor ich hineinging, flüsterte Billy Queen mir wiederholt ins Ohr:

»Bleib cool, Eddie. Bleib einfach cool.«

Das Hotelzimmer lag im Erdgeschoss, die Fenster gingen auf die Straße hinaus. Die Vorhänge waren sorgfältig zugezogen. Als ich klopfte, machte niemand auf. Und dann stieg mir ein Übelkeit erregender Geruch in die Nase: Das Zimmer stank nach Scheiße.

Endlich wurde die Tür sehr langsam geöffnet. Ich kniff die Augen zusammen und wich vor dem Gestank zurück. Zwar hatte ich das Geld dabei, um den Dealern zu zeigen, dass ich es ernst meinte und ihnen vertraute, aber es war einer dieser Deals, bei dem die Ganoven sofort unruhig und nervös werden, und ich konnte ihre Körpersprache, ihr irritierendes Zappeln, nicht deuten.

Man gerät oft in gefährliche Pattsituationen, in denen derjenige verliert, der als Erster nachgibt. Wo es ausreicht, wenn einer der Beteiligten gern schießen *will* oder total stoned, psychotisch oder paranoid ist.

»Wo ist der Stoff?«, fragte ich.

»Weiß ich nicht, *primo*. Wo ist das Geld?«

»Mach dir keine Sorgen wegen dem Geld, wo ist das verdammte *chiva*?«

»Weiß ich nicht. Wo ist das *Geld*?«

»Weiß ich nicht. Wo ist das *chiva*?«

Und so geht das ein Dutzend Mal hin und her, bis einer blinzelt und als Erster zeigt, was er hat. Dann kann der Deal weiterlaufen.

Ein Cop will niemals als Erster die Hosen runterlassen, denn wenn man an den Falschen gerät, nutzt der die Situation vielleicht blitzschnell aus, sobald er das Geld zu Gesicht bekommt, zieht eine Waffe, schnappt sich die Kohle und flieht.

Bei dem allerdings, was Paul Seema, George Montoya und José unten in Pasadena widerfahren war, handelte es sich nicht um den typischen Drogen-Deal, der schiefgeht. Kriminelle töten bei Raubüberfällen nur selten. Lieber bedrohen sie das Opfer mit einer Waffe, nehmen das Geld und machen sich davon.

Da stand ich nun also in meinem schicken Anzug und versuchte, in dem nach Scheiße stinkenden Hotelzimmer nicht zu tief einzuatmen, während die Verhandlung hin und her ging. Schließlich griff ich in meine Sakkotasche und holte das Geld heraus, aber die Verbrecher wollten ihren Stoff immer noch nicht zeigen.

Und dann brach innerhalb kürzester Zeit die Hölle los.

Meine Unterstützertruppe – Mike Dawkins, Billy Queen, Doug »Running Rabbit« DaCosta und José Martinez – rannte zum Fenster. Dawkins nahm den Kolben seiner Schrotflinte und durchschlug die Scheibe.

Das laute Klirren ließ uns alle zurückweichen.

Wie gelähmt und völlig benommen sah ich zum Fenster hinüber und entdeckte Billy Queen, der in aller Seelenruhe mit seinem eigenen Gewehr die scharfen Glaszacken entfernte, die braunen Vorhänge zur Seite schob und durch das offene Fenster ins Zimmer kletterte. Dann folgten Dawkins, DaCosta und Martinez. Das gesamte Back-up-Team brüllte herum und stürmte ins Hotelzimmer, um Herr der Lage zu werden. So etwas hatte ich noch nie erlebt.

Irgendetwas stimmte nicht, und meine Männer hatten das in dem Augenblick erkannt, in dem ich das Geld vorzeigte. Das Kilo Black-Tar-Heroin befand sich an einem anderen Ort – die Dealer hatten offenbar Angst bekommen und es nicht hergeben wollen.

Inmitten des Gebrülls und der umherwirbelnden DEA- und ATF-Jacken durchsuchten wir die Kriminellen. Nach ein paar Minuten fanden wir eine Adresse in Bakersfield. Ich sprang in meine rote 1989er-Corvette – den Wagen hatten wir bei Drogendealern beschlagnahmt – und fuhr mit quietschenden Reifen nach Bakersfield. Holte mir dort von einem kalifornischen Untersuchungsrichter sofort einen Durchsuchungsbefehl.

Als wir das Haus in Bakersfield betraten – *bingo*. Wir fanden mehr als vierzig Schusswaffen. Die Kerle waren nicht nur Dealer, sondern handelten auch illegal mit Waffen. Durch hartnäckige Vernehmungen bekamen José und der Rest der Gruppe vier schließlich eine weitere Adresse heraus und fanden das Black-Tar-Heroin.

Das Ganze führte zu vielen Festnahmen und einer umfassenden Beschlagnahmung. Schaffte es in die Zeitungen von LA. Mein erster bedeutender Undercover-Einsatz – es war nicht alles glatt gelaufen, aber am Ende konnten wir die Typen verhaften, und alle unsere Jungs blieben unverletzt. Angesichts der noch frischen Erinnerungen an die Pasadena-Tragödie war der Fall ein voller Erfolg.

Der Rausch dieses ersten Undercover-Jobs war unglaublich. Keine meiner Erfahrungen beim Marine Corps hatte mich auf diesen Adrenalinstoß vorbereiten können, auf das Zerbrechen der Glasscheibe, die Intensität der Geräusche und Farben – auf dieses gesteigerte Realitätsempfinden.

Ich konnte nicht genug davon kriegen. Von diesem ersten Augenblick an war ich hoffnungslos süchtig nach solchen Aktionen.

Verdeckte Einsätze laufen größtenteils intuitiv ab, wie José Martinez mir immer erklärte. Die Fähigkeiten sind angeboren, entweder hat man sie, oder man hat sie nicht.

Undercover zu arbeiten, heißt zu verführen. Man baut Vertrauen auf – aber nur in eine Richtung. Man erwidert es *nie*. Es ist lediglich eine Fassade, eine Art Hologramm.

Im Laufe der Zeit fand ich heraus, wonach der Drogenhändler gierte. Dann erfüllte ich dieses Verlangen ganz oder teilweise, und wenig später hatte ich ihn in der Tasche. Menschen sind schwach – immer und überall. Wer seine Laster nicht im Griff hat, ist *immer* verwundbar. Keine Ahnung, wie ich es schaffte – vielleicht war es Vorsehung –, doch ich fand bei jedem Verbrecher eine Eigenschaft, ein Manko oder eine Schwäche, die ich mir zunutze machen konnte. Eine Art Achillesferse. Wenn es an der Zeit war, drehte ich den Spieß um. Dann war ich der Pusher. Ich machte *ihn* zu *meinem* Junkie.

Was genau ist eine verdeckte Ermittlung? Aus Sicht der Strafverfolgung ist Undercover-Arbeit die dunkle Kunst, geschickt belastende Aussagen herauszukitzeln. Vom persönlichen und psychologischen Standpunkt aus ist es die Kunst, sich Vertrauen zu erarbeiten – und dieses Vertrauen dann zu manipulieren. Einfach ausgedrückt, ist es ein Schachspiel mit dem bösen Buben, bei dem man versucht, ihn zu den gewünschten Zügen zu zwingen – ohne dass er es merkt.

Während ich mich von Fall zu Fall bewegte, kam ich niemals außerhalb einer geschäftlichen Transaktion mit illegalen Drogen in Berührung. Ich bin noch nie im Leben high gewesen. Nach meinem ersten Undercover-Einsatz mit der Gruppe vier – bei dem Mike Dawkins und Billy Queen durch das Fenster in das Motelzimmer eindrangen – wurde *die verdeckte Ermittlung* zu meiner Droge.

Mir ist klar, dass das vielleicht ein bisschen krank klingt, aber nichts – absolut nichts – ist befriedigender, als die Taten oder sogar die Gedanken eines anderen so zu manipulieren und zu steuern, dass er sich verhält, wie es für einen selbst strategisch günstig ist. Kein Rausch ist mächtiger, kein Trip intensiver ...

Als Undercover-Agent lautete mein Mantra: *Verschaff mir einfach die Gelegenheit.* Sobald ich die Gelegenheit hatte, lag alles in meiner Hand. Mehr habe ich von meinen Informanten, meinen Chefs, meinen Agenten, den Verbrechern nie verlangt:»Verschaff mir einfach die Gelegenheit.«

Bei der DEA gibt es hauptsächlich zwei Arten von Agenten: die, die auf der Straße unterwegs sind, und die, die Informationen beschaffen. In Letzterem war ich ganz gut. Einer meiner besten Freunde, mein Partner während meiner Jahre in Thailand, Mike Bansmer, nannte mich gern »Eddie, den Akademiker«. Das lag wohl daran, dass ich, anders als viele meiner Kollegen, gern viel las, schrieb und ausgiebig recherchierte.

Doch mir – und allen in Gruppe vier – war klar, dass Spionage nicht das Richtige für mich war: Ich gehörte auf die Straße.

Spezialagent John Whelan hingegen war ein brillanter Spion. Wir hatten zusammen bei der DEA angefangen; er tauchte etwa zwei Monate vor mir auf, direkt nach der Schießerei in Pasadena. Whelans Spitzname in Gruppe vier lautete Higgins, weil er genauso aussah wie Higgins in der Serie *Magnum*. Er sprach auch genau wie er. Die Worte flossen in Lichtgeschwindigkeit über seine Lippen, abgehackt und sachlich, wie ich es sonst von keinem anderen Polizisten kannte.

Whelan kam wie ich von den Marines, aber er hatte im Corps als Nachrichtenoffizier gearbeitet und warf in Alltagsgesprächen gern mit nautischen Begriffen wie »Sollkurs« um sich. Die etwas raubeinigeren Mitglieder der Gruppe vier starrten Whelan dann an, als hätte er ein Wörterbuch verschluckt.

Ich wurde in der Gruppe vier schnell als Fall-Macher bekannt. Johnnys Stärke waren Informationen. Doch wenn man mich fragt, ist beides gleich wichtig.

Einen meiner seltsamsten Undercover-Einsätze, den Fall des »guten Doktors«, verdankten wir einem von John Whelans Informanten, dem chinesischstämmigen Peter Chin, der eine lange Zeit als Informant für einen anderen Agenten tätig gewesen war. Die Drogenwelt ist ziemlich inzestuös. Die einzelnen Akteure kennen einander fast immer. Und Informanten sind beinahe so etwas wie Mätressen. Sie werden oft von einem Agenten zum nächsten, von Fall zu Fall weitergereicht.

Es war Peter Chin, der den ganzen Deal zustande brachte und zufällig genau wie ich in St. Louis geboren wurde und aufwuchs. John Whelan leitete den Einsatz, aber dieses Mal war Billy Queen mein Partner. Unsere Aufgabe bestand darin, gemeinsam verdeckt zu ermitteln und das Geld und den Informanten im Auge zu behalten. Billy brachte seine ganze Erfahrung als verdeckter Ermittler für die AFT mit, während ich nur ein nichtsnutziger Undercover-Frischling war, der sich an Billys Gürtelschlaufe klammerte und versuchte mitzuhalten.

Wir waren darauf aus, einen Deal mit einer düsteren Gestalt namens Dragan zu machen, einem Heroingroßhändler, der aus dem Nichts gekommen war und sich in Südkalifornien einen Namen gemacht hatte. Anscheinend war er ein Vietnamveteran, und mit seinen 1,85 Metern, dem kurzen blonden Haar und den kobaltblauen Augen ähnelte er dem jungen Rutger Hauer. Über Dragan hieß es, er hege eine fast schon krankhafte Begeisterung für Südostasien. Das Essen, die Kultur, die Sprache, die Frauen, alles.

»Der Typ ist mit einer Thai-Prinzessin verheiratet«, erklärte Billy.

»Erzähl keinen Scheiß.«

»Doch, stell dir das mal vor – ein Heroinhändler, der in die Königsfamilie einheiratet. Über die Prinzessin, mit der er verheiratet ist, hat er übrigens auch die ganzen Verbindungen dort drüben.«

Dann erzählte Billy mir etwas, das mich laut auflachen ließ. Unser thailandversessener Heroindealer hatte einen Doktortitel.

»In welchem Fach denn?«

»Weiß ich nicht – in irgendeinem. Ich weiß bloß, dass ihn dort drüben alle Doktor nennen. Den guten Dr. Dragan.«

Die meisten Drogenhändler machen Deals ausschließlich gegen Geld. Dr. Dragan war anders: Seine bevorzugte Handelsware waren Waffen.

»Er will Topkriegsgerät des US-Militärs, um es Khun Sa zu bringen«, sagte Billy.

»*Khun* wer? Wer ist das?«

Nach vier Monaten bei der DEA war ich noch so unerfahren, dass ich keinen blassen Schimmer hatte, wer Khun Sa war. Billy Queen bat mich mit einem geduldigen Lächeln, mich hinzusetzen, und erklärte mir die geopolitischen Ausmaße dieses Deals.

Im Hauptsitz in der Figueroa Street las ich, lange nachdem alle anderen Feierabend gemacht hatten, so viel wie möglich über unsere Einsätze im Goldenen Dreieck. Die Shan United

Army, die größte drogenfinanzierte Widerstandsbewegung aller Zeiten, wurde von einem scheinbar unantastbaren General geführt, der als der »Opium-Warlord« bekannt war.

1934 als Kind eines chinesischen Vaters und einer burmesischen Mutter geboren, erhielt er zunächst den Mandarin-Namen Chang Chi Fu, doch er nannte sich Khun Sa, was »Prinz des Wohlstands« bedeutet, obwohl der Name bei den amerikanischen Behörden mittlerweile eher die Bedeutung »Prinz des Todes« angenommen hatte.

Khun Sa, der dafür bekannt war, eine amerikanische Zigarette nach der anderen zu rauchen und Journalisten in seiner Bastion mitten im Wald zu empfangen, betrachtete sich selbst weniger als Drogenbaron denn als Guerrilla-Anführer der Separatistenbewegung der Shan, einer Volksgruppe mit ungefähr sechs Millionen Mitgliedern, die hauptsächlich im Shan-Staat in Burma lebt, aber auch in benachbarten Regionen von China, Laos und Thailand. Khun Sa errichtete schrittweise ein gewaltiges Drogenimperium und verkaufte das Opium gegen Waffen, mit denen er sich die Vorherrschaft über weite Teile der abgelegenen und verarmten Shan-Region sicherte.

Damals, auf dem Höhepunkt seiner Macht, kontrollierte Khun Sa geschätzte 70 Prozent des Heroinhandels im Goldenen Dreieck, was ihm ermöglichte, eine Armee aus Zehntausenden gut bewaffneter Soldaten sowie groß angelegte Heroinlaboratorien zu finanzieren. Dass auf den Straßen New Yorks der Anteil des Heroins aus dem Goldenen Dreieck in den zurückliegenden Jahren von 5 Prozent auf 80 Prozent gestiegen war, hatten wir laut unseren Informationen überwiegend Khun Sas Schmuggelrouten zu verdanken. Seine Ware, die etwa 45 Prozent des in die USA eingeführten

Heroins ausmachte, wies bei Tests einen Reinheitsgrad von fast 90 Prozent auf. Die US-Regierung setzte eine Belohnung von 2 Millionen Dollar auf seine Ergreifung aus.

Natürlich hat es seit Anbeginn der Zivilisation auf der ganzen Welt Volkserhebungen gegeben, doch Khun Sa stach deshalb unrühmlich hervor, weil seine riesige Rebellenarmee sich allein durch Anbau und Verkauf von Opium finanzierte. Die sizilianische Mafia, die Korsen und andere Verbrechersyndikate nutzten ebenfalls den Drogenhandel, um illegale Geschäfte zu tätigen, aber die Shan United Army war die erste, die sich in vollem Umfang – von einfachen logistischen Aufgaben bis zur Beschaffung von kriegstauglichen Waffen – ausschließlich durch den Verkauf von Drogen subventionierte.

Nach drei Stunden musste ich aufhören, die Berichte zu lesen. Meine Augen fühlten sich an, als wären sie von subtropischem Sonnenlicht verbrannt worden. Wir hatten es nicht länger mit typischen Straßendealern mittleren Ranges zu tun – nicht einmal nur mit namhaften internationalen Drogenhändlern.

Der Opium-Warlord war im Augenblick der weltweit mächtigste Verkäufer illegaler Drogen. *Willkommen im großen Geschäft, Eddie.*

Was Dr. Dragan von uns verlangte, hatte es noch nie zuvor gegeben. Dafür waren ein gemeinsamer Sondereinsatz der DEA und der ATF und eine Reihe von offiziellen Genehmigungen, die ganz oben im Verteidigungsministerium abgesegnet werden mussten, nötig.

Ich war sprachlos, als Billy Queen die Logistik schilderte.

»Was glaubst du denn, Eddie? Wir haben die Militärwaffen schließlich nicht in einem Lager mitten in LA rumliegen.«

Irgendwie, sagte er, hätten wir Zugang zu einem Militärstützpunkt erhalten, und Whelan habe es sogar geschafft, ein eigenes Flugzeug zu organisieren, das die Waffen nach Los Angeles flog.

»Ein Flugzeug?«

»Wie sollen wir es sonst machen? Wir können diese ganzen Sprengstoffe und alles andere ja schlecht quer durchs Land fahren.«

Innerhalb weniger Wochen gelang Whelan trotz bürokratischer Hindernisse das Wunder, ein erstaunliches Waffenarsenal zusammenzutragen. Heutzutage würde keine Strafverfolgungsbehörde – weder die DEA noch die ATF oder das FBI – so etwas fertigbringen. Wir hatten ein ganzes Lager voll mit C4-Sprengstoffen, M60-Mehrzweck-Maschinengewehren, Hawk-Raketen, LAW-Raketen, sogar Ein-Mann-Boden-Luft-Raketen (MANPADs). Als ich das Lager betrat, traute ich meinen Augen nicht: Eine Holzkiste stapelte sich auf die andere. LAW-Raketen? Boden-Luft-Raketen? Wie zum Teufel waren wir da rangekommen?

Wir hatten sogar das Raketenlenksystem – das, erklärte John, hatte uns das Verteidigungsministerium deutlich widerstrebender ausgehändigt als die Raketen selbst. Lenksysteme bestehen aus einzelnen, unabhängigen Einheiten, die exakt auf bestimmte Ziele ausgerichtet werden können. Alle Raketen waren für diesen Einsatz vorsichtshalber unschädlich gemacht worden. Doch natürlich würden wir niemals zulassen, dass Dragan das Waffenarsenal tatsächlich in die Hände bekam.

Als Neuer im Team gehörte es normalerweise zu meinen Aufgaben, die Seriennummern der Geldscheine zu kopieren, die wir als Bezahlung mitbrachten. Jedes Mal, wenn man

Drogen, Waffen oder irgendwelche Schmuggelware kauft, wird das ganze Geld als »offizielle staatliche Mittel« eingestuft, und die Seriennummern der Scheine werden registriert.

Obwohl es im Grunde gesetzwidrig ist, US-Währung zu kopieren, lichteten wir trotzdem alle Scheine ab und übertrugen die Daten dann ins 6-A. Der offizielle Bericht der DEA über eine laufende Ermittlung hat die Formularnummer 6, und die zweite Seite (6-A) wird »Geldliste« genannt. Ich bezeichnete sie immer als »Käseliste«. »Käse« war der neueste Slangausdruck der Dealer in LA für Bargeld.

Dragan sollte uns siebzig Einheiten Heroin liefern, aber er verlangte keinen Cent Bargeld dafür. Er wollte einfach nur unsere schweren Waffen. Also dokumentierte ich auf der Käseliste alle Seriennummern und die Angaben zu den Waffen.

Als die Zeit für das Treffen kam, waren Billy und ich diejenigen, die den »guten Doktor« abholen sollten.

Billy, Mike Dawkins und ich spielten die Rollen von Waffenhändlern. Wir mussten uns gar nicht darum bemühen, den richtigen Eindruck zu machen – die Ware, die wir vorzeigen konnten, sprach für sich. Wie hätten wir sonst an Boden-Luft-Raketen kommen können?

Billy Queen trat bei verdeckten Ermittlungen immer sehr dominant auf. Zudem war er schwer bewaffnet. Ich hatte bloß meinen .38er-Snubnose-Revolver dabei. Klein und gut zu verbergen. Alle anderen im Team trugen große Waffen. Meine Fähigkeiten als Schütze reichten dafür aus, jeden, den ich sah, in den Kopf zu treffen, und meine Philosophie lautete immer schon: Wer aus der Entfernung ein guter Schütze ist, der braucht keine schwere Waffe. Auch Billy war ein toller

Schütze, bekannt für seinen Umgang mit dem .45er-Colt und seinen Schrotflinten. Ehrlich gesagt, hatte Billy immer einfach die Waffen dabei, die *er* wollte. Im Gegensatz zu ihm kam ich mir vor wie ein braver Pfadfinder. Ich hatte den kleinen .38er vorn im Hosenbund stecken, direkt am Hüftknochen, und verhielt mich ruhig.

Ich hatte es nie für nötig gehalten, schwere Waffen zu tragen. Als ich zur DEA kam, war ich von meiner Zeit bei den Marines geübt im Umgang sowohl mit Faustfeuerwaffen als auch mit Gewehren. Bei der DEA trainierten wir regelmäßig mit Faustfeuerwaffen, Schrotflinten, Sturmgewehren und Maschinenpistolen. Seit meiner Zeit im Marine Corps galt ich als guter Schütze, aber nur mit kleineren Waffen. Meine Freunde nannten mich früher scherzhaft »Eddie Pistolero«. In der Bundesakademie hatte ich alle Schießübungen als Jahrgangsbester abgeschlossen und einen Durchschnitt von 99 Prozent mit allen vier Waffentypen erreicht.

Besonders interessant war die Ausbildung an der Faustfeuerwaffe, denn sie hat eine lange und legendäre Tradition. Wer die verschiedenen Übungen des siebzehnwöchigen Schießtrainings mit einer Gesamttrefferquote von 95 Prozent abschließt, bekommt die Chance, insgesamt dreimal, an ein und demselben Tag, auf einen Papierumriss von der Größe eines schlanken Mannes zu feuern, aus einer Entfernung von 50 Metern, 25 Metern, 10 Metern, 5 Metern und dann erneut aus 10 Metern.

Man feuert jedes Mal exakt fünfzig Schuss ab. Für jede der Distanzen hat man eine bestimmte Zeitvorgabe und schießt aus verschiedenen Positionen: im Stehen und im Liegen, von einer Barrikade herab und von rechts beziehungsweise links neben ihr. Wenn alle fünfzig Schuss den Papierumriss treffen, wird man zum Mitglied eines Elitevereins erkoren, des »Possible Club«.

Der Possible Club – im Grunde eine Hall of Fame der besten Schützen der Bundesbehörden – geht auf die 1930er-Jahre zurück, als ein Schießausbilder des FBI, Bill Nitschke, für Treffsicherheitsübungen ein Gerät erfand, das auf dem Umriss eines echten Spezialagenten beruhte.[4]

Als wir aufbrachen, um den »guten Doktor« abzuholen, trugen wir verdeckten Ermittler alle Businesskleidung – so wie es zu Männern, die mit militärischen Waffen handelten, passte. Wir waren keine Straßendealer, wir waren internationale Waffenschieber.

Ich hatte wieder denselben dunkelblauen Anzug an – damals mein einzig präsentabler. Dawkins sah ähnlich aus, nur dass sein Anzug dunkelgrau war. Wir alle trugen Krawatten außer Billy Queen. Billy trug ein Sportsakko und dazu ganz leger Jeans.

Wir fuhren in unserem Undercover-Wagen vor, einem neuen blauen Firebird. Ich war der Fahrer, Dawkins saß neben mir, Billy im Fond. Dragan kam heraus in einem traumhaften Maßanzug, mit italienischen Slippern und einer gestreiften Seidenkrawatte. Der Doktor setzte sich nach hinten neben Billy.

Er verhielt sich eiskalt und sagte kein Wort. Nickte nicht einmal zur Begrüßung. Ein Lächeln gab es erst recht nicht. Ich glaube nicht, dass er ein Rassist war, und doch sah er für mich aus wie ein Neonazi. Er wandte den Blick nicht ab, und seine blauen Augen ließen einen erschaudern. Ich hatte gelernt, dass man bei Typen, die so aussehen, Typen, die sich für harte Kerle halten, niemals auf Distanz gehen darf. Man muss ihnen extra nahe kommen.

Wenn sie sich für so hart halten, muss man dafür sorgen, dass sie einen *spüren*.

Dragan hatte mehrere Millionen Dollar in Bargeld sowie reinstes Heroin aus dem Goldenen Dreieck besorgt, um es gegen die Waffen einzutauschen. Die Shan United Army, unerreichbar in ihrer Festung in den dichten Wäldern Burmas, wartete auf diese Lieferung.

Billy betrat das Lagerhaus als Erster, ich folgte ihm. Dann sah Dr. Dragan sich in dem Raum um.

Für den Bruchteil einer Sekunde meinte ich ihn lächeln zu sehen. Er konnte kaum glauben, dass wir diese ganzen Kisten voller brandneuer Hawk-Raketen, LAW-Raketen und M60-Maschinengewehre tatsächlich dahatten. Es handelte sich schließlich nicht um ein gewöhnliches Arsenal, das man sich leicht auf dem Schwarzmarkt beschaffen konnte. Er nickte, ohne den Blick abzuwenden, und sprach dann zum ersten Mal.

»Ich bin beeindruckt.«

Das war ich auch. Soweit ich wusste, hatte in der Geschichte der amerikanischen Strafverfolgung niemals jemand einem Verbrecher eine derartige Waffensammlung präsentiert wie wir an jenem Tag in dem Lagerhaus.

Nachdem Dr. Dragan die Waffen gesehen hatte, planten wir die weitere Durchführung des Deals. Schließlich trug er weder Millionen Dollar in Bargeld noch 70 Kilogramm Heroin mit sich herum.

Doch dann lief die Transaktion plötzlich unerklärlicherweise aus dem Ruder.

Am nächsten Tag – direkt nachdem wir ihm die Waffen gezeigt hatten – erwies sich Dragan als unerwartet clever.

Denn er fuhr in die Stadt und tat genau das, was wir getan hätten: Er versetzte sich in *uns* hinein und fing an, seinerseits zu observieren. Bezog vor dem World Trade Center an der South Figueroa Street Stellung.

Wir saßen alle zusammen in einem der Restaurants dort: Billy Queen, John Whelan, ein paar andere Leute von Gruppe vier. Als wir mit dem Mittagessen fertig waren und das Restaurant verließen, war ich mir sicher, auf der Fußgängerbrücke über die South Figueroa Street, die das Bonaventure Hotel mit dem World Trade Center verbindet, einen großen blonden Mann zu sehen. Ich erkannte den sauberen, militärischen Bürstenhaarschnitt und diese kobaltblauen Augen.

»Shit.«

»Was?«

»Der Typ sieht aus wie Dragan.«

Und für einen Augenblick trafen sich mein Blick und der seine aus den wolfsähnlichen blauen Augen.

»Verdammte Scheiße!«, sagte Billy. »Es *ist* Dragan.«

Er hatte sich vor dem Bonaventure postiert und ein Restaurant beobachtet, von dem er glaubte, dass ATF- und DEA-Agenten dort zu Mittag essen würden. Kein Zweifel: Er hielt nach mir, Billy Queen und Mike Dawkins Ausschau.

Und in dem Augenblick, als sich unsere Blicke trafen – in der Millisekunde – waren wir aufgeflogen.

Dr. Dragan verschwand.

Der beispiellose Waffen-gegen-Heroindeal fand nie statt.

Innerhalb von Tagen löste sich Dragan in Luft auf – er war nicht mehr in Kalifornien, war irgendwo im Dschungel in Burma oder in Nordthailand untergetaucht. Wir konnten die ganzen teuren Raketen, MANPADs, Sprengsätze und M60s direkt wieder ans Militär zurückgeben.

Monate später verschafften sich ein paar unserer in Südostasien stationierten DEA-Agenten zusammen mit zwei CIA-Leuten Zutritt zu seiner leeren Wohnung in Hongkong. Dort entdeckten sie einen Brief, den Dr. Dragan an den Vizepräsidenten der Vereinigten Staaten geschrieben hatte und in dem er sich als »Verbindungsmann« bei den aufständischen Kräften in Burma anbot. Offensichtlich war der Brief nie ans Weiße Haus abgeschickt worden.

Die Tatsache, dass wir dem Waffen-gegen-Heroindeal so nahe gewesen waren, war eine Riesenenttäuschung für uns. Aber auch aus Fehlern lernt man.

Dr. Dragan erteilte mir eine unbezahlbare Lektion in puncto Undercover-Arbeit: Unterschätze niemals die Fähigkeiten des Schurken, genauso zu denken wie du selbst.

Von da an aß ich nie mehr in Restaurants in der Nähe des DEA-Hauptquartiers. Ich blieb im Büro und brachte mir ein Lunchpaket mit. Auf dem Weg zur Arbeit machte ich alle möglichen Umwege und wechselte sogar gelegentlich das Auto. Ich verhielt mich immer so, als stände ich unter Beobachtung.

Und ich flog nie wieder auf. Nicht ein einziges Mal.

Den Rest des Sommers ging ich meinen Pflichten als Mitarbeiter der Gruppe vier nach und machte undercover Jagd auf ein paar Dealer mittleren Ranges.

Als verdeckter Ermittler ist man immer auf der Suche nach den großen Fischen, den Langzeitfällen, aber José Martinez und ich zogen jeden Tag eine kleinere Aktion durch – einen »Quickie«, wie wir es nannten –, bei der wir mexikanischen Verkäufern ein paar Dutzend Gramm *chiva* abkauften. Auch aus solch kleinen Aktionen lernt man etwas. Es ist wie der

Weg von der Grundschule über die weiterführende Schule und ein Studium bis zur Promotion.

Billy Queen nannte mich gern den Schäferhund des Büros – beharrlich, loyal, manchmal übereifrig. Er war sich sicher, dass ich irgendwann eine Kugel in den Kopf bekäme. Nach wenigen Wochen in Gruppe vier hatte ich schon einen eigenen Stil entwickelt und mir einen Ruf erarbeitet. Ich war der Typ, der die Treffen immer für Freitag- oder Samstagabend ansetzte. Egal ob man sich in Kalifornien, Ohio, Georgia oder New York befindet: Kein Polizist will an diesen Tagen abends arbeiten. So ist das einfach. Und die Kriminellen wissen das. Das nutzte ich zu meinem Vorteil, denn so konnte man die Verbrecher ganz wunderbar beruhigen. Verabredungen immer auf Zeiten zu legen, zu denen Polizisten *nicht* arbeiteten, wurde daher zu einem meiner Undercover-Grundsätze.

An den Wochenenden kümmern Cops sich normalerweise um die Gartenarbeit und Reparaturen im Haus, um die Kinder und die vernachlässigte Ehefrau – die unglücklich ist, weil das Leben eines Polizisten grundsätzlich so erbärmlich, schlecht bezahlt und undankbar ist.

Ich hatte keine Familie, nur meine Tante, und ihr war es egal, ob ich nach Hause kam und in ihrem Gästezimmer übernachtete. Ich legte also alle Treffen auf Freitag- oder Samstagabende und wiegte die Dealer so in Sicherheit.

Bei der Truppe machte ich mich dadurch nicht gerade beliebt. Die Kollegen mussten ihre Wochenenden opfern, um die Observierung zu übernehmen und als Verstärkung bereitzustehen. Das ist Pflicht: Wenn ein Fall vor Gericht verhandelt wird, braucht man sie als Zeugen. Und wenn, Gott bewahre, alles schiefläuft und es zum Schlimmsten kommt, können sie einschreiten und helfen.

In Gruppe vier herrschte ein Zusammenhalt, wie ich ihn in meiner dreißigjährigen Laufbahn nie wieder erlebt habe. Wir waren ein »multikulturelles« Team, noch bevor jemand diesen Ausdruck verwendete: Es bestand aus zwei japanischen Agenten, einem Chinesen, einem Kambodschaner, einem Mexikaner und mir – dem schneeweißen, irischstämmigen Jungen aus St. Louis.

Unsere Gruppe war im Feuer zusammengeschweißt worden, hatte einen schweren Schlag erlitten, der das Leben zweier guter Männer forderte. Viele der Mitarbeiter leiden noch heute unter dem Trauma und unter Schuldgefühlen, weil sie glauben, sie hätten mehr tun können, um das Leben ihrer Kollegen zu retten.

Meiner Meinung nach ist das einer der Gründe, warum wir mehr als ein Jahrzehnt später so erfolgreich waren, als ich als DEA-Landesattaché nach Afghanistan entsandt wurde. Statt mit einer entschiedenen militärischen Einstellung in das Land zu kommen, wollte ich, dass meine Männer sich in Kabul unter die Leute mischten, so wie ich es in LA getan hatte, dass sie das Leben unserer Zielpersonen nachahmten und sich Schritt für Schritt Zutritt zu ihren Moscheen und Häusern und zu ihrem Innersten verschafften ...

Ich nahm die ganzen Undercover-Tricks, die ich gelernt hatte, und übertrug sie auf Kabul und später auf die abgelegeneren afghanischen Provinzen. Ich betrachtete dieses vom Krieg gezeichnete Gebiet nicht als fremde Erde. Für mich unterschied sich die Arbeit hier wahrlich nicht von der, die ich mit meinen Brüdern und Schwestern in Gruppe vier auf den Straßen von LA verrichtet hatte.

KAPITEL 2

MEIN LIEBSTER PHÖNIZIER

Wie kannst du sagen: Ich bin nicht unrein geworden, den
Baalen bin ich nicht nachgelaufen? Schau auf dein Treiben
im Tal, erkenne, was du verübt hast. Eine schnelle Kamel-
stute bist du, die kreuz und quer ihre Wege rennt ...

Jeremia 2, 23

Meine Zeit bei der Heroin-Sondereinheit Gruppe vier
wirkte sich auch in anderer Hinsicht auf mein Leben
aus: Ich lernte, die Dinge *global* zu betrachten. Nur sechs
Monate nach meinem Studienabschluss, noch als bluti-
ger Anfänger, bot sich mir mit dem Kayed-Berro-Fall eine
Chance, die meine berufliche Laufbahn prägen sollte.

Die Berro-Ermittlungen wurden zu einem Paradebeispiel
für den veränderten Blickwinkel und die neuen Methoden
der Drug Enforcement Administration. Aus dem lokalen Un-
dercover-Auftrag der Dienststelle in Los Angeles wurde bald
eine internationale Untersuchung, die mich nach Frankreich
und Zypern und von Ägypten nach Israel führte.

Anfang der 1990er-Jahre war der Name Berro zwar nicht
so berühmt wie jener der italoamerikanischen Gangster-
clans Gambino oder Genovese etwa, doch weltweit betrach-
tet, war das Unheil, das diese Familie verursachte, größer.
Und wie sich in den folgenden Jahren herausstellte, hatte sie
auch beim Drogen-Terrorismus im Nahen Osten ihre Finger

im Spiel. Von seinem Stützpunkt im libanesischen Bekaatal aus produzierte der Berro-Clan Heroin, das zum reinsten und stärksten der Welt gehörte.

Das Bekaatal ist eine fruchtbare Landschaft östlich von Beirut an der Nordspitze des Jordangrabens. Es wird seit den Zeiten der Römer landwirtschaftlich genutzt. Noch heute ist es die bedeutendste Anbauregion des Libanon, und versteckt zwischen den legalen Nutzpflanzen produzieren libanesische Drogenhändler riesige Mengen Heroin und Haschisch.

Drei Jahre zuvor, 1988 – damals war ich noch als Sergeant der Marines in Hawaii stationiert –, war die Berro-Familie in den berüchtigten *Reef-Star*-Fall verwickelt gewesen. Die *Reef Star* war ein 800-Tonnen-Frachter, der auf Sankt Vincent und den Grenadinen registriert war.

Der Drahtzieher hinter diesem Geschäft, der das Konsortium aus Drogenhändlern auf die Beine gestellt hatte, war ein pakistanischer Heroinbaron namens Muhammad Khan. Weithin bekannt und gefürchtet, schien niemand ihn je persönlich getroffen zu haben – ein bisschen wie die Figur Keyser Soze in *Die üblichen Verdächtigen*. Sein Name löste in der nordwestlichen Grenzprovinz Pakistans Angst und Schrecken aus. Unsere DEA-Geheimdienstler schafften es nie, auch nur ein einziges scharfes Foto von ihm in die Finger zu bekommen.

Am 29. Juli 1988 passierte die *Reef Star* den Sueskanal. Weder die Berros noch Muhammad Khan ahnten, dass der Kapitän als Informant für die ANGA arbeitete, die Anti-Narcotics General Administration – das ägyptische Pendant zur DEA. (Die 1898 gegründete ANGA gilt als die älteste Antidrogenbehörde der Welt.) Als die *Reef Star* sich in der Schleuse von Sues befand, stoppten die ägyptischen Beamten sie, stürmten an Bord und beschlagnahmten 300 Kilogramm Heroin, 288 Kilogramm Haschisch und 3 Tonnen Opium. Es war die bislang erfolgreichste Drogenrazzia im Nahen Osten. Im Juni 1989 erklärte ein ägyptischer Richter nach einem öffentlichkeitswirksamen Schnellverfahren neunzehn Angeklagte für schuldig, im Zusammenhang mit dem *Reef-Star*-Fall Kapitalverbrechen begangen zu haben. Kayed Berro wurde, genau wie sein Vater und seine Brüder, in Abwesenheit zum Tode verurteilt.

Als ich zum ersten Mal davon hörte, dass Kayed Berro in Südkalifornien lebte, blieb ich minutenlang ungläubig neben meinem Schreibtisch stehen. Das war so was von wagemutig, so was von dreist – er lebte nicht einmal unter falschem Namen. Man wäre nie darauf gekommen, dass über seinem Kopf drohend ein Todesurteil schwebte und er, sobald er sich Ägypten bloß näherte, am Galgen landen würde – jedoch nicht, ohne zuvor von den ägyptischen Behörden einem »intensiven Verhör« unterzogen worden zu sein. Im Umfeld der University of Southern California galt Kayed als ernsthafter, fleißiger, wiewohl rätselhafter Achtundzwanzigjähriger, der kurz vor dem Masterabschluss in Elektrotechnik stand.

Ich überbrachte meinem Chef Rogelio diese Neuigkeiten. Im Büro brach lautes Gelächter aus.

»Die *Reef Star*!«

»Willst du mich verarschen, Eddie?«

Alle in Gruppe vier hielten es für eine verrückte Idee von mir, auch nur zu versuchen, mich mit den Berros anzulegen.

Die *Reef Star* war ein paar Nummern zu groß, als dass ein einfacher GS-9-Beamter damit fertigwerden könnte. Mit diesem Rang war ich im Grunde nicht mehr als ein Fußsoldat auf den Straßen von LA. Aufgrund der internationalen Komplexität wollte niemand etwas mit dem Fall zu tun haben. Wir müssten versuchen, die damalige Konspiration vor Gericht zu bringen. Das hieß, wir mussten Kayed Berro mithilfe von elektronischen Aufzeichnungen irgendwie mit den Drogen auf der *Reef Star* vom Juli 1988 in Verbindung bringen oder jemanden in seinem engsten Umfeld zu einer Zeugenaussage bewegen.

»Nein, so machen wir es nicht«, sagte ich. »Es muss eine andere Möglichkeit geben.«

Ich nahm die Akte mit an meinen Schreibtisch und starrte sie stundenlang an; als kampflustiger Siebenundzwanzigjähriger spürte ich – wusste ich –, dass ich einen Weg finden würde ...

Während einer schlaflosen Nacht in Garden Grove hatte ich plötzlich eine Erleuchtung. Mir war es egal, wenn alle in Gruppe vier mich für verrückt hielten.

Mein Plan war, Kayed Berro sowohl wegen des damaligen verbrecherischen Komplotts als auch wegen seiner aktuellen Aktivitäten anzuklagen – ich würde verdeckt ermitteln, mich ganz nah an ihn heranschleichen, indem ich einen jungen, aufstrebenden Drogengroßhändler namens Eddie McKenzie spielte.

Das ist es, was die DEA zu einer einzigartigen, bundesweit operierenden Strafverfolgungsbehörde macht. Beim FBI wird alles aufgeteilt und delegiert: Ein Agent macht die Undercover-Arbeit, ein anderer bearbeitet den aktuellen Fall; einer regelt den Verwaltungskram, ein anderer übernimmt das Abhören der Telefone, und der für den Fall verantwortliche Agent kümmert sich um die Koordination mit der

Staatsanwaltschaft, die Haftbefehle und die nötigen Anklageunterlagen. Bei der DEA – die nur über einen Bruchteil der Arbeitskräfte des FBI verfügt – steht man allein da. Man ist der einsame Wolf, der alles selber macht.

Ich würde mir hingegen den *Reef-Star*-Fall vornehmen und die alten Unterlagen durchackern, während ich gleichzeitig selbst eine Undercover-Aktion plante, um Kayed persönlich kennenzulernen.

Trotzdem war die Ermittlung irrsinnig umfangreich. Ich wusste, meine Anklage gegen den einen Menschen, den ich tatsächlich *treffen* konnte, musste hieb- und stichfest sein, bevor ich mich in den Nahen Osten begab, um den Fall entsprechend voranzubringen.

Wenn mir irgendjemand zu helfen vermochte, schätzte ich, wäre es mein Freund Jimmy Soiles, ein erfahrener DEA-Agent, der in der US-Botschaft in Paris stationiert war.

»Hast du was für mich, Eddie?«, fragte Jimmy, als ich ihn erreichte.

»Kayed Berro ist in Orange County.«

»Auf Reisen?«

»Jimmy, er *wohnt* dort, mit seiner Frau.«

»Er *wohnt* da?«

»Ja. Er hat ein Haus und zwei Kinder. Ist Vollzeitstudent. Ist das zu fassen? Er macht gerade seinen Master an der USC.«

Jimmy verstummte. Ich wusste, er konnte es kaum glauben.

»Shit. Wir wussten, dass er den Libanon verlassen hatte, aber wir hatten keine Ahnung, dass er in den USA ist.«

»Er hat ein Studentenvisum und alles.«

Ich teilte Jimmy mit, was meine Detektivarbeit bisher ergeben hatte.

»Ich habe seine Telefonverbindungen überprüft – du kannst dir gar nicht vorstellen, wie viel Kommunikation und Logistik er von seinem Haus in Huntington Beach aus betreibt.«

Damals waren direkte Telefonate zwischen Pakistan und dem Libanon nicht möglich. Bei der Durchsicht von Kayeds Telefonprotokollen hatte ich gesehen, dass er sein Haus zu der Kommunikationszentrale gemacht hatte, die eine riesige internationale Drogenhandelsorganisation benötigte. Kayed führte jeden Abend Konferenzschaltungen durch, bei denen er über mehrere Fernleitungen den *Reef-Star*-Drahtzieher Muhammad Khan in Pakistan, Kayeds Vater in Israel und seinen Bruder Ali Berro, der die Geschäfte der Organisation leitete und sich irgendwo in Ägypten versteckte, zusammenbrachte.

Alle diese Leute waren für mich quasi unantastbar, außer Kayed Berro. Kayed befand sich nur eine dreißigminütige Autofahrt über den Freeway 405 von Garden Grove entfernt.

»Hör mal, Jimmy, ich muss irgendwie an ihn rankommen.«

Lange Zeit war aus Paris nichts als ein Schmatzen zu hören. Jimmy lachte. Dann seufzte er.

»Ich glaube, ich habe da den Richtigen für dich. Meinen besten Spitzel. Den Armenier.«

»Den Armenier?«

»Philip der Armenier. Vielleicht kann ich ihn dazu bringen, dich vorzustellen.«

So kam Philip der Armenier, einer von Jimmys wertvollsten Informanten in Paris, zu seinem großen Auftritt, nachdem er Jimmy zuvor bereits bei ein paar bedeutenden Fällen im Nahen Osten und in Europa geholfen hatte. Früher war Philip Heroindealer im Libanon gewesen, doch dann war er festgenommen, umgedreht und nach Paris geschickt worden. Er war von Geburt Armenier, aber in der ganzen Welt zu Hause und hatte schon überall im Nahen Osten, in Europa und in den USA gelebt.

Philip war kein gewöhnlicher Informant. Der Armenier war ein ganz Großer. Ich kannte damals niemanden – und habe seitdem auch niemanden mehr getroffen –, der über derartige Verbindungen, so viel Köpfchen und ein solches Auftreten verfügte wie dieser Kerl. Der Armenier war hochgebildet und beherrschte sieben Sprachen – alle auf Muttersprachenniveau.

Innerhalb weniger Stunden stellte Jimmy eine telefonische Verbindung zwischen mir und dem Armenier her. Ich redete nicht lange um den heißen Brei herum.

»Können Sie mich mit Kayed Berro persönlich in Kontakt bringen?«

»Die Berros«, sagte er. »Natürlich, ich kenne die Familie gut. Den Vater am besten, aber ich habe auch mit allen seinen Söhnen zu tun gehabt.«

Jimmy schaffte es: Am Ende der Woche saß Philip der Armenier in einer Maschine aus Paris. Ich holte ihn am Flughafen von Los Angeles ab.

Er war ein Enddreißiger mit Hängebacken und einem blassen Teint, gut gekleidet, das schwarze Haar sauber zurückgekämmt. Meine Corvette neigte sich ein wenig seitlich, als er auf dem Beifahrersitz Platz nahm. Er war nur mittelgroß, jedoch von sehr kräftiger Statur.

Offensichtlich hatte er noch nie in seinem Leben einen Teller Baba Ghanoush abgelehnt.

Wir fuhren zu einem Hotel in Orange County, nur zehn Autominuten von Kayeds Haus entfernt, und überlegten, wo und wie wir ein Zusammentreffen einfädeln könnten. Die erste Begegnung ist bei Undercover-Einsätzen entscheidend. Sie bestimmt über Verlauf und Grundton aller folgenden Aktionen. Daher muss man sich die Frage stellen: Wohin würde man gehen wollen, wenn man selbst der Verbrecher wäre? Wo fühlt man sich am wohlsten? Die offensichtlichen Orte sind um jeden Preis zu meiden. Wo halten sich Kriminelle für gewöhnlich auf? Sie mögen teure Restaurants. Sie gehen in angesagte Bars. Kriminelle sind gern die ganze Nacht lang mit hochklassigen Escort-Damen und Nutten unterwegs. Männer ihres Ranges wollen beeindruckt werden. Sie wollen Rolex-Uhren und Privatjets sehen.

Der Armenier und ich besprachen uns stundenlang im Hotel und versuchten herauszufinden, wie man Kayed am besten in Sicherheit wiegen konnte.

»Edward, ich will Sie nicht anlügen«, sagte Philip – immer ein fragwürdiger Gesprächseinstieg bei einem Informanten. »Es wird nicht einfach, Kayed glauben zu machen, dass Sie wirklich ein Heroingroßhändler und ein guter Freund von mir sind, obwohl er noch nie das Geringste von Ihnen gehört hat ... Dennoch sollen Sie eine so große Nummer im Geschäft sein, dass Sie kiloweise Ware in LKWs und Autos schmuggeln können, von Los Angeles nach ...«

»Las Vegas«, ergänzte ich.

Der Armenier lächelte schief.

»Las Vegas?«

»Ja. Ich bin aus Las Vegas.«

Las Vegas strahlt eine besondere Magie aus.

Jedes Mal, wenn ich Las Vegas zum Zentrum meiner Undercover-Tarnung – meiner fiktiven illegalen Aktivitäten – gewählt habe, bekommen meine »Partner« aus der Drogenszene glänzende Augen. Die drei spanischen Silben, die übersetzt »die Flussauen« bedeuten, haben eine hypnotische Wirkung – so sinnlich, wie sie einem über die Lippen gehen ...

Allein die Vorstellung von dieser verletzlichen, menschengemachten Wunderwelt mitten in der Wüste. *Ich bin aus Las Vegas*. Das ist wie ein neonfarbener Schlüssel zur Gier und zur Raublust in den Herzen der Kriminellen.

Dem Armenier schien der Übermut in meinem Blick nicht zu gefallen.

»Ich versichere Ihnen eines, Edward«, sagte Philip. »Kayed ist klüger als Sie.«

»Wir werden sehen.«

»Kayed ist klüger als alle in seiner Umgebung.«

»Ist Kayed klüger als *Sie*, Philip?«

»Nein.« Wieder lächelte der Armenier.

»Dann dürfte das kein Problem sein«, sagte ich. »Überlegen Sie weiter. Wo würde er ein freies Wochenende verbringen wollen?«

In dem schmucklosen Hotelzimmer war es ganz still. Die Eismaschine im Flur gab ein Rumpeln von sich.

Die nächsten Worte des Armeniers ließen mich laut losprusten.

»Disneyland«, verriet er.

Eine Sekunde lang glaubte ich, er leide vielleicht am Tourette-Syndrom.

»*Was* haben Sie da gesagt? *Disney*land?«

»Disneyland. Wir treffen uns auf dem Parkplatz in Disneyland.«

»Was reden Sie da? So kurzfristig kann ich keine Observation in Disneyland organisieren.«

»Hören Sie mir gut zu. Es ist perfekt. Wir gehen mit ihm ins Disneyland. Er wird sich da absolut sicher fühlen. Dort stelle ich Sie ihm vor. Polizisten sind nie in Disneyland – zumindest nicht dienstlich an einem Sonntagnachmittag.«

»Ganz sicher nicht.«

»Oder können Sie mir einen nennen? Ich war schon oft da. Polizisten sind da nie unterwegs. Nur diese idiotisch aussehenden Wachen.«

»Die sind nicht einmal von der Polizei. Es sind bezahlte Sicherheitsleute.«

»Eben.«

Ich ließ mir die Idee des Armeniers eine Zeit lang durch den Kopf gehen. Er war tierisch arrogant, aber vielleicht nicht komplett durchgeknallt.

»Also gut«, sagte er abschließend und schlug mit der flachen Hand wie zur Bestätigung auf den billigen Couchtisch, »dann sind wir uns einig. Ein Polizist würde niemals ein Treffen in Disneyland ansetzen.«

»Okay. Einverstanden.«

Ich kam ohne Verstärkung. Nur ich und der Armenier. Disneyland wurde von diesem Tag an zu einer weiteren Lieblingsbühne meiner immer häufigeren Soloeinsätze.

Alles organisierte ich selbst. Da ich keine Ahnung hatte, ob der Plan funktionieren würde, erzählte ich nicht einmal meinem Chef Rogelio davon. Auch nicht meinem Partner

José. Das hätte auch gar nichts bewirkt, denn in Gruppe vier verspürte keiner Lust, seine Sonntagnachmittage für todlangweilige Observationseinsätze im Märchenland von Anaheim zu opfern.

Keiner in unserer Gruppe teilte meine Besessenheit für Kayed Berro – sie glaubten alle, in dem Fall sei nichts zu erreichen. Die Wahrscheinlichkeit, dass sich die Mühen auszahlten, war einfach zu gering. Die Kollegen wollten, dass ich meinen Enthusiasmus auf unsere typischen LA-Fälle richtete: Kolumbianer und Mexikaner. Doch für mich waren das alltägliche Einzeleinsätze. Keine Grand-Slam-Turniere. Von solchen Fällen gab es immer genügend. Meine Undercover-Identität war mittlerweile ausgereift. Trotz der Bedenken des Armeniers wusste ich, dass ich Kayed Berro in Hinsicht auf Klugheit und Raffinesse in nichts nachstand, und auch ich konnte einen beeindruckenden Auftritt hinlegen. Ich hatte langes Haar, das zu einem Pferdeschwanz gebunden war, und fuhr eine wunderschöne, glänzend rote Corvette. Das Auto hatten wir einem prominenten Heroindealer abgenommen. Wenn ich damit in hohem Tempo über die Autobahn brauste, kam ich mir selber wie ein bedeutender Dealer vor.

Ich sah aus und fühlte mich wie ein Heroingroßhändler und Geldwäscher und hatte mich selbst davon überzeugt, einer zu sein. Eine der eisernen Regeln des Undercover-Daseins lautet: Versuche nie, jemanden darzustellen, in dessen Haut du dich nicht wohlfühlst. Das funktioniert nicht. Man macht Fehler.

Ich war ein Drogendealer und Geldkurier, der von Las Vegas aus operierte und in LA verkaufte. Das Sahnehäubchen war meine schicke Latina-Freundin Tina – in Wirklichkeit arbeitete sie ebenfalls als Agentin bei der DEA. Ein weiterer Schlüssel zur Figur eines Drogendealers: Man muss ein schnelles Auto, protzigen Schmuck und immer das hübscheste Mädchen im Arm haben.

Ich fuhr hinaus nach Orange County, in der Nähe des Stadions der Los Angeles Angels gelegen, und parkte meine Corvette. Eine Zeit lang saß ich da und brachte mich mental in Stimmung. Dann stieß ich vor dem Eingang zum Disneyland zu den drei Männern: dem Armenier, einem Freund und Bodyguard namens Marco und Kayed Berro. Als Erstes fiel mir auf: Diese drei Typen war alle so dick, dass sie kaum durch das Drehkreuz passten. Kayed mochte etwa so groß sein wie ich, vielleicht ein paar Zentimeter kleiner, ungefähr 1,70 Meter, aber er wog weit über 100 Kilo.

»*Marhaba, kifak.*«

Das waren die ersten Worte, die ich aus Kayed Berros Mund vernahm: das traditionelle, herzliche libanesisch-arabische Hallo.

Schon auf den ersten Blick nahm ich die Schläue und den Intellekt wahr, die hinter seinen kohlschwarzen Augen lauerten. Der Armenier hatte recht. Das hier war kein gewöhnlicher Drogenhändler.

Sie bezahlten natürlich alles. Wir liefen einfach nur im Park umher, unterhielten uns und aßen Junkfood. Spazierten durch die Gegend und bestiegen kein einziges Fahrgeschäft – ihre Hintern passten nicht hinein. Der Deal kam nicht zur Sprache – außer als ich Kayed gegenüber beiläufig erwähnte, sein Bruder Ali sei da in etwas verwickelt gewesen. Das war eine indirekte Anspielung auf die *Reef-Star*-Sache, und Kayed zuckte bloß unverbindlich mit den Schultern.

Alles lief nach bestimmten Regeln ab. Ich versuchte auch nicht, zur Eile zu drängen. Wenn man mit Arabern oder Asiaten zu tun hat – im Grunde bei jedem außer den ungeduldigen Amerikanern –, muss man erst einmal eine halbe oder eine Stunde lang über ihre Familien und ihr Privatleben reden. Das gehört sich so. Es ist fast sinnlich. Man muss sie sehr lange umwerben und betören, bevor man überhaupt beim Vorspiel angelangt ist.

Je klüger und verschlossener der Schurke ist, desto intensiver sollte man ihm den Hof machen. Insgesamt traf ich mich mehr als fünfzehnmal mit Kayed, bevor wir aufs Geld zu sprechen kamen. So läuft es einfach. Vor allem bei Arabern. Erst mussten wir *Freunde* werden.

Kayed war ein echter Phönizier – ein Nachkomme jenes Seefahrervolks, das einst an den Küsten des heutigen Libanon lebte, den Gott Baal anbetete und die erste Schriftsprache entwickelte. In den folgenden Monaten, während wir uns näherkamen, während er sich öffnete, wurde das mein Name für ihn. Ich nannte ihn »meinen liebsten Phönizier«.

Er war immer sehr gepflegt und exquisit gekleidet. Ich sah ihn niemals in etwas anderem als einer frisch gebügelten Hose, polierten schwarzen Lederschuhen und einem eleganten, gut geschnittenen Hemd.

Unter den Geschäftsleuten in Silicon Valley oder Beverly Hills fiel er nicht weiter auf, er hatte die typische gediegene Lebensweise der oberen Mittelschicht. Er stand kurz vor dem Abschluss seines Masterstudiums und war gleichzeitig für die Finanzierung und die Kommunikation bei großen internationalen Heroindeals zuständig.

Ich habe in den Jahren, die seitdem vergangen sind, viel

über ihn nachgedacht. Was ich an ihm bewunderte, war wohl, dass ich viel von *mir* in ihm sah.

Ich konnte mich mit den kleinen Fischen abgeben, in schmuddeligen Motelzimmern Stoff von ihnen kaufen, ihr Wissen ausnutzen und mich so in der Hierarchie bis nach oben zu den Bossen und Anführen hinaufarbeiten, die Stufen immer weiter hochklimmen. Aber dem »Akademiker« in mir reichte das nicht. In meinem späteren Berufsleben fand ich mich in Einzelgesprächen mit Kongressmitgliedern, Senatoren, dem Justizminister wieder – einmal hatte ich sogar eine persönliche Unterredung mit dem Präsidenten.

Kayed konnte in jeder Umgebung arbeiten. Er bewegte sich frei in allen Bereichen der Drogenwelt, konnte plötzlich in einen anderen Gang schalten und in die Legalität zurückkehren, ohne dass sein Rennwagen ins Schleudern geriet. Kayed verfügte überall über vertrauenswürdige Verbindungen: in Pakistan und im Libanon, in weiten Teilen des Mittelmeerraums und des Nahen Ostens, in Kalifornien und New York. Er war raffiniert und zelebrierte seine Geschäfte nicht, hielt sie vielmehr im Verborgenen.

Ich fand es verblüffend, wie er es schaffte, gleichzeitig die internationalen Drogengeschäfte durchzuziehen und seine Masterarbeit an der technischen Fakultät der USC zu schreiben. An vielen Tagen saß ich in meinem Auto einen Block von seinem Haus entfernt und verfolgte ihn dann vorsichtig bis zum Campus der Universität – es erstaunte mich, wie viel Zeit er in der Bibliothek für Computerwissenschaften und Technik verbrachte. Mir kam er vor wie ein libanesischer Universalgelehrter. Er sprach ein perfektes Englisch und das schönste Arabisch, das ich je gehört hatte.

Kayed brachte mir mehr über den Nahen Osten bei als

jeder Experte an der DEA-Akademie. Wir sprachen sogar ein- oder zweimal über die Anforderungen bei der Verteidigung einer Masterarbeit. Doch er konnte sich auch auf das tiefste Niveau herablassen und Geschäfte mit ungebildeten Straßengangstern machen, ohne dass er dabei auffiel. Ein bemerkenswertes Talent.

Keiner der anderen Drogenhändler, die ich bisher kennengelernt hatte, konnte so problemlos in verschiedene Rollen schlüpfen. Einige versuchten es, aber sie vermochten sich nie ganz von der anderen Persönlichkeit zu lösen. Das brachte sie unweigerlich ins Straucheln. Nicht so Kayed. Er war nicht nur aalglatt, nicht nur clever – er war ein echtes Chamäleon. In einem anderen Leben wäre er ein großartiger verdeckter Ermittler geworden.

Es dauerte ein paar Wochen, bis ich eingeladen wurde und ihn zu Hause besuchte. Meine »Freundin« Tina freundete sich mit seiner Frau an, einer wortgewandten Libanesin mit Universitätsabschluss. Schon bald erfuhr ich, dass sie für Opern schwärmte. Sie hörte zu Hause den ganzen Tag lang Opern-CDs.

Ich habe keine Ahnung von Oper, rief deshalb ein paar Leute an und bat sie um Karten für Vorzugsplätze, die ich ihr schicken ließ. Es handelte sich um irgendeine große, neue Inszenierung am Opernhaus in LA. Ich zahlte sie aus eigener Tasche – im Büro wusste niemand davon. Damals liefen die Dinge anders, heutzutage würde ich mir wahrscheinlich einen dicken Rüffel für mein »Cowboy-Verhalten« einhandeln, wenn ich noch im Dienst wäre.

Doch wie hätte ich es sonst anstellen sollen? Für die, die einen Doktor in internationalem Drogenhandel machen wollen gibt es keinen Lehrplan. Und auch keine Patentlösungen. Man muss ganz einfach mehr Zeit mit Drogenhändlern und Informanten verbringen als mit den eigenen Freunden.

An einem warmen Märzabend besuchten wir ein exklusives libanesisches Restaurant in Anaheim Hills. In jener Nacht trug ich eine KEL-Wanze am Körper, und draußen standen DEA-Leute der Gruppe vier und überwachten die Aktion. Ich gab an diesem Freitagabend ungefähr 400 Dollar für das Essen aus, während meine Freunde draußen fettige In-N-Out-Burger aßen.

Nach dem langen Hofieren, nach all der sorgfältigen Vorbereitung spürte ich, dass es nun Zeit war. Während wir das kostspielige libanesische Mahl aus gebratenem Lamm und Couscous genossen, einigten wir uns über die Bedingungen des Geschäfts. 10 Kilogramm. 10 »Rolex«, wie wir es nannten, Kayeds Lieblingscodewort. Wir legten den Betrag fest, den ich für die 10 Kilo zu zahlen hatte, und einigten uns auf eine Anzahlung von 40 000 Dollar, die ich für seine Reise- und Logistikausgaben vorschießen musste.

Damals konnten Polizisten – vor allem die kleinen Beamten vor Ort – keine großen Anzahlungen leisten. Genau darin begann die DEA sich von den lokalen Polizeibehörden und sogar vom FBI und der ATF zu unterscheiden. Nach ein wenig bürokratischem Tauziehen konnte ich die Genehmigung bekommen, Kriminellen Beträge in Höhe von 50 000 oder sogar 100 000 Dollar zukommen zu lassen. Bei Libanesen und anderen Arabern – genauso wie bei chinesischen Drogenhändlern, wie ich später lernte – muss man fast immer eine Menge Kohle vorab auf den Tisch legen.

Kayed Berro willigte ein, mir die 10 Kilo Heroin mit einem

Reinheitsgrad von 95 Prozent für 25 000 Dollar pro Kilo zu überlassen – damals ein sehr guter Großhandelspreis.

Die Rechnung sieht so aus: Aus einem Kilogramm libanesischem Heroin mit einem Reinheitsgrad von 95 Prozent kann man 16 Kilogramm mit einem Reinheitsgehalt von 6 Prozent machen, ohne etwas von der Wirkung einzubüßen. Das heißt, das Diacetylmorphinhydrochlorid kann auf die sechzehnfache Menge gestreckt werden und dem Drogensüchtigen trotzdem den gewünschten Effekt verschaffen. Im Straßenslang wird das Verschneiden »Drauftreten« genannt – das Heroin wird mit Füllstoffen wie Milchpulver und Vitamin B, dem von Diabetikern verwendeten Süßstoff Mannit, dem zahnärztlichen Betäubungsmittel Procain oder – besonders beliebt – mit verschiedenen Baby-Abführmitteln gestreckt. Heroin ist ein mächtiges Schmerzmittel, und die Drogensüchtigen neigen zu Verstopfung. Die Abführmittel helfen nicht nur dagegen, sondern sehen auch aus und fühlen sich an wie Heroin.

Im Straßenverkauf wird das gestreckte libanesische Heroin aus dem Bekaatal üblicherweise in Päckchen zu einem halben Gramm verkauft. Ein ausgesprochen lukratives Geschäft also, das sich für alle Beteiligten rechnete. Die 10 Kilo Heroin von Kayed würden mich 250 000 Dollar kosten. Ich würde es natürlich nicht selbst strecken – ich war ja schließlich Großhändler –, doch gemäß den Bedingungen unserer Übereinkunft war meine 250 000-Dollar-Investition auf der Straße potenziell 2,5 Millionen wert. Mehr als 2 Millionen Dollar Profit mit nur einer einzigen Lieferung – muss man sich da noch fragen, warum manche Leute es in Kauf nehmen, den Rest ihres Lebens im Gefängnis zu verbringen?

Allerdings hat die Sache einen Haken: Der Verkauf an

Kunden ist *extrem* riskant. Ein durchschnittlicher Heroineinzelhändler hat, sagen wir mal, dreißig Dealer, die Tütchen verkaufen. dreißig Leute, die ständig das Risiko eingehen, wegen des Verkaufs von strafrechtlich relevanten Mengen Heroin verhaftet zu werden. Man verliert den Stoff, und es besteht immer die Gefahr, dass einer oder mehrere der dreißig Typen sich in ein wandelndes Pulverfass verwandeln, in dem sie sich von der Polizei umdrehen lassen und zu Informanten werden.

Deshalb halten sich die Bosse und Drahtzieher der organisierten Kriminalität vom Direktverkauf an das Heer der Abhängigen fern. Sie handeln mit Kilos – manchmal Tonnen – und machen sich aus dem Staub. Es interessiert sie einen Scheißdreck, was auf den Straßen mit dem Stoff passiert. Der volle Verkaufswert birgt – selbst bei 1000 Prozent Gewinn – zu viele Risiken. Die Straße ist ohnehin nicht ihr Territorium, nicht ihr Revier.

Nicht, dass wir uns falsch verstehen – natürlich gab es ein paar äußerst erfolgreiche Heroineinzelhändler wie Frank Lucas, berühmt durch *American Gangster*, und seinen Rivalen Nicky Barnes, den Heroinkönig von Harlem, der sich selbst zu »Mr. Untouchable« stilisierte. Aber ich sage immer: Der Unterschied zwischen einem Straßenverkäufer und einem Großhändler ist mit dem Unterschied zwischen einem Chevrolet-Gebrauchtwagenhändler und einem Bentley-Verkäufer vergleichbar.

Die 40000 Dollar, die Kayed von mir bar auf die Hand haben wollte und die als Reisekosten deklariert wurden, waren natürlich sein Anteil an dem Deal, denn schließlich trug er das Risiko, die 10 Kilo reines Heroin in die USA zu schmuggeln. Der Überlandtransport zu meinen Leuten in

Las Vegas hingegen ging auf meine Kappe. Behauptete ich ihm gegenüber.

Ich fand inzwischen, dass das Vorspiel lange genug gedauert hatte und ich es wagen könnte, meine Grenzen bei Kayed auszutesten. Ich verlangte eine Bandaufnahme, auf der er bestätigte, dass er derjenige sei, der bei großen Heroindeals im Nahen Ostens wie der *Reef-Star*-Sache von den USA aus den Geldtransfer regelte und sich um die Logistik kümmerte.

»Hör mal«, sagte ich lässig und trank einen Schluck Rotwein, »ich habe gehört, dass dein Vater und dein Bruder drüben in Ägypten mit einer Schiffsladung Ware hängen geblieben sind.«

Ich wusste, dass dieser Satz unsere Vereinbarung nicht gefährdete, und war mir mittlerweile sicher, seine Reaktion beurteilen zu können.

Sein Blick wurde kalt wie Eis, und er starrte mich an, als wollte er mir die Gabel zwischen die Augen rammen.

»Mein Vater war noch *nie* in eine meiner Aktivitäten verwickelt«, sagte er mit zusammengebissenen Zähnen. »Immer nur meine Brüder und ich. Sonst niemand aus der Familie. Vergiss das nie.«

Die klassische Familienloyalität der Araber. Er würde den geliebten Patriarchen Mohammed nie in etwas hineinziehen.

Ich ruderte zurück. Meine Tarnung war zwar nicht aufgeflogen, doch ich hatte den Prozess des Umwerbens offenbar vorschnell beschleunigen wollen. In dem Augenblick war mir klar, dass Kayed seinen Vater niemals mit einem verbrecherischen Komplott in Verbindung bringen würde. Dieser Weg war eine Sackgasse.

Ich überreichte ihm an dem Abend 5000 Dollar in bar.

Auch in dieser Hinsicht ähnelte mein Vorgehen der Eroberung einer Frau. Wenn sie sich beleidigt fühlt – und mein Kommentar hatte Kayed tief getroffen –, muss man das sofort durch eine liebevolle Geste wiedergutmachen. Mit etwas das den Schmerz zu vertreiben vermag.

Nicht die Erinnerung. Die Erinnerung wird ewig bleiben. Nur den akuten Schmerz. Also griff ich in meine Anzugtasche und gab Kayed fünf Riesen.

Er nickte. Für Kayed gab es nichts Tröstlicheres als Bargeld. Die fünf Tausender vertrieben den Schmerz sofort.

Es war die eine Anzahlung, jetzt musste ich ihm immer noch die restlichen 35000 Dollar zukommen lassen, bevor wir den Deal vorantreiben konnten.

Zwei Wochen später arrangierte ich die Übergabe der restlichen Summe. Sie sollte in Monterey Park stattfinden, genau an der Stelle, wo George Montoya und Paul Seema die Verbrecher abgeholt hatten, von denen sie später ermordet wurden. Die Aktion musste streng überwacht werden. Es war ein wichtiges Treffen, und quasi die gesamte Gruppe vier war dabei: Nadine Takeshta, Ralph Partridge, José Martinez, Brian Lee, John Whelan und Jeannette Ferro.

Meinen Chef Rogelio Guevara störte es anfangs, dass ich den Park ausgewählt hatte.

»Ed, warum bringst du uns hierher? Warum muss es *ausgerechnet* hier sein?«

»Rogelio, das hier ist eine ernste Sache. Er ist ein gefährlicher Gegenspieler. Und genau deshalb muss das Ganze hier stattfinden.«

»Weißt du nicht, wie viel Leid mit Monterey Park verbunden ist?«

Trotzdem stritt Rogelio nicht weiter darüber. Er hatte mittlerweile genügend Vertrauen in mein Urteilsvermögen und würde sogar als meine rechte Hand bei der Übergabe auftreten, damit ein zweiter verdeckter Ermittler mit von der Partie war.

Während wir auf Kayed warteten, erklärte ich Rogelio, dass ich lange darüber nachgedacht und Monterey Park absichtlich ausgesucht hätte, gerade weil ich das Team an den Schmerz erinnern wollte. Jeder von ihnen sollte die Anwesenheit von George und Paul spüren und das drückende Gewicht unserer Brüder, die ihren Einsatz mit dem Leben bezahlt hatten. Die Bedeutung dieses Ortes würde dafür sorgen, dass sie die Gefahr, die von Kayed ausging, ernst nahmen. Davon war ich überzeugt.

»Ich habe lange mit José darüber gesprochen«, sagte ich.

»Und?«

»José sagte, für ihn gehe es in Ordnung. Er meinte: ›Los, schnappen wir uns den Hurensohn.‹«

Und wenn José Martinez, der dort angeschossen und fast getötet worden war, kein Problem damit hatte, die Überwachung in Monterey Park durchzuziehen, wie könnte dann jemand anders Bedenken haben?

Kayed traf ein, und wir zogen uns in eine ruhige Ecke des Parks zurück, wo niemand vorbeilief und es keine neugierigen Zuschauer gab. Nur Rogelio, der anderthalb Meter von mir entfernt stand. Ich erklärte seine Anwesenheit mit keinem Wort.

»Bitte sehr«, sagte ich.

Ich hatte das Geld in einer kleinen Tasche dabei. Die Scheine waren nagelneu – Bündel aus 100-Dollar-Noten, die noch von Banderolen des US-Schatzamts zusammengehalten wurden. Verbrecher sehen diese sauberen Banderolen ganz besonders gern, weil sie dann sicher sein können, dass das Geld nicht gefälscht ist.

Kayed nahm die 35 000 Dollar und packte sie in seine eigene kleine Tasche.

Ich wollte, dass der Deal lief, aber ich musste ihm zugleich ein bisschen Angst machen. Ihm zu verstehen geben, dass ich kein Schisser war.

»Denk dran, Kayed: Ich war bei dir zu Hause, weiß also, wo ich dich finden kann, wenn wir etwas zu *besprechen* haben, ja?«

Jetzt trat Rogelio einen Schritt vor. Mit seinem bizarren Aussehen, der dunklen Narbe auf der einen Seite seines Gesichts, dem geschädigten rechten Auge, und mit seinem düsteren Blick sah er aus wie der furchterregede Scherge eines mexikanischen Kartells, und er klang auch so. Sein Erscheinungsbild war dermaßen übel, dass er sich erlauben konnte, einen weichen Tonfall anzuschlagen:

»Du verstehst, was er sagt, *amigo*?«

Kayed nickte. Die logische Schlussfolgerung war, dass ich meine Schmutzarbeit einem mexikanischen Kartell überließ. Tina, mein »Mädchen«, eine Latina, telefonierte überdies manchmal in Kayeds Gegenwart auf Spanisch. Es gehörte dazu, solche subtilen, unerklärten Drohungen anzudeuten.

Wenn man verdeckt ermittelt, ist es absolut unerlässlich, den Eindruck zu erwecken, man könnte gefährlich werden. Dennoch fiel der Abschied zwischen Kayed und mir freundschaftlich aus, wir schüttelten uns herzlich die Hand, und ich war zuversichtlich, dass der Deal laufen würde.

Wir hatten geduldig um ihn geworben, ihn von der Tarnung überzeugt und das Ganze erfolgreich um eine angedeutete Drohung ergänzt, indem wir Kayed suggeriert hatten, ich verfügte über enge Verbindungen zu mexikanischen Killern.

Dann erhielt ich aus heiterem Himmel einen Anruf von meinem Freund Artie Scalzo, der in San Diego eine DEA-Einheit leitete. Es stellte sich heraus, dass einer von Arties Informanten ein hochrangiges Mitglied der Berro-Organisation war und Safur hieß. Und genau der hatte Artie angerufen, um Informationen über mich einzuholen. Klassisches arabisches Unterweltverhalten: Eine Seite wird gegen die andere ausgespielt.

»Eddie, mein Spitzel sagt, Kayed verhandle gerade über einen 10-Kilo-Deal, und er wolle sichergehen, dass dieser Eddie der ist, für den er sich ausgibt.«

Artie klang nicht übermäßig besorgt, aber er war vorsichtig.

»Was weiß er?«, fragte ich.

»Eine *Menge*. Er hat Details fallen gelassen, über diesen Großhändler namens Eddie, seine Freundin Tina und die rote Corvette, die die beiden fahren. Er hat mich immer wieder gefragt: ›Macht der uns was vor?‹«

»Wie hast du reagiert?«

»Ich habe ihm gesagt, dass er sich keine Sorgen machen müsse. ›Eddie McKenzie? O ja. Das sei einer der wichtigsten Heroingroßhändler und Geldwäscher, er stehe mit ein paar mächtigen Typen aus Vegas in Verbindung.‹«

»Hat er dir das abgenommen?«

»Ich glaube schon. Doch wenn Kayed diesen Kerl hat bei mir anrufen lassen, solltest du davon ausgehen, dass sie dich überprüfen. Also pass auf!«

»Mach ich.«

Ich fuhr nicht mehr nach Hause. Mir war klar, dass Kayed jemanden damit beauftragt hatte, mich Tag und Nacht im Auge zu behalten. Ich schlief von da an in der Corvette. Ich durfte nicht riskieren, sie zum Haus meiner Tante zu führen. Bloß konnte ich ihnen nicht ewig ausweichen. Wenn Kayeds Leute mich so genau beobachteten, mussten wir uns eine Alternative einfallen lassen.

Wir beschlossen, dass es am Besten sei, wenn ich die Stadt verließ und mich so lange versteckte, bis die 10 Kilogramm aus dem Libanon in Los Angeles eingetroffen waren. In dieser Situation schlug Jimmy Soiles vor, ich könnte nach Paris kommen.

Obwohl er noch recht jung war, genoss Jimmy fast schon einen legendären Ruf bei den Strafverfolgungsbehörden, der sich in den folgenden Jahrzehnten noch gehörig steigerte. 2007 gelangte er zu internationaler Berühmtheit, weil er Monzer al-Kassar aufspürte und verhaftete, den in Syrien geborenen Waffenhändler, der zu den Drahtziehern der *Achille-Lauro*-Entführung von 1985 gehörte, in deren Verlauf Leon Klinghoffer, ein pensionierter amerikanischer Jude, gnadenlos über Bord geworfen wurde und ertrank – einer der ersten Terrorakte radikaler Islamisten, der sich direkt gegen US-Bürger richtete.

Durch meine Auslandsreise lernte ich Dinge kennen, die weit in eine Vergangenheit reichten, als es die DEA noch gar nicht gab, wenngleich ich damals zu gestresst war, um mir groß Gedanken darüber zu machen.

Zu Zeiten des Federal Bureau of Narcotics ernannte Finanzminister Andrew Mellon Harry J. Anslinger zum ersten Chef der Behörde. Unter seiner Führung konzentrierte sich das FBN verstärkt auf die Bekämpfung des Opium- und Heroinschmuggels aus dem Ausland. Anslinger hatte nämlich erkannt, dass es nicht ausreichte, das Rauschgift zu beschlagnahmen, nachdem es in amerikanischen Häfen und auf den Straßen der Städte angekommen war, und richtete im Laufe der Zeit in Frankreich, Italien, der Türkei, im Libanon, in Thailand und anderen Zentren des internationalen Drogenhandels Außenstellen ein. Die Agenten dort arbeiteten mit den örtlichen Antidrogenbehörden zusammen, wenn es darum ging, Informationen über Schmuggler zusammenzutragen, und führten vor Ort Undercover-Razzien durch.

Die heutige DEA übernahm diese globale Präventivstrategie und baute sie massiv aus.

Auf dem De-Gaulle-Flughafen gelandet, war ich überrascht, wer mich abholte: Philip der Armenier. Ich sah weder Jimmy noch sonst jemanden von der DEA oder der US-amerikanischen Botschaft. Jimmy war so vernünftig, draußen im Auto zu warten. Eine wichtige Sicherheitsmaßnahme, denn falls uns jemand beobachtete und sah, wie ein Polizeibeamter mich abholte, wäre meine Tarnung aufgeflogen.

Dieses zurückhaltende Auftreten war typisch für die DEA im Ausland. Ich will das FBI nicht schlechtmachen, aber wer ehrlich ist, weiß genau: Das FBI hätte zwecks Observation ein halbes Dutzend Agenten mit dunklen Sonnenbrillen, khakifarbenen Cargo-Hosen und Walkie-Talkies im ganzen Flughafen verteilt.

Wir nicht. Philip der Armenier holte mich ganz allein am Flughafen ab. Erst draußen im Auto begrüßte ich Jimmy herzlich. Knapp 1,95 Meter groß, ausgeprägter Bostoner

Dialekt – dieser Mann sollte mich instruieren, wie man sich als international agierender verdeckter Ermittler verhielt:

»Bist du bereit, etwas zu *lernen*, Junge?«

»Na klar, Jimmy, auf jeden Fall. Deswegen bin ich hier. Ich gehe, wohin du willst.«

»Heute Nacht kriegst du keinen Schlaf. Wir treffen uns in ein paar Tagen wieder. Zieh mit ihm los.«

Wir mussten uns zurückhalten, durften nicht offen zugeben, dass wir von der DEA waren.

»Die Frösche« so nannte Jimmy unsere Amtskollegen bei der französischen Polizei »haben immer ein Auge auf mich.«

Mit Philip hingegen – der kein Bundesbeamter aus den USA, sondern ein geheimer Informant war – konnte ich mich frei und unbemerkt bewegen.

Der Armenier zog achtzehn Stunden lang ohne Unterbrechung mit mir durch Paris.

In dieser ersten Nacht suchten wir wohl sieben oder acht verschiedene Orte auf. Er zeigte mir alle Schwergewichte der Pariser Drogenunterwelt. Die Korsen, die Sizilianer, die Rumänen, die Perser, die Deutschen, die Griechen, die Algerier. Die Treffpunkte und Bars der Topverbrecher von Paris. Die Nachtclubs, in denen sich die Dealer – sowohl die Großhändler als auch die Straßenverkäufer – herumtrieben.

»Verhalten Sie sich unauffällig. Vermeiden Sie Blickkontakt. Ich zeige auf niemanden. Sie müssen schon zuhören«, sagte er.

Vom linken Seinufer zum rechten. Von Montparnasse zum Montmartre. Wir fuhren mit Taxis quer durch die Stadt. In jeder Bar redete er im Flüsterton auf mich ein. Und in jeder Bar wartete anscheinend eine Flasche exzellenter schottischer Whisky oder Wodka auf den Armenier – oft standen reservierte Flaschen im Wandregal, mit einem Namen auf dem Etikett. Er erklärte mir, dass er ein paar tausend Francs dafür bezahlte, dass jederzeit eine besondere Flasche nur für ihn da war.

Aus der Sicht eines Agenten war das alles – rein bürokratisch gesehen – natürlich tabu. Mit einem Informanten durch eine fremde Hauptstadt zu ziehen, ohne Bericht, ohne Verstärkung oder Überwachung. Ich war damals ein GS9-Beamter, der noch grün hinter den Ohren war – dafür hätten sie mich direkt abschießen können. Ohne Nachfragen, ohne Widerrede:

Tschüs, Eddie! Viel Erfolg bei der Suche nach einem neuen Job!

Doch ich wollte den Fall unbedingt durchziehen, wollte auf der Straße arbeiten. Ich verstieß mit meinem Verhalten gegen kein Gesetz; es ging nur um die dämlichen bürokratischen Vorschriften der DEA.

Von Philip erhielt ich am laufenden Band im Flüsterton, ganz lässig und ohne dass er jemals Blickkontakt aufnahm, eine Einführung in die betuchte Unterwelt von Paris.

Mit den Pakistanis gehen Sie so um. Mit den Libanesen gehen Sie so um. Mit den Korsen gehen Sie so um.

Klar, ich war siebenundzwanzig, aber in dieser Welt der internationalen Drogenhändler hätte ich genauso gut erst siebzehn sein können. Ich kannte mich in Los Angeles und in Honolulu aus, von Europa hatte ich keine Ahnung. Immer wieder murmelte ich in meinem feuchten, schlecht beheizten Hotelzimmer vor mich hin:

»Das ist Paris?«

Ich wohnte in einem sehr teuren Hotel an einer der

besten Einkaufsstraßen der Welt, und trotzdem war mein Bett schief und quietschte, mein Hintern passte kaum ins Bad, und wenn ich es doch einmal versuchte, war der Wasserdruck verschwindend gering. Für ein Rinnsal heißes Wasser musste man zwanzig Minuten lang beten. Ich hatte es eilig, den Armenier zu treffen, und spülte mir den Dreck schließlich bei einem lauwarmen Bad vom Leib. Ich zahlte fast 500 Dollar pro Nacht und wohnte in einem Hotel, das aussah, als stammten die Möbel aus der Zeit Robespierres.

Nach dem schlaflosen Rausch meiner ersten Streifzüge durch die Pariser Unterwelt gab Jimmy Order, es ein oder zwei Tage lang ruhig angehen zu lassen. Also wurden der Armenier und ich zu Touristen: Wir besuchten den Louvre, Notre-Dame und den Eiffelturm und nahmen an einer nächtlichen Bootsfahrt auf der Seine teil. Wohin wir auch gingen, überall kannte der Armenier jemanden – es kam mir vor, als habe er in ganz Paris alte Freunde.

Am vierten Tag bestellte Jimmy mich endlich zu sich.

Das Taxi holperte über unebene Seitenstraßen, bis wir zur US-Botschaft an der Avenue Gabriel 2 kamen. Die Gesandtschaft in Paris war die erste diplomatische Vertretung des unabhängig gewordenen Landes und hatte Männern wie Benjamin Franklin, John Adams, Thomas Jefferson und James Madison als Residenz gedient. Das aktuelle Gebäude jedoch war neueren Datums, 1931, und wies eine kunstvolle Fassade auf, die sich gut in die anderen, viel älteren Bauten an der Place de la Concorde einfügte. Dort befand sich auch die französische Zweigstelle der DEA, Jimmy hatte einen Schreibtisch und ein Fenster mit Blick auf die Fontaine des Fleuves.

Hinter den abhörsicheren Wänden dieser Fassade traf ich mich zunächst mit Jimmys Chef, dem Landesattaché, einem mürrischen, früher in New York tätigen Agenten, der im French-Connection-Fall auf die korsischen Gangster angesetzt gewesen war.

Der Kerl war, obwohl er wie der typische Bürohengst wirkte, knallhart. Ich betrat sein Büro und sah dem Autoverkehr unten auf der Place de la Concorde zu.

Er blickte kaum zu mir auf.

Die ersten Worte aus seinem Mund lauteten:

»Sind Sie eine von diesen Schwuchteln aus LA, die in meine Stadt kommen und glauben, alles zu wissen?«

»Ich bin aus LA, Sir, aber, äh, keine Schwuchtel.«

»Ja, wir werden sehen.«

Und schon befasste er sich wieder unangenehm lange mit seinen Unterlagen.

»Ich sehe, Sie sind an Kayed Berro dran«, sagte er.

»Ja, das stimmt, Sir.«

Er blickte auf, musterte mich und nickte Jimmy zu.

»Machen Sie einfach alles, was Soiles sagt, dann werden Sie diese Stadt ohne Probleme wieder verlassen. Wenn Sie das hinkriegen, muss ich Mr. Zienter und Mr. Holm nicht anrufen und ihnen sagen, dass Sie ein Arschloch sind.«

John Zienter und Michael Holm waren meine Chefs in der Dienststelle in LA, der Special Agent in Charge (SAC) und der Assistant Special Agent in Charge (ASAC).

»Ja, Sir.«

Damit war das Gespräch beendet.

Meine Ohren brannten.

»Arschloch«. Dieses Wort, würde er niemals wieder zu mir sagen, schwor ich mir.

Ich verließ sein Büro so schnell wie möglich, bevor ich die nächste Schimpftirade abbekam. Als wir über den Flur zurückgingen, konnte Jimmy sich gar nicht mehr einkriegen vor Lachen.

Jetzt waren wir auf uns allein gestellt, Jimmy und ich, und zogen ohne den Armenier an unserer Seite durch Paris. Doch schon sehr bald ergab sich ein Problem. Die Berro-Organisation hatte Verbindungen in ganz Europa, und anscheinend hatten ein paar Libanesen in Paris meine Anwesenheit bemerkt. Ich rief ein paarmal bei Kayed in LA an, um ihm mitzuteilen, dass ich für ein paar Wochen ins Ausland verreist sei. Doch Jimmy meinte, es sei unklug, wenn ich noch länger in Paris bliebe.

»Eddie, du hast keine Wahl – du musst abtauchen.«

»Wo soll ich hin, Jimmy?«

»Wir können dich nach Kairo bringen. Versteck dich dort, bis die 10 Kilo nach LA geliefert wurden.«

Jimmy fädelte meine Reise nach Kairo ein. Auf dem Weg dorthin machte ich in Zypern Station und stattete der DEA-Niederlassung in der Hauptstadt Nikosia einen Besuch ab.

Unser Landesattaché vor Ort, Mike Hurley, war ein Bär von einem Mann – 1,95 Meter groß, 115 Kilo schwer – und für die gesamte Region zuständig. Sein Assistent, Fred Ganem, stammte aus dem Libanon. Hurley sagte zu mir:

»Wenn Sie schon mal hier sind, Ed, können Sie uns auch bei einer laufenden Ermittlung helfen.«

Hurleys Leute hatten einen Informanten, der auf Hasch und Gras spezialisiert war und uns auf einen Frachter hinwies, der in Kürze den Sueskanal passieren sollte. Wir trugen genügend Informationen zusammen und schickten eine zypriotische Polizeieinheit los, die an Bord des Frachters ging und knapp 1,5 Tonnen Hasch beschlagnahmte.

Zur Belohnung fuhr Hurley mit mir an einen angesagten Strand, Agia Napa, wo griechische Männer skandinavische Traumfrauen angafften und sie abzuschleppen versuchten. Meine erste Begegnung mit oben ohne. Trotzdem ging ich lieber schnorcheln. Unter Wasser stellte ich überrascht fest, dass es keine Fische gab – die Zyprioten hatten das ganze Gebiet leer gefischt. Sie hatten Dynamit ins Wasser geworfen und so alle Fische herausgeholt.

Ich tauchte tief hinab. Als ich zurück an die Oberfläche kam, sah ich zwei komplett unbekleidete Frauen. Nackte, tauchende Mädels im kristallklaren blauen Mittelmeerwasser mit perfekten, geschmeidigen Körpern – sie kamen mir vor wie Meerjungfrauen.

Ich beendete das Schnorcheln, ging über den heißen Sand und beobachtete die lockigen Griechen bei dem Versuch, schwedische und norwegische Frauen zu bezirzen, und bemerkte zu meiner Überraschung dort Mike Hurleys Frau, die ebenfalls kein Oberteil trug. Ich wandte den Blick ab und wurde rot vor Verlegenheit.

Kurz darauf hielten wir eine Besprechung mit der zypriotischen Polizei ab. Die Berros nutzten die Insel als Zwischenlager für ihre Heroinlieferungen nach Europa. Den ganzen nächsten Monat erhielt ich einen Intensivkurs in mediterraner Politik und Unterwelt; ich traf Informanten, zypriotische Polizisten und meine DEA-Chefs und war ständig damit beschäftigt, Informationen aufzusaugen, zu nicken und mitzuschreiben.

Ich bekam alle Informationen über die seit Langem bestehende Drogen- und Falschgeld-Pipeline zwischen dem Libanon und Zypern, wobei hier weder Heroin noch Haschisch produziert wurde, und auch die perfekt gefälschten »Supernoten« werden hier nicht gedruckt – die Insel dient lediglich als eine Art Umschlagplatz.

Vielleicht das Wichtigste an diesem Aufenthalt in Zypern war, dass ich von einer neuen Ära auf dem Sektor der Geldfälschung erfuhr: der »Supernote«, einem 100-Dollar-Schein, der im Bekaatal im Libanon gedruckt wurde und dem man nicht ansah, dass er gefälscht war. Über die Existenz dieser Blüten Bescheid zu wissen, kam mir bei meiner nächsten großen Ermittlung in Los Angeles zugute.[5]

Der Handel mit diesem hochwertigen Falschgeld ist das finanzielle Gegenstück zum Dealen mit Heroin, und oft sind beide gekoppelt. Große Fälscher verfügen genau wie Drogenbosse über *echte* Macht: Wenn sie wollen, können sie als Wirtschaftsterroristen aktiv werden und durch die Zufuhr von Supernoten die Finanzen eines kleinen Staates erheblich drucheinanderbringen und ihn in die Zahlungsunfähigkeit treiben.

Eines Nachts schlich ich mich hinaus – mal wieder ganz allein – und beschloss, mit der Fähre in den Libanon zu fahren. Obwohl der Libanon aufgrund des dort wütenden Bürgerkriegs zur Tabuzone für Bundesagenten erklärt worden war, wollte ich die Heimat des Berro-Clans unbedingt mit eigenen Augen sehen.

Ich besuchte Tyros, die alte biblische Stadt, und las die Passagen über Tyros und den Bau des Jerusalemer Tempels beim Licht meiner Nachtlampe in meiner Bibel nach.

Hiram, der König von Tyros, schickte eine Gesandtschaft zu David und ließ ihm Zedernholz überbringen; auch Maurer und Zimmerleute schickte er, die ihm einen Palast bauen sollten. So erkannte David, dass ihn der Herr als König von Israel bestätigt hatte; denn wegen seines Volkes Israel war Davids Königtum zu hohem Ansehen gelangt.

1 Chronik 14, 1-2

Ich wollte immer schon jede Kultur, in der ich ermittelte, persönlich verstehen. Gleich nach meiner Ankunft verspürte ich eine Affinität zum Libanon, so viel hatte ich darüber gelesen. Ich kannte inzwischen die Unterschiede zwischen dem Opium, das im Goldenen Halbmond angebaut wurde, und dem aus dem Goldenen Dreieck. Jetzt beschaffte ich mir Informationen vor Ort: Ich mischte mich unter die Leute, sog die Umgebung auf, übernachtete in einem billigen Hotel. Das Bekaatal selbst betrat ich allerdings nicht; weiter als bis zu seinen Grenzen vor Tyros ging ich nicht.

Zurück in Zypern erzählte ich Mike Hurley, ich hätte die Nacht bei einem Mädchen in Nikosia verbracht. Als Nächstes sollte ich nach Ägypten weiterreisen, um mit unserem dortigen Landesattaché Danny Habib zusammenzutreffen.

Nach diesem dreißigtägigen Aufenthalt in Zypern flog ich also nach Kairo und kam bei Danny Habib im Gästezimmer unter. Am Ende blieb ich mehr als vierzig Tage. Ich war während des Ramadans dort und lebte wie ein Araber, tagsüber ohne einen Bissen Essen. Bei über 40 Grad Hitze war es wie ein Wachtraum, als ehemaliger Messdiener aus dem Mittleren Westen undercover in Ägypten unterwegs zu sein ...

Hoch zu Ross durch die Wüste zu reiten, den Sonnenaufgang über den Pyramiden von Gizeh zu sehen.

Ich rief weiterhin alle paar Tage bei Kayed in Los Angeles an und erzählte ihm, dass ich in Kairo sei. Erstens weil ich ihn auf diese Weise bereits informiert hatte, sollte ihm zu Ohren kommen, dass ich mich im Nahen Osten aufhielt, und zweitens weil ich ihn wissen lassen wollte, dass ich, genau wie er, ein Global Player war.

In meiner ersten Woche in Ägypten ging ich außerdem an Bord des Frachters, mit dem alles begonnen hatte. Die ANGA erteilte mir die Erlaubnis, die *Reef Star* zu betreten. Wenn man den Sueskanal hinabreiste, sah man auf der einen Seite Einschusslöcher in den Gebäuden, während auf der anderen Seite des Kanals, von wo aus die Israelis geschossen hatten, alles neu, renoviert und frisch gestrichen war. Die Ägypter wollen die zerstörten Fassaden erhalten, zur Erinnerung daran, was die israelischen Streitkräfte im Jom-Kippur-Krieg 1973 angerichtet hatten.

Mein Chef in der Dienststelle Los Angeles – Michael Holm, der ASAC – genoss als Drogenfahnder einen beachtlichen Ruf im Nahen Osten. Er war 1975 in Beirut stationiert gewesen, als der Bürgerkrieg das Land entzweite, und hatte ein offizielles Fahrzeug der Regierung gefahren, in dem ein früherer DEA-Agent entführt worden war. Das Auto wurde später in einem Feuergefecht zweier konkurrierender Milizen zerstört, als es parkend vor der US-Botschaft stand. Holm gehörte den botschaftseigenen Verteidigungskräften an und half dabei, dreitausend Amerikaner aus dem Libanon zu evakuieren.

Während seiner Zeit im Kriegsgebiet wurde dreimal auf ihn geschossen, zweimal durch Scharfschützen und einmal bei einer versuchten Entführung, als er gerade auf dem Weg zum Flughafen war, um einen Mitarbeiter der Botschaft abzuholen. Noch im gleichen Jahr wurden zwei Mitarbeiter der Botschaft in demselben Auto entführt und ermordet.

Während er in Beirut stationiert war, arbeitete Mike Holm als verdeckter Ermittler in Ägypten und fädelte einen Coup ein, bei dem 500 Kilogramm Haschisch von Damaskus nach Kairo geliefert wurden. Außerdem spürte er zusammen mit ANGA-Beamten bei einer Razzia 18 Tonnen Haschisch auf. Eine beachtliche Menge, die mit hundertfünf Haubitzen für die christlichen Milizen im Libanon bezahlt wurden.

Auf Bitten der ägyptischen Regierung eröffnete Holm das DEA-Büro in Kairo, und es gelang ihm erneut, auf einem Schiff, das durch den Sueskanal fuhr, eine große Menge Heroin zu beschlagnahmen. An einem meiner freien Tage besuchte ich das ANGA-Museum in Kairo, in dem ein Schaukasten an die Arbeit und den Fleiß des DEA-Spezialagenten Michael Holm erinnerte.

Mittlerweile hatte ich den Plan gefasst, Kairo zu verlassen und nach Israel zu reisen, um mich dort, in der Nähe der Hafenstadt Haifa, mit einigen Mitgliedern der Berro-Organisation treffen.

Mohammed Berro, der Patriarch der Familie, besaß an der israelisch-libanesischen Grenze ein florierendes Hotel mit Ferienanlage, war allerdings von den israelischen Behörden verhaftet worden.

Doch während ich in Kairo war, erfuhr die DEA, dass die Israelis den Berro-Clan als eine wichtige Informationsquelle benutzten. Ihr Geheimdienst hatte von meinen Aktivitäten Wind bekommen. Als man herausfand, dass ich nach Israel kommen wollte, um dort verdeckt zu ermitteln, führte das zu einer ernsthaften Auseinandersetzung.

Jimmy rief mich wieder aus Paris an:

»Wir haben ein neues Problem, Eddie.«

»Was für eins?«

»Kayed hat gerade mit seinem jüngeren Bruder gesprochen.«

»Klar, Safur.« Arties Spitzel, dessen Gequassel der Auslöser für mein Versteckspiel in LA gewesen war. »Und?«

»Die Sache ist die: Der Bruder hat jetzt mit dem Vater gesprochen. Und der hat wohl Angst gekriegt.«

Mohammed Berro und die israelischen Behörden konnten einander nicht ausstehen. Aber seitdem die Sache mit der *Reef Star* schiefgegangen und er in Ägypten zum Tode verurteilt worden war, versuchte Mohammed Zeit zu gewinnen, indem er als Informant für die Israelis arbeitete. Nun hatte er die israelischen Behörden kontaktiert und ein paar Fragen zu einem Typen gestellt, den er »Eddie in LA« nannte.

Der Mossad führte zwei Telefonate, eines mit der DEA in Nikosia und eines mit unserer Zentrale in Arlington (Virginia), und irgendwem – ich weiß bis heute nicht, wem – rutschte heraus:

»Klar! Eddie ist einer von uns. Er ist jetzt gerade drüben und steht kurz davor, den Deal zum Abschluss zu bringen.«

Ich flog also nach Tel Aviv in dem verzweifelten Versuch, die Dinge beim israelischen Geheimdienst wieder ins Lot zu bringen. Polizei holte mich am Ben-Gurion-Flughafen ab und fuhr mich direkt nach Jerusalem. Doch es war schon zu spät. Da es lediglich ein paar Minuten dauern würde, bis Kayed wusste, dass ich in Israel war, versuchte, ich ihm eine Falle zu stellen. Dieser eine Patzer sorgte sofort für fieberhafte Aktivität seinerseits.

Die Berros waren aalglatt. Gewöhnliche Kriminelle würden einfach fliehen oder sich sofort hinter Anwälten verstecken. Kayeds Bruder Safur hingegen marschierte schnurstracks – und allein – in die DEA-Dienststelle in San Diego und wollte *mich* anzeigen, um so unserer Ermittlung den Boden zu entziehen. Er gab vor, nicht zu wissen, dass ich ein DEA-Agent war.

»Dieser Typ namens Eddie hat sich an Berro herangemacht, um 10 Kilogramm libanesisches Heroin zu kaufen«, sagte er. »Er hat Kayed das Geld gegeben, aber wir wollen damit nichts zu tun haben.«

In unserem Büro in San Diego bekam Safur es allerdings mit einem knallharten DEA-Agenten namens Gordon Taylor zu tun.

»Okay, wo ist das Geld?«, fragte Taylor.

»Das haben wir schon eingezahlt.«

»Wo? Bei welcher Bank?«

»Es ist ins Ausland überwiesen worden.«

»Ach, wirklich?«

Die Unschuldslammnummer war gescheitert.

Innerhalb weniger Stunden wurde Kayed festgenommen. Wir konnten ihm jedoch nicht viel mehr vorwerfen als »Diebstahl von staatlichen Mitteln«.

Der angerichtete Schaden ließ sich nicht wieder gutmachen. Unser großer Preis, die 10 Kilogramm Bekaatal-Heroin, kam nie in LA an. Fast sechs Monate Arbeit waren zunichtegemacht worden durch die ahnungslose Inkompetenz eines DEA-Beamten, der bereits an der leichtesten Aufgabe gescheitert war: absolute Unwissenheit vorzutäuschen.

Für die hohen Tiere im israelischen Geheimdienst indes ist eine vertrauliche Quelle, die ein gut laufendes Hotel direkt an der Grenze zum Libanon betreibt, viel mehr wert als ein Geschäft mit 10 Kilogramm Heroin in LA. Für sie war Mohammed von großem Wert für die nationale Sicherheit.

Ich bin seitdem dreimal wegen Ermittlungen in Israel gewesen, und jeder Polizist und jeder Geheimdienstmitarbeiter – bis hin zum Brigadegeneral der kürzlich gegründeten Einheit für den Kampf gegen das organisierte Verbrechen – schüttelte den Kopf: »Unglaublich, dass Sie so nah an Kayed herangekommen sind.«

Ich spielte ihnen die Gespräche mit Kayed vor, die ich während der verdeckten Ermittlung in LA aufgezeichnet hatte. Keiner konnte glauben, dass ich den sonst so scheuen Berro ungefähr vierzigmal persönlich getroffen hatte.

Alles in allem hatte Kayed wegen der Aufnahmen, auf denen er verschiedene Drogengeschäfte mit mir besprach – stets umschrieben mit der Formulierung, wie viele »Rolex« er mir verschaffen könnte –, keine Chance, vor Gericht davonzukommen. Er gestand und wurde zu drei Jahren Haft verurteilt.

Es traf ihn nicht sonderlich hart – er saß seine Zeit in einem Gefängnis der niedrigsten Sicherheitsstufe ab – was für ihn bedeutend besser war als das, was ihn erwartet hätte wegen eines 10-Kilo-Deals. Wäre diese Lieferung tatsächlich in LA eingetroffen, hätte er mit fünfundzwanzig Jahren in einem Hochsicherheitstrakt rechnen müssen.

Dennoch war die Strafe schmerzhaft. Er verlor seinen gesamten materiellen Besitz: sein schönes Haus in Huntington Beach, seine Autos. Er verlor sein Studentenvisum und konnte sein Masterstudium an der USC nicht abschließen.

Wie üblich hatte die DEA das große Ganze im Blick. Da

wir ihn nicht für lange Zeit hinter Gitter bringen konnten, taten wir das Nächstbeste: Wir drehten ihn um. Er half uns bei ein paar Drogenfällen im Inland. Wir setzten ihn als Undercover-Informanten ein und konnten eine nicht unbedeutende Menge Rauschgift aus North Carolina sicherstellen. Dann schickten wir ihn zurück in den Nahen Osten. Offiziell wurde er als »unerwünschter«, verurteilter Verbrecher in den Libanon abgeschoben. Inoffiziell kehrte er als geheimer DEA-Informant in seine Heimat zurück.

In unserem letzten persönlichen Gespräch in LA warf ich einen Köder aus.

»Hör zu, Kayed. Wenn du ein paarmal gute Arbeit für uns leistest, können wir mal schauen, ob wir dich vielleicht in die Staaten zurückholen.«

Das war es, was er wirklich wollte, mehr als alles andere: seinen bequemen, südkalifornischen Lebensstil wieder aufnehmen. Kayed wollte nicht erneut im chaotischen, vom Krieg gebeutelten Libanon leben müssen.

Als verdeckter Ermittler muss man dem Zielobjekt ganz nahe kommen. Muss wissen, was es am liebsten isst und trinkt, welche Verdi-Opern seine Frau gern sehen würde, und ihr Parfum am Geruch erkennen. Man muss Körperkontakt suchen, sich *selbst* in die Sache hineinziehen lassen und derjenige werden, dem der andere sein Leben anvertraut. Ein abgekürztes Verfahren gibt es nicht.

Darin ist die DEA besser als alle anderen.

Und auch Folgendes ist beim Umgang mit Informanten stets zu bedenken: Man tanzt Wange an Wange. Niemand kann die Fälle oder die Informanten so handhaben wie man selbst. Eine solche Beziehung lässt sich nicht einfach Kollegen übertragen. Es handelt sich um eine intime und einzig-

95

artige Chemie, die sich persönlich zwischen zwei Männern entwickelt.

Diese verstörende Lektion lernte ich nach der Verhaftung von Kayed Berro. So etwas würde mir nie wieder passieren.

Ich war nicht mehr für Kayed zuständig, und im Laufe der Jahre entglitt er uns. Irgendwann verloren wir ganz den Kontakt zu ihm. Spulen wir zwei Jahrzehnte vor.

Die jüngsten Bilder, die wir von Kayed Berro, inzwischen in mittlerem Alter, haben, zeigen einen ganz anderen Menschen als den mondgesichtigen Technikstudenten an der USC, den ich kennengelernt hatte.

Er trägt mittlerweile einen langen, grau melierten Bart, kleidet sich wie ein überzeugter Dschihadist und hat seinen Vater Mohammed als Patriarchen der Familie abgelöst.

Momentan interessiert sich die DEA wieder für ihn, da er als Geldgeber der Hisbollah gilt.

KAPITEL 3

AUFTRITT: DIE KOBRA

L ange bevor die explosionsartig ansteigende Opiumproduktion in Afghanistan weltweit Schlagzeilen machte, lag das globale Heroinzentrum in Südostasien – im Goldenen Dreieck, das beherrscht wurde von dem berüchtigten Opium-Warlord Khun Sa, dem »Prinzen des Wohlstands«. Die Shan United Army schmuggelte ihre Ware, genauso wie andere chinesische und thailändische Verbrechersyndikate, von Burma nach Thailand und Laos und dann weiter nach Hongkong, von wo aus Großhändler riesige Lieferungen – 500, 600 oder 700 Kilogramm – direkt in die Häfen von New York verschifften. Diese umfangreichen Sendungen aus der damaligen britischen Kronkolonie wurden in New York City von mächtigen chinesischen Verbrecherbanden in Empfang genommen, die sich anschließend um den Straßenverkauf kümmerten.

Nach dem Ende meines langen Tanzes mit Kayed Berro war ich eher traurig als wütend. Ungelogen, es kam mir vor wie bei einer Freundin, die man eine Zeit lang hat: Man glaubt, es wird langsam ernst und man könnte den nächsten Schritt wagen – da macht sie plötzlich Schluss.

Jeder in Gruppe vier – besonders mein Partner José Martinez – hörte mich murren:

»Ihr wisst, dass ich Kayed *unbedingt* kriegen wollte – und dann klappt der Scheiß einfach nicht. Ich meine, ich habe mich zweieinhalb Monate lang auf der anderen Seite der Erde aufgehalten. Verdammt! Wer konnte ahnen, dass einer von *uns* den Deal platzen lassen würde?«

Zum Glück blieb mir nicht viel Zeit zum Grübeln.

Drei Tage, nachdem sich die Aufregung um den Kayed-Fall langsam gelegt hatte, rief mein Chef Rogelio mich zu sich. Jimmy Soiles aus Paris war mal wieder am Telefon.

»Wir haben einen Agenten aus Bangkok namens Rudy Barang. Kennst du ihn?«

»Nein, Jimmy. Wir sind uns nie begegnet.«

»Macht nix. Wir haben eine Geldübergabe und brauchen einen verdeckten Ermittler, der Rudy begleitet.«

»Um was für einen Fall geht es?«

»Das ist kompliziert. Rudy ist drüben in Thailand als Schläfer eingesetzt. Wir brauchen jemanden, der den Geldkurier macht. Kannst du das übernehmen?«

»Für wen ist es denn?«

»Ling Ching Pan.«

»Klar, Jimmy.« Ich lachte. »Wann habe ich je einen Undercover-Einsatz abgelehnt?«

Wir besprachen die Aktion. Als verdeckter Ermittler wandte ich mich oft an Experten zu einem bestimmten Thema. Ich hängte mich ans Telefon und sprach mit den Leuten, die in der DEA-Zentrale in Virginia für Heroin zuständig waren. Damals gab es eine Heroinabteilung, eine Kokainabteilung, eine Marihuanaabteilung – Agenten, die sich auf Südost- und Südwestasien, auf Mexiko und Kolumbien spezialisiert hatten. Ich informierte mich so gut über die Shan United Army und Khun Sa, wie es in der kurzen Zeit möglich war.

»Du fliegst nach Bangkok und triffst dich dort mit einem der wichtigsten Gehilfen von Ling Ching Pan«, erklärte Jimmy. »Wir besorgen dir die 500 000 Dollar in bar. Du bist der Kurier. Das Geld übergibst du Ling Ching Pan persönlich.«

Ling Ching Pan war bei Khun Sa für die Finanzen zuständig. Kein kleines Rädchen im Getriebe, sondern der Topgeldwäscher und Schatzmeister der Shan United Army, der größten drogenfinanzierten Rebellenbewegung der Welt.

Gleich am nächsten Tag hatte ich mehr Geld vor mir, als ich in meinem Beruf in einem Jahrzehnt verdienen würde. Eine halbe Million Dollar Bargeld in zwei schwarzen Reisetaschen. Es war nicht so, wie man es im Kino immer sieht: brandneue Aktenkoffer aus Leder, gefüllt mit sauber angeordneten Bündeln gestapelter 100-Dollar-Scheine – nagelneue Banknoten direkt aus der US-Bundesdruckerei. O nein. Das hier sah nicht aus wie die druckfrischen Geldpacken, die ich Kayed in Monterey Park überreicht hatte.

Das hier waren *echte* Drogeneinnahmen – eine halbe Million in kleinen Scheinen, abgenutzten Zwanzigern und Zehnern. Man ist etwas überrascht, wenn man das Geld zum ersten Mal in Händen hält. Natürlich, Geld besteht aus *Papier* – aber man sollte nicht glauben, es sei *leicht*! Wer will, kann ja mal versuchen, eine halbe Million in kleinen Scheinen zu besorgen und sie irgendwo »hinzutragen«. Geld ist schwer. Ich schulterte die beiden Taschen, die jeweils 25 bis 30 Kilo gewogen haben müssen.

Dann warf ich sie in den Kofferraum eines schwarzen Ford Sedan. Nach einem wilden Ritt über die Autobahn waren Rudy Barang und ich schnell am Flughafen von Los Angeles. Dort wartete ein Team von DEA-Leuten auf uns, und wir konnten einfach durchlaufen. Es gab keinen Direktflug nach Bangkok, daher mussten wir in Hongkong umsteigen. Wir hatten 500000 Dollar Drogengeld dabei – natürlich gab ich die Taschen *nicht* auf. Daran kann man erkennen, wie sehr sich die Zeiten – und die Vorschriften – geändert haben. Heutzutage würde ein DEA-Agent *niemals* die Genehmigung für eine solche Aktion bekommen. Transnationale Operationen müssen inzwischen quasi vom Kongress abgesegnet werden. Damals dagegen reisten wir mit einer halben Million Dollar Bargeld im Gepäck quer durch unzählige Zeitzonen und juristische Zuständigkeitsbereiche.

Es gelang uns, das Geld an sämtlichen Fluglinienmitarbeitern vorbeizuschleusen. In jenen unschuldigeren Zeiten vor 9/11 war das in Amerika noch möglich. Wir hätten *alles* mit ins Flugzeug nehmen können, ohne dass jemand mit der Wimper gezuckt hätte. Keiner fragte nach. Stattdessen führten uns die Sicherheitskräfte von United Airlines sogar über die Fluggastbrücke – niemand berührte uns. Ich behielt die Reisetaschen volle *fünfzehn* Stunden lang fest im Blick. Ich beobachtete diese Taschen, als handele es sich um meine neugeborenen Zwillingstöchter. Rudy, ein Drogenpolizist, wie er im Buche steht, und ein beinharter Filipino, schlief den gesamten Flug über tief und fest. Ich nicht. Schließlich war ich der junge Neue, der zu viel Angst hatte, um auch nur zu blinzeln oder das Geld aus den Augen zu lassen.

Wir landeten in Hongkong, und niemand ahnte, dass wir da waren. Dieser Einsatz war so geheim, dass nicht einmal unsere DEA-Leute dort über unsere Ankunft Bescheid wussten. Nach meinen Erfahrungen im Fall Kayed, als mich Informanten und auskunftsfreudige DEA-Beamte hatten auffliegen lassen, war ich unglaublich vorsichtig. Und selbst wenn wir unseren Kollegen vor Ort vertrauen konnten, was war mit ihren Partnern? Was war mit den verschiedenen lokalen und staatlichen Polizeibeamten – die vielleicht korrupt waren und Einzelheiten unseres Einsatzes verrieten und uns alle dadurch in Lebensgefahr brachten? Wenn derartige Summen auf dem Spiel stehen – alles, was in Richtung einer Million Dollar geht –, darf man *niemandem* trauen.

Wir hatten nicht geplant, was nach der Landung in Hongkong geschehen sollte. So lief das bei der DEA, wir legten einfach los und waren als die improvisationsfähigste aller Strafverfolgungsbehörden bekannt.

Allerdings war während dieses Fünfzehn-Stunden-Fluges tatsächlich etwas schiefgelaufen. Am Flughafen erwarteten uns keine DEA-Agenten, sondern nur eine Sekretärin der Botschaft. Eine dieser älteren, gebildeten, wortgewandten Frauen, die schon seit dreißig Jahren im Staatsdienst stehen. Sie holte uns allein ab und wartete am Gate auf uns. Die United-Airlines-Besatzung lächelte nur und winkte uns zum Abschied zu.

Die Botschaftssekretärin schien es sehr eilig zu haben, zum Glück mussten wir nicht zum Gepäckband. Mein einziges Gepäck waren die zwei Reisetaschen mit der halben Million Dollar, da ich weder Kleidung noch frische Unterwäsche, ja nicht einmal eine Zahnbürste dabeihatte. Ich würde mir wohl ein paar Sachen kaufen müssen, wenn wir in Thailand waren. Mein Begleiter ebenfalls.

Während wir uns hastig vom Gate entfernten, informierte uns die Sekretärin im Flüsterton über die neuesten Entwicklungen. Die Hongkonger Polizei hatte von unserer Ankunft erfahren und Haftbefehle für Rudy und mich erwirkt. Sie wollte uns als gesuchte »internationale Drogenkuriere« festsetzen. Schlecht, da wir auch diesen Polizisten nichts über unseren wahren Auftrag verraten konnten. Deshalb riskierten wir nichts. Die Sekretärin führte uns ein dunkles Treppenhaus hinab, durch einige Türen hindurch und in einen engen Gang. Er war Teil eines schwach beleuchteten Labyrinths, in dem sie sich glücklicherweise auskannte.

Es dauerte ein paar Augenblicke, bis mir klar wurde, dass wir *unter* dem Hongkonger Flughafen hindurchliefen. Wir gelangten auf die andere Seite, ohne Sicherheitskräften zu begegnen. Als wir schließlich durch einen Gepäckausgang, der direkt auf die heiße, helle Rollbahn hinausführte, wieder ins Freie traten, wusste ich, wir hatten es geschafft. Die beiden erdrückend schweren Taschen mit dem Geld immer noch geschultert, gingen Rudy und ich an Bord unseres Anschlussfluges nach Bangkok.

Drei Stunden später landeten wir in Don Mueang, dem betriebsamen internationalen Flughafen von Bangkok. Am Gate holte uns Don Sturn ab, der stellvertretende Landesattaché in Thailand, ein GS-15-Beamter, die Nummer zwei unter den DEA-Leuten im Land. Ein zäher kleiner Kerl – etwa 1,65 Meter groß, aber weit über 90 Kilo schwer, mit einem breiten Brustkorb –, der als Meister im Bankdrücken bekannt war.

Bei der Begrüßung zerquetschte er uns fast die Hände. Er lachte sich kaputt.

»Wie fühlt man sich als internationaler Flüchtling, Ed?« Ich stand da mit dem starren Blick eines jungen Rehkitzes.

Immerhin war ich zum ersten Mal in Asien. Hatte zum ersten Mal die internationale Datumsgrenze überquert. Auch Rudy Barang lachte mich aus. In den über zwanzig Jahren bei der DEA hatte Rudy schon alles gesehen. Ihn konnte nichts mehr aus der Fassung bringen; mit riesigen Geldtaschen auf dem Rücken durch die dunklen Gänge unter dem Hongkonger Flughafen zu wandern, während die Polizei nach ihm suchte, gehörte für ihn wohl zum Alltagsgeschäft.

»Haben Sie das Geld?«, fragte Sturn und warf einen Blick auf die Taschen.

»Sir, ich habe dieses Geld nicht aus der Hand gegeben, seit wir LA verlassen haben.«

Wir stiegen in ein Auto voller Polizisten der thailändischen Antidrogenbehörde Narcotics Suppression Bureau (NSB). Im Gegensatz zu den Beamten in Hongkong waren diese Kerle ganz auf unserer Seite und wussten über unseren Auftrag Bescheid. Für mich sahen sie alle gleich aus: kleine drahtige Männer mit kalten schwarzen Augen.

Der Ranghöchste von ihnen, General Pornpot, besaß – wie Don Sturn mir später erklärte – die Hälfte aller Immobilien in Patpong, dem Vergnügungsviertel von Bangkok.

Diese Polizisten waren anders als alle, die ich bisher gesehen hatte, es gab keinerlei Vorschriften in Bezug auf die Kleidung oder das Aussehen. Sie bildeten einen wilden Konvoi um uns herum, einige in Uniform, andere in Zivil, auf Motorrädern, Mopeds und in kleinen, dreirädrigen Golfmobilen, die sie *tuk-tuks* nannten. In Thailand, stellte ich fest, befindet sich das Lenkrad auf der rechten Seite, die Thailänder fahren, im Gegensatz zu den Amerikanern, links, genau wie die Briten.

Durch meinen Jetlag, die Müdigkeit und die Orientierungslosigkeit war mir, als hätte ich wie Alice das Land hinter den Spiegeln betreten.

Mit einer ständig hupenden und schreienden Eskorte aus Polizisten bahnten wir uns einen Weg durch den Verkehr, ohne an Ampeln zu halten, und gelangten so zur US-Botschaft. Oben in Don Sturns Büro kippten wir den Inhalt der Reisetaschen aus und zählten sorgfältig das Geld.

Es dauerte Stunden. Ich zählte einmal durch, und Rudy überprüfte mein Ergebnis. Wie sich herausstellte, hatten wir ein paar tausend Dollar zu viel. Wer bei einer Geldübergabe mit zu wenig ankommt, hat ein Riesenproblem. Wenn es mehr ist, interessiert das keine Sau.

Ich stopfte die Scheine wieder in die Taschen. Dann fuhren wir zu Rudy nach Hause, kreuz und quer durch Seitenstraßen, um eventuelle Verfolger abzuschütteln. Wir hatten keine Ahnung, wer hinter uns her sein könnte. Ich übernachtete bei Rudy und schwitzte dabei die Bettdecke durch und erschlug Moskitos. Die Reisetaschen befanden sich die ganze Nacht in greifbarer Nähe.

Am nächsten Morgen war der Verkehr in Bangkok derart chaotisch, dass ich verstand, warum die Polizisten keine normalen Streifenwagen fuhren. Auf einem Motorrad, einem Moped oder mit dem *tuk-tuk* kommt man in dem Gedränge und Gassengewirr deutlich besser voran.

Rudy und ich sprangen in ein gewöhnliches Taxi. Das

Geld lag direkt vor mir – ich hatte es seit dem Flughafen von Los Angeles kein einziges Mal aus den Augen gelassen.

Auf dem Beifahrersitz saß unsere einheimische Unterstützung – ein Thai, der in der Botschaft mit uns zusammenarbeitete und auf den Spitznamen Bank hörte. Da die meisten thailändischen Polizisten keine Uniform trugen, hatte ich keine Ahnung, wer wer war. Es gab keine Besprechung und keinen Einsatzplan. Ich musste einfach improvisieren und mich an Rudy halten. Der Ermittlungsassistent Bank überreichte mir eine 6,35-mm-Automatik. Ein billiges, kleines Scheißding. Man konnte sie in der Handfläche verbergen. Ich nahm sie entgegen und zog das Magazin heraus. Was war das? Eine der Patronen steckte verkehrt herum drin. Das Ding hätte niemals funktioniert. Ich drehte die Patrone um und machte mich mit der Waffe vertraut.

Wir hielten an, um den Hauptinformanten zu treffen, den Typen, der uns Ling Ching Pans Leuten vorstellen sollte. Ich bekam ganz glasige Augen, als ich plötzlich Peter Chin sah, den chinesisch-amerikanischen Heroindealer, der uns in LA mit Dr. Dragan bekannt gemacht hatte – er schien aus dem Nichts aufgetaucht zu sein. Ich hatte Peter Chin seit der Waffenbegutachtung im Lagerhaus nicht mehr gesehen. Jetzt war er wieder auf der Bildfläche erschienen.

Mich überkam ein seltsames Gefühl. Fast wie Schwindel. Ich versuchte, alles schnell zu verarbeiten. Zwei Wochen zuvor war ich noch in Kairo gewesen, dies war mein erster voller Tag in Thailand, und die ganze Situation kam mir düster und unheilvoll vor. Alle sahen komplett gleich aus. Ich wusste nicht, wer Polizist war und wer Verbrecher.

Einer der Polizisten brüllte mich auf Thai an:

»*Tham-khaw, tham-khaw* ...«

Ich starrte Rudy an, und er übersetzte:

»Er sagt, wir sollen Peter folgen und genau das tun, was er sagt.«

In meinem traumähnlichen Zustand packte ich eine Gürtelschlaufe von Peter Chins Jeans, damit wir uns in der wirbelnden, wirren, wahnsinnigen Menschenmenge nicht weiter als eine Armeslänge voneinander entfernen konnten. Ich klammerte mich so fest an diese Levi's-Schlaufe, dass es mich überraschte, warum sie nicht abriss.

Die Pistole hatte ich mir vorn in den Hosenbund gesteckt. Ich wusste nicht einmal, wie man mit dem verdammten Ding schoss. Es gefiel mir nicht, eine Waffe zu tragen, mit der ich nicht trainiert und die ich weder gereinigt noch abgefeuert hatte. Im Fall eines Falles würde ich einfach abdrücken und das Beste hoffen müssen.

Den Finger immer noch in der Gürtelschlaufe, wurde ich von Peter Chin in den Verkaufsraum einer Apotheke gezogen. Es war eine dieser traditionellen chinesischen Apotheken, in denen lauter Flaschen und Gefäße mit den bizarrsten Arzneien herumstehen: Elefantenstoßzähne, Nashornhörner, Tigerhoden.

Ich betrachtete die Fläschchen mit ganzheitlich wirkenden Kräutern und Wurzeln wie Ingwer und Ginseng. Peter Chin lächelte. Ihm fehlte einer der unteren Schneidezähne. Ich sagte nichts und hängte mir die beiden Reisetaschen um, unter deren Gewicht ich wie ein Betrunkener torkelte. Dann ging es eine Treppe hinab. Das Zimmer war versifft: Es roch nach Schimmel, Urin und verschüttetem Bier. Mehrere Zentimeter große Kakerlaken huschten die Wände hinauf.

Plötzlich trat ein drahtiger, mürrisch blickender kleiner

Thai – offensichtlich ein Fußsoldat der Khun-Sa-Organisation – nach vorn und schlug mit seiner Hand hart gegen meine Brust. Da ich mit beiden Händen die Geldtaschen festhielt, riss ich karatemäßig meinen Fuß hoch und stieß den Kerl mit der Schuhsohle zurück. Wütende Blicke und Geschrei auf Englisch und Thai folgten.

Doch es war nur ein kurzes Handgemenge, niemand zog eine Waffe, und wir gingen schon bald zum Austausch des Geldes über. Wir öffneten die Reißverschlüsse der Reisetaschen und kippten die halbe Million Dollar aus. Sie zählten es, und als das Ergebnis zu ihrer Zufriedenheit ausfiel, holten sie ihrerseits bergeweise einheimisches Geld hervor, thailändische Baht in gemischten Scheinen, auf denen jeweils das bebrillte Gesicht eines ihrer geliebten Monarchen abgebildet war, König Rama III. oder IV., ich wusste es nicht genau. Meine Reisetaschen wurden mit thailändischen Baht gefüllt, der Inhalt zusammengedrückt und die Reißverschlüsse wieder zugezogen.

Jahre später, nachdem ich eine Reihe von Intensivkursen absolviert hatte und fließend Thai sprach, hätte ich besser verstanden, was vorging, aber damals war ich völlig verwirrt.

Ich vertraute darauf, dass sie die US-Dollar ehrlich und fair gegen Baht umgetauscht hatten, doch wer hätte das überprüfen sollen? Als ich mit Rudy wieder hinten in einem Taxi saß, starrte ich die Reisetaschen an und wusste nicht, wie viel ich als Gegenwert für die halbe Millionen Dollar bekommen hatte.

Rudy wies den Fahrer an, Umwege zu fahren und mehrmals ohne Vorwarnung abzubiegen, bis wir wieder an der

US-Botschaft waren. Oben in Don Sturns Büro zählten wir das thailändische Geld nicht einmal. Wir fuhren direkt zu Ling Ching Pans Wohnsitz. Ich folgte Peter Chin zum Eingangstor. Das Anwesen wirkte bedrohlich. Er sah aus wie eine Festung. Hohe Mauern aus Gussbeton. Am Tor standen zwei grimmig dreinblickende bewaffnete Wachen. Ich hoffte auf Einlass, aber ohne ausdrückliche Einladung hatte ich keine Chance.

In Los Angeles machten sich die Jungs von Gruppe vier und die Staatsanwaltschaft daran, einen vorläufigen Haftbefehl für Ling Ching Pan zu besorgen. Jetzt bekam ich zum ersten Mal mit, wie vertrackt das internationale Strafrecht ist. Viele Länder, mit denen die Vereinigten Staaten freundschaftliche diplomatische Beziehungen pflegen – Mexiko, Spanien, Thailand –, geben einem Auslieferungsantrag aufgrund eines vorläufigen Haftbefehls nicht statt, wenn es bei ihnen keine entsprechenden Gesetze gibt. Und die Auslieferung eines Kriminellen wegen eines Kapitalverbrechens kann man gleich vergessen. Sogar die engsten Verbündeten der USA wie Kanada und Großbritannien, in denen es keine Todesstrafe gibt, lassen uns nicht an solche Leute heran.

Die thailändischen Gesetze unterscheiden sich grundlegend von denen der USA: Vor einem amerikanischen Geschworenengericht hätten wir Ling Ching Pan des verbrecherischen Komplotts anklagen können – nach thailändischem Recht hingegen brauchte man einen Augenzeugen. Und genau diesen Part hätte ich übernehmen sollen. Aber obwohl ich thailändische Baht im Wert von einer halben Million Dollar direkt zu Ling Ching Pans Haus geliefert hatte, durfte ich nicht hinein und persönlich dabei zusehen, wie er das Geld entgegennahm.

Das hieß, dass wir ihn nicht anklagen konnten. Obwohl wir über genügend Mitschnitte von abgehörten Gesprächen verfügten, in denen die Gangster in LA erklärten, dass die halbe Million, die wir gewaschen hatten, Lings Chef Khun Sa gehörte, war ohne einen Augenzeugen nichts zu machen. Dennoch waren wir Ling Ching Pans Leuten dank der aufgezeichneten Kontaktgespräche von nun an auf den Fersen. So wussten wir beispielweise, dass eine Heroinlieferung von Ling Ching Pan aus Hongkong in LA ankommen sollte. Wir warteten, bis das Rauschgift an Land war und seine Leute es in einem Lager in LA deponiert hatten. Dann besorgten wir uns Haftbefehle, führten den Zugriff durch und konnten einen großen Erfolg verbuchen: 14 Kilogramm bestes Heroin der Shan United Army, alles fein säuberlich schlauerweise in Bambus eingewickelt.

Mein Einsatz als Geldkurier, so kurz er auch war, stellte sich für meine spätere Arbeit in Thailand als wichtig heraus. Wir hatten entscheidende Verbindungen zur thailändischen Polizei geknüpft, vor allem zu General Pornpot.

Damals hatte ich keine Ahnung, dass der Heroinhandel im Goldenen Dreieck nach diesem Geldkurier-Job zu einem Schwerpunkt meiner Arbeit werden sollte. Es dauerte Jahre, bis ich zurückkehrte, aber als es so weit war und ich dem DEA-Agenten Michael Bansmer unterstellt wurde, war ich wie besessen davon, Khun Sa, den Opium-Warlord, zu verhaften.

Den bei Weitem seltsamsten Augenblick während dieses Kurztrips nach Bangkok erlebte ich, unmittelbar nachdem ich das Geld bei Lings Anwesen abgeliefert hatte. Nach dieser Feuertaufe als Undercover-Agent in Thailand, die ich heil überstanden hatte, wollten die thailändischen Polizisten und Rudy Barang mit mir ausgehen.

Wir fuhren in die Innenstadt, um richtig zu feiern, und saßen gerade in einer Bar an einem großen Tisch, als jemand anfing, wegen einer Kobra zu schreien. Thailand wimmelt nur so von giftigen Schlangen. Die Polizisten pflegten die Reptilien mit dem todbringenden Biss routiniert und geschickt am Hals zu packen, ohne sie zu töten.

Jetzt erfuhr ich, warum.

Wir waren in irgendeiner Spelunke in der Nähe von Patpong. Ich hatte absolut keine Ahnung, was da ablief. Es dauerte nicht lange, bis wir mit einer ganzen Schar hübscher Thailänderinnen zusammensaßen. Es wurde viel gelacht, und es versprach ein toller Abend zu werden.

Doch dann verschwand einer der thailändischen Polizisten in einer Nische und kam mit einer lebenden Kobra wieder heraus. Ich war nicht glücklich darüber. Die Kobra ebenso wenig.

Sie zischte, sträubte sich und wand sich im Griff des Polizisten.

Er zuckte nicht mit der Wimper, holte ein großes, scharfes Messer hervor und schlitzte die Schlange der Länge nach auf. Dann zog er den Darm und die Innereien, die Leber und die Nieren heraus, ließ das Blut der Kobra direkt in einen Becher fließen und gab die Leber, das Herz und den Darm hinzu. Füllte den Becher mit einem Schuss starkem, thailändischem Schnaps auf und reichte den übel riechenden Hexentrank an mich weiter.

Sie riefen im Chor etwas auf Thai. Rudy übersetzte rasch:

»Trink! Trink! Trink!«

Hatte ich eine Wahl? Ich musste das Gebräu trinken. Den ganzen Becher, die Schlangeninnereien zusammen mit der Flüssigkeit hinunterschlucken, die mir vorkam wie ein klumpiger, schlecht verrührter Proteinshake. Es war das Widerlichste, was ich je probiert hatte.

Ich würgte, hätte mich am liebsten übergeben, aber dann hätte ich vor den Polizisten das Gesicht verloren.

Ich knallte den leeren Zinnbecher auf den Tisch. Als sie sahen, dass ich das Gesöff komplett geext hatte, brüllten alle wie wild und schlugen mir auf den Rücken.

Noch immer bin ich mir nicht sicher, ob das eine thailändische Tradition war oder nur ein demütigender Initiationsritus der Polizisten. Mir war nicht nur schlecht, der ganze Vorgang kam mir auch *heidnisch* vor.

Sobald wir die Bar verlassen hatten, zog ich mit Rudy Barang los, um mein religöses Gewissen zu beruhigen. Schnell hatten wir ein Schmuckgeschäft gefunden, in dem ich ein goldenes Kruzifix mit einem Goldgehalt von 22 Karat erstand. Ein schönes Stück für umgerechnet etwa 300 Dollar.

Als wir aus dem Laden traten – klar als Ziel auszumachen: ein Weißer und ein Filipino, die Schmuck kauften –, kamen sofort zwei Straßenräuber auf uns zu.

Sie bedrohten uns mit Messern, gestikulierten und knurrten und riefen auf Thai, dass sie unser gesamtes Geld wollten – zum Glück verstand Rudy sie.

Wir waren beide bewaffnet und hätten wahrscheinlich unsere Pistolen ziehen und sie erschießen können, ohne dass es die Behörden sonderlich interessiert hätte, aber wozu der Aufwand? Es war einfacher, uns von den Räubern bestehlen zu lassen. Wir gaben ihnen 100 Dollar und sahen zu, wie sie durch die überfüllten Straßen Patpongs davonrannten.

Als wir am nächsten Tag den thailändischen Polizisten davon erzählten, waren sie außer sich.

Sie verschwendeten keine Zeit, suchten die üblichen Treffpunkte der Kriminellen auf, stellten ein paar Fragen und hatten die beiden Räuber schon kurze Zeit später aufgespürt. Es gab keine Befragung, kein Verhör. Rechtsstaatliches Verfahren? Nichts da! Mit den thailändischen Polizisten war nicht zu spaßen. Sie schlugen die beiden Kerle zu Brei.

Und brachten uns sogar unsere 100 Dollar zurück.

Teil zwei

Das Geld zieht nur den Eigennutz an und verführt stets unwiderstehlich zum Missbrauch. Kann sich jemand Moses, Jesus oder Gandhi bewaffnet mit Carnegies Geldsack vorstellen?

Albert Einstein

KAPITEL 4

DIESSEITS VOM PARADIES

Meine Zeit bei der Gruppe vier in der Dienststelle Los Angeles endete abrupt im Frühjahr 1990, nachdem ich monatelang undercover gegen einen nigerianischen Verbrecherring ermittelt hatte. Im Anschluss an den Fall, nach den Verhaftungen, erfuhren unsere Abhörleute, dass ich Ziel eines Anschlags sein sollte. Wir waren uns nicht sicher, ob ich offiziell auf der Abschussliste stand – der Mordauftrag war noch in Planung –, aber die DEA geht bei Todesdrohungen gegen Spezialagenten kein Risiko ein. Nicht nach den Morden an Paul Seema und George Montoya in Pasadena.

Es begann mit einem nigerianischen Drogenhändler namens Sam Essell und wuchs sich schnell zu einer riesigen, komplexen Ermittlung aus, bei der mehrfach mit Waffengewalt gedroht wurde. Essell, ein Stammesführer der Igbo, war ein angesehener Geschäftsmann in Lagos. Ihm gehörte eine Reihe von legalen Betrieben, deren wahrer Zweck indes darin bestand, die vielen Millionen Dollar zu waschen, die durch seine andere unternehmerische Tätigkeit hereinkamen: durch den Schmuggel von Heroin und Marihuana in die USA.

Mit einem langen Pferdeschwanz und einer Harley Davidson Panhead verwandelte ich mich mal wieder in Eddie McKenzie, einen siebenundzwanzigjährigen Geldkurier und Drogengroßhändler der Mafia, der bedeutende Summen von Las Vegas nach Los Angeles bewegte.

Verantwortlich für meine Einschleusung in Sam Essells Organisation war einer seiner Leute in LA, ein nigerianischer Immigrant namens Christian Uzomo. Obwohl zertifizierter Immobilienmakler, verfügte er auch über Verbindungen zu einer Vielzahl von Gangstern in LA. Als wir uns kennenlernten, sah Christian eher wie ein Banker aus und nicht wie ein Drogenhändler. Niemand hätte erraten, dass er gerade eine Haftstrafe in der Justizvollzugsanstalt in Lompoc (Kalifornien) abgesessen hatte. Auffällig war sein volles Gesicht mit den ausgeprägten Wangen, die man auch als Hamsterbacken bezeichnet. Er war höflich und sprach perfektes Englisch, wenn auch mit starkem Akzent.

Nachdem ich ihn ein paar Wochen lang »umworben« hatte, erklärte ich ihm, ich sei auf der Suche nach gutem Heroin. »Meine Leute haben den Black-Tar-Scheiß satt«, sagte ich. »Ich suche etwas Besseres.« Christian deutete an – er sprach es nie direkt aus –, dass seine Verbindungsleute mir reinstes Heroin besorgen könnten: China White.

»Vielleicht habe ich da den richtigen Mann für dich.«

»Wen denn?«

»Meinen guten Freund Sam in Nigeria«, sagte Christian leise.

»Könnte ich mal eine Kostprobe bekommen?«

Vor jedem größeren Heroinkauf wird immer erst einmal eine Kostprobe genommen – das heißt ein schneller Test auf Alkaloide durchgeführt. Wir trafen uns in einem schlichten Büro im ersten Stock eines Gebäudes voller Optiker und Hypothekenbanken. Ich schlenderte mit einer Stunde Verspätung hinein, den Halliburton-Aluminiumkoffer lässig in der Hand. Wir vereinbarten die Bedingungen: 100 Gramm südostasiatisches Heroin für 15000 Dollar – ein fairer Preis für einen Erstkauf.

Ich legte meinen Koffer auf die Schreibtischplatte, öffnete ihn, nahm meine Dreifachbalkenwaage heraus, baute sie zusammen und führte eine Marquis-Reaktion durch. Die Zusammensetzung variiert, doch die DEA verwendet für den Test normalerweise eine Mischung aus 100 Millilitern konzentrierter Schwefelsäure und 5 Millilitern 40-prozentigem Formaldehyd, die in Kombination mit verschiedenen Drogen – von Opiaten bis zu Metamphetamin – unterschiedliche Farbtöne annimmt.

Christian sah mir aufmerksam zu, während ich eine kleine Menge seiner Ware abtrennte und mithilfe einer Pipette die klare, farblose Reaktionsflüssigkeit hinzugab. Nach ein paar Sekunden färbte sich die Mixtur rotbraun: ein klares Anzeichen für Heroin. »Das sieht nach gutem Zeug aus«, sagte ich. »Ich glaube, meine Leute in Vegas werden glücklich sein.« Christian lächelte breit, als ich ihm die 15000 Dollar für diesen ersten Vorgeschmack überreichte.

Nach vier weiteren Deals zu denselben Bedingungen – 15000 Dollar pro Lieferung – war es Zeit, dass ich die Sache vorantrieb und mich nach oben vorarbeitete. Bei einem Mittagessen unternahm ich einen Vorstoß.

»Hör zu, Mann, ich mache nicht weiter mit, bevor ich nicht deinen Boss getroffen habe.«

Erst zögerte er, wich aus, doch am Ende willigte er ein. »Ja, natürlich. Das lässt sich machen.«

Wir fingen an, den eigentlichen Deal zu planen – ein Containerschiff mit ballenweise afrikanischem Marihuana und, in einem dieser Ballen versteckt, dem wahren Schatz, den Christian und Sam immer als »graue Krabben« aus China bezeichneten. »Graue Krabben« stand für 10 Kilogramm Heroin, das in Burma von der Shan United Army produziert, aus dem Goldenen Dreieck nach Hongkong geschmuggelt und dann per Containerschiff nach Lagos gebracht wurde.

Als ich Sam Essell endlich persönlich kennenlernte, war ich beeindruckt: Er trat wie ein wahrer Igbo-Prinz auf, würdevoll und mit seinem maßgeschneiderten hellbraunen Anzug und den glänzenden ochsenblutfarbenen Schuhen tadellos gekleidet. In den Tagen vor seiner Ankunft auf amerikanischem Boden hatte ich die Genehmigung erhalten, eine Million Dollar in bar aus der Staatskasse zu entnehmen für einen »Überraschungs-Flash«. In Anbetracht meines jugendlichen Alters war eine große Summe Geld die einzige Möglichkeit, Sam Essell zu beweisen, dass ich der war, für den ich mich ausgab. Nur sehr wenige Agenten haben jemals eine Million Dollar aus der Staatskasse genommen; wer will das auch schon, wenn er dafür haften muss?

Der Überraschungs-Flash durfte auf gar keinen Fall auf dem Rücksitz oder im Kofferraum eines Autos stattfinden. Genau das war nämlich 1988 bei Paul Seema, George Montoya und José Martinez schiefgelaufen. Das Flash-Geld befand sich noch im Kofferraum, und die Mörder wussten das. Sie schossen auf Paul, George und José und raubten die Kohle.

Trotz seines breiten Lächelns und der herzlichen Umarmung konnte Sam natürlich versuchen, mich umzubringen und die Million Dollar zu rauben. Seit den Pasadena-Morden versuchte die DEA generell, das Flash-Geld *sofort* nach dem Vorzeigen aus der Reichweite der Dealer wegzuschaffen. Am besten war es also, den Gangstern zu erlauben einen Blick darauf zu werfen und es anzufassen, und sich dann so schnell wie möglich aus dem Staub zu machen. Rogelio und José waren am geschicktesten darin – geschickter als ich –, sie schlenderten herbei, öffneten eine Tasche mit Zehntausenden Dollar und sagten:»Siehst du das, Mann? Das könnte dir gehören.«

Und – *bumm* – waren sie mit dem Geld schon wieder verschwunden. Die Gefahr, ausgeraubt zu werden, war gebannt.

Ich schlug meinen Chefs einen»Himmels-Flash« vor, und die DEA besorgte eine private audio- und videoüberwachte Beechcraft King Air. Natürlich ist man nirgendwo wirklich sicher, wenn man eine Million in Bargeld mit sich herumträgt, aber kein Ort ist so abgeriegelt wie ein US-amerikanischer Flughafen mit seinen Magnetometern und den Überwachungskameras.

Ich hatte die Reisetasche hinter den Sitzen der King Air verstaut. Sam und Christian, beide in Anzügen, saßen in noblen Ledersitzen auf der anderen Seite des Gangs und gingen davon aus, dass es sich um einen gewöhnlichen Rundflug über die Pazifikküste handele. Dann drehte ich mich ganz unbefangen zu ihnen um.

»Ich will Ihnen etwas zeigen«, sagte ich.

Ich zog die Reisetasche hervor, öffnete den Reißverschluss

119

und zeigte ihnen die Million in Dollarbündeln, die ich angeblich für meine Bosse drüben in Vegas gerade transportierte. Sie rissen die Augen auf. Das Grinsen wich nicht mehr aus ihrem Gesicht. Das Geld vorzuzeigen, hat dieselbe Wirkung, wie jemanden scharfzumachen. Man will die Erregung so weit treiben, dass er nicht mehr geradeaus denken kann.

Sobald wir auf dem Riverside Airport gelandet waren, sahen Sam und Christian, wie die Tasche mit der Million die King Air verließ und – von anderen Undercover-Agenten der DEA – in den Kofferraum eines Ford gepackt wurde.

Die Million – *ihre* Million – war weg.

Aber Christian und Sam grinsten immer noch, als wir zum Mittagessen und auf ein paar Bier in ein nahe gelegenes Restaurant gingen. Durch das Budweiser wurden sie schnell beschwipst, locker und fröhlich.

»Im Grunde hatte das Geld sie betrunken gemacht«, sagte ich später.

Christian kannte anscheinend jeden in der südkalifornischen Unterwelt. Hätte er seine Networking-Fähigkeiten für eine legale Existenz genutzt, dachte ich oft, wäre er ein erfolgreicher Geschäftsmann geworden.

Als Erstes stellte er mir einen ehemaligen Häftling namens Harvey Franklin vor. Schon als ich ihn bei unserem ersten Treffen von Weitem auf einem McDonald's-Parkplatz am Century Boulevard sah, wirkte er einschüchternd. Er war um die vierzig, hatte sein Leben offensichtlich im gefährlichen Süden von Los Angeles verbracht, und sein breites Kreuz, sein Brustkorb und sein Stiernacken erinnerten an Mike Tyson. Als wir einander begrüßten, fühlte sich der kräftige Druck seiner rechten Hand so rau an wie Sandpapier.

»Ich handle gerade nicht mit Horse«, sagte er. »Wie wäre es, wenn ich Sie mit gestohlenen Inhaberschuldverschreibungen versorge? Interesse daran?«

Einer von Harveys Komplizen in Süd-Los-Angeles hatte diese Papiere im Wert von einer halben Million Dollar gestohlen. So etwas begegnete einem nicht jeden Tag – nicht einmal in den raffiniertesten Kreisen der organisierten Kriminalität.

Harvey wollte mir nicht nur Inhaberschuldverschreibungen verkaufen, er erzählte mir auch, dass er Zugang zu gefälschten Dollarscheinen habe, die nicht als solche zu erkennen seien, wie er behauptete. Supernoten, die in einem »brandneuen Druckverfahren« hergestellt wurden.

Nun musste ich Paul Lipscomb hinzuziehen, einen Beamten des Secret Service. Paul war 1,95 Meter groß, knapp 110 Kilogramm schwer und auf dem College ein Basketballstar gewesen. Für Falschgeld und andere Finanzdelikte ist der Secret Service zuständig.

Paul und ich sahen uns Franklins Vergangenheit an: Er hatte ein langes Vorstrafenregister, das zwei Jahrzehnte zurückreichte, und enge Beziehungen zu den Crips-Banden im Süden von Los Angeles. Franklin war dafür bekannt, stets bewaffnet zu sein. Am liebsten trug er eine Walther PPK, Kaliber .380 ACP.

Von da an trafen wir uns öfter, ganz zwanglos, und kamen gut miteinander aus. Er erzählte mir sogar Details aus seinem Privatleben, unter anderem, dass er dreizehn Kinder von verschiedenen Freundinnen habe. Doch wie freundschaftlich ein Treffen auch ablief – ein Observationsteam der DEA war nie mehr als ein paar hundert Meter entfernt, und die M14-Gewehre mit Leupold-Zielfernrohren gaben mir eine gewisse Sicherheit. Aufgrund von Harveys Neigung zu Gewalt waren bei der abschließenden Verhaftung Vertreter verschiedener Strafverfolgungsbehörden dabei: An der Überwachung der Aktion beteiligten sich Beamte der DEA, des Secret Service, des Los Angeles Police Department und des Los Angeles County Sheriff's Department. Harvey lieferte mir die gestohlenen Inhaberschuldverschreibungen im Wert von 500 000 Dollar, Kisten mit illegalen Steroiden und vor allem drei Supernoten als Muster, denen noch mehr Falschgeld folgen sollte.

Die Technologie zur Herstellung der Supernoten stammte bekanntermaßen aus Zypern, doch durch Sam Essells internationale Beziehungen war eine der Falschgeldpressen bei Harvey Franklin in Los Angeles gelandet. Mitten in der ärmlichen Umgebung von South Central stand eine Druckmaschine, die in der Lage war, die am perfektesten gefälschten 100-Dollar-Scheine der Welt zu produzieren.

Das Ganze hatte mich bisher noch keinen Cent gekostet. Harvey überließ mir alles auf Kommission. Jetzt musste ich ihm Bargeld liefern. Wir einigten uns darauf, dass ich ihm insgesamt 200 000 Dollar zahlen sollte – mit einer Anzahlung von 70 000 Dollar gleich zu Beginn.

Unser letztes Treffen fand in South Central statt. Paul und seine Kollegen vom Secret Service hatten die taktische Planung des Einsatzes übernommen, ich kümmerte mich um die Undercover-Arbeit.

Mein Auto war ein traumhafter weißer BMW 735, den ich vor einer riesigen Betonwand parkte. Paul hatte auf einem massiven Hintergrund bestanden, damit im Fall einer Schießerei keine unschuldigen Passanten in Mitleidenschaft gezogen wurden.

Als ich Harvey auf dem Parkplatz traf, umarmte er mich plötzlich. Er war so verdammt stark, dass ich kaum noch atmen konnte. Er drückte mich fest an sich, und die Walther PPK in seinem Schulterhalfter stieß hart gegen meine Rippen.

»Spürst du das?«, fragte er leise.

»Allerdings, ja.«

»Ich mag dich, Eddie«, sagte er. »Aber wenn etwas schiefläuft, bist du erledigt.«

Wir gingen zum Kofferraum. Ich hatte die 70 000 Dollar in eine alte braune Tasche gepackt – das Geld hingegen war brandneu und kam direkt aus der Druckerei.

In dem Moment, als Harvey nach der Tasche griff, sah ich aus dem Augenwinkel, wie Paul Lipscomb auf uns zustürzte – ein riesenhafter Schemen mit einer Automatik.

Bevor Harvey auch nur zucken konnte, hatte Paul ihm den schwarzen Lauf seiner Waffe an die Schläfe gesetzt.

»Eine Bewegung und du bist tot«, sagte er.

Im gleichen Augenblick suchte der Rest unserer Verstärkung den Parkplatz ab. Sie fanden ein Auto mit zwei Crips-Gangstern und zwei geladenen Pistolen unter den Sitzen. Harvey hatte sie mitgebracht für den Fall, dass beim Deal etwas danebenging.

Meine DEA-Kollegen waren wütend, sie zogen die Crips am Kragen aus dem Fahrzeug und stießen sie grob auf den Boden.

»Wolltest du meinen Freund umbringen?«, schrie Spezialagent Keith Harding. »Du Hurensohn! Wolltest du meinen Freund umbringen, verdammt noch mal?«

Christian hatte noch zwei weitere Ex-Häftlinge angeheuert, die für die Sicherheit zuständig waren und den Hasch-Frachter entladen sollten: William Brumley und Mike Lancaster. Brumley war gerade aus dem Knast entlassen worden und wohnte in einer Resozialisierungseinrichtung. Auch Lancaster hatte eine lange Strafe abgesessen, aber seine Bewährungszeit war abgelaufen. Lancaster und Brumley waren weiße Muskelprotze – jeder von ihnen wog gut und gerne 100 Kilo. Sie sahen sich sehr ähnlich, nur trug Brumley kurze Haare, während Lancasters geflochtener Zopf länger war als mein Pferdeschwanz.

Lancaster, definitiv der rabiatere, einschüchterndere der beiden, willigte eines Abends auf einem Restaurantparkplatz an der California State Route 91 in Riverside ein, mir Schalldämpfer zu verkaufen, die er selbst aus Umlenkblech hergestellt hatte. Lange Metallzylinder mit verschiedenen inneren Mechanismen, die den Knall beim Abfeuern dämpften, indem sie das entweichende Treibgas verlangsamten.

»Ja, ich kann dir dreißig Stück besorgen«, sagte er.

Einen abnehmbaren Schalldämpfer zu bauen, ist nicht einfach. Dafür muss man mit einer Drehbank, einer Standbohrmaschine und einem Schweißbrenner umgehen können. Lancasters selbst gebaute Schalldämpfer waren von sehr guter Qualität und angeblich äußerst beliebt bei den Killern mexikanischer Kartelle.

Jedes Wort unserer Gespräche wurde über die KEL-Wanze, die unter meinen Hoden befestigt war, direkt an das Observationsteam übermittelt. Lancaster tastete mich vor jedem Treffen routinemäßig ab und ließ seine Hand vorne und zwischen meinen Beinen über meine Hose gleiten, aber er fühlte nie direkt im Schritt nach.

Er sagte, er könne mir noch mehr leistungsstarke Waffen besorgen, unter anderem ein halbautomatisches Sturmgewehr vom Typ AR-15. Die Stimmung war extrem angespannt. Ich starrte auf die Sehnen an seinen massiven Unterarmen. Wir sprachen offen über Verbrechen, auf die langjährige Haftstrafen standen. Das war Lancaster bewusst, und ganz plötzlich griff er hinter sich, riss eine Uzi hervor und presste mir den Lauf gegen die Stirn.

»Falls du mich verarschst, Junge, bringe ich dich um.«

Wenn man damit rechnet, gleich eine Kugel in den Kopf gejagt zu bekommen, merkt man, dass man gar nicht so hart im Nehmen ist, wie man glaubt. Egal wie gut ausgebildet oder erfahren man als Undercover-Agent ist, diese Angst kann man nicht verbergen.

Meine Stimme schraubte sich etwa eine Oktave höher, und obwohl ich es nicht sah, wusste ich, dass mein Unterstützerteam kurz davor stand herbeizustürmen. Jeder in der DEA – vor allem die Gruppe vier – hatte aus dem schwarzen Tag in Pasadena gelernt, an dem Montoya und Seema umgebracht worden waren. Als sie über das Abhörgerät vernahmen, wie sich meine Tonlage veränderte, machten sie sich sofort zum Angriff bereit.

Aber keine Verstärkung ist schneller als ein Finger am Abzug. Nur ich konnte mir jetzt den Arsch retten, und ich setzte meine einzige Waffe ein: meine Eloquenz.

»Was redest du da, Mike? Glaubst du, ich bin ein verdammter Cop oder was? Nachdem ich schon die ganzen Sachen mit Sam durchgezogen hab? Mit Christian? Wie soll ich denn ein Cop sein? Hör zu, Mann, für das, was ich bisher mit dir gemacht habe, würde ich auf direktem Weg in den Knast wandern.«

Das leuchtete ihm ein. Er nickte halbherzig, und ich konnte beinahe spüren, wie sich das Observationsteam zurückzog. »Okay ...«

Langsam senkte er den Lauf der Uzi, die zwischen meine Augen gezielt hatte.

Da ich Lancasters und Brumleys Bedenken, ich könnte ein verdeckter Ermittler sein, zumindest vorläufig zerstreut hatte, zogen wir ein paar weitere Schusswaffendeals durch. Ich traf sie in Coco's Restaurant in Riverside und kaufte eine Heckler & Koch Modell 91, Kaliber .308 Winchester, zwei Handfeuerwaffen und das versprochene Halbautomatik-Sturmgewehr vom Typ AR-15. Außerdem überließ Lancaster mir auf Kommission seinen Shelby Mustang, ein Muscle-Car mit einem Big-Block-Motor, mit dessen Sechsgang-Schaltgetriebe ich jedoch nicht zurechtkam. Und so zuckelte ich ins Zentrum zum DEA-Hauptquartier notgedrungen im dritten Gang. Bestimmt habe ich ein komisches Bild abgegeben, wie ich die ganze Strecke mit 40 Stundenkilometern über die rechte Spur der Autobahn schlich.

Anfang April hatte der Frachter *Ivangrad* Lagos verlassen, er durchquerte den Panamakanal und kam im Hafen von Long Beach bei LA an.

Am Ostersonntag, nachdem das Schiff angelegt hatte, fuhren wir alle zum Containerterminal in der Nähe von Pier F. Alles lief wie geplant – wir würden sie erst hochnehmen, wenn die Ballen mit den Drogen abgeladen waren. In einem kleinen Raum, verborgen hinter einem Einwegspiegel, saßen DEA-Agenten – obwohl ich allein in dem Lager war, ließen sie mich nie aus den Augen.

Doch dann tauchte eine neue Variable auf – immer ein

schlechtes Zeichen bei einem Undercover-Einsatz. Es handelte sich um vier unbekannte Gesichter. Lancaster und Brumley hatten darauf bestanden, insgesamt sechs Leute zum Abladen dazuhaben. Es war eine Menge Kraft nötig, um die Marihuanaballen und das Heroin von der *Ivangrad* zu holen und alles in unseren weißen Transporter, der draußen geparkt war, zu schleppen. Deshalb also die Verstärkung durch zwei weitere wuchtige Bodybuilder-Typen, einen Mann mittleren Alters und einen jungen Kerl. Sobald sie das Lager betreten hatten, streiften sie durch den Raum und begutachteten die Ein- und Ausgänge.

Der am wenigsten bedrohlich wirkende Helfer stellte sich am Ende als der gefährlichste heraus. Er war etwa einundzwanzig, schlank gebaut und sah aus wie ein typischer Collegestudent. Ich hatte keine Ahnung, wer er war, wie ich ihn beeinflussen konnte und wie sich sein Verhalten interpretieren oder steuern ließ. Mir war komplett die Kontrolle entglitten – das Schlimmste, was einem Undercover-Agenten passieren kann –, als die sechs im Lager ausschwärmten. Brumley und Lancaster schnüffelten in irgendwelchen Ecken herum, und plötzlich meldete sich der neue, junge Typ zu Wort:

»He, hier stimmt etwas nicht.«

Ich drehte mich rasch um. Er beschirmte die Augen mit den Händen und stierte in den Einwegspiegel. Er strich über das Glas, starrte weiter darauf und kniff die Augen zusammen. Unser Zugriffsteam befand sich einen Meter von seinem Gesicht entfernt.

»Das hier ist ein Einwegspiegel.«

»Was?«

»Man kann in eine Richtung durchgucken.«

Sofort scharten sich die sechs Ganoven wie aufgescheuchte Hornissen um mich. Lancaster drückte mir eine .22er-Halbautomatik in die Rippen.

Die .22er ist zwar eine kleinkalibrige Pistole, aber sie ist perfekt für einen unauffälligen Mord. Wenn einem damit in den Hinterkopf geschossen wird, saust die Kugel im Schädel umher, und man schafft es nicht lebend bis in die Notaufnahme.

Mittlerweile war ich mir sicher, dass sie versuchen würden, mich umzulegen und mit den Drogen abzuhauen, sobald die *Ivangrad* entladen war. Lancaster knurrte:

»Eine Bewegung und ich mach dich kalt.«

Zum Glück brüllte mein Chef Mike Holm »Er fliegt auf!« ins Funkgerät, was sofort die Verstärkung unter der Leitung von Mark Trouville, dem Anführer der Einheit, auf den Plan rief. Plötzlich wimmelte es von auf den Boden gerichteten Waffen und DEA-Windjacken. Das Team kam hinter dem Einwegspiegel hervor. Ich riss mich von Lancaster los, und er ließ die .22er polternd auf den Betonboden fallen. Alle unsere Leute hatten ihre Waffen gezogen und brüllten durch die Gegend. Innerhalb von Sekunden lagen Lancaster und seine Spießgesellen bäuchlings auf dem Boden.

»Beide Hände auf den Boden!«

»Runter! Runter!«

»Den Kopf auf den Boden!«

»Bist du taub? Willst du heute *sterben*?«

»Willst du heute sterben?«

Diese Worte schwirrten wie .22er-Geschosse in meinem Kopf herum. Den Nachmittag überstand ich gut, aber abends holte mich die Sache ein. Ich hatte keinerlei emotionalen Beistand, kein Ventil für den angestauten Stress. Ich war nicht verheiratet und konnte meinen Verwandten in Kalifornien – meiner Tante und meinen Cousins – keine Einzelheiten aus meinem Undercover-Dasein erzählen.

Plötzlich brach alles über mir zusammen. Sam und Christian hätten mich leicht für die Million Dollar Bargeld umbringen können, wenn ich es nicht als »Himmels-Flash« aufgezogen hätte. Lancaster, der mir die Uzi zwischen die Augen hielt, desgleichen: »Wenn du mich verarschst, Junge, bringe ich dich um.« Unvergessen ebenfalls die Verhaftung von Harvey – wie er mich umarmte und mir die .380er in die Rippen drückte – und die zwei Crips im Auto mit ihren Pistolen unter den Sitzen, die bereit waren, mich wegzupusten ...

Gegen neun Uhr abends musste ich mich plötzlich stark übergeben. Meine Tante wollte mich schon ins Krankenhaus fahren. Ich ließ mir immer wieder kaltes Wasser übers Gesicht laufen und trank Gatorade. Die Erkenntnis, dass man nur knapp einem Mord entkommen ist, schlägt auf den Magen. Ich schwitzte und zitterte und kotzte mir fast eine Stunde lang die Seele aus dem Leib.

Nachdem wir das Essell-Syndikat 1990 hochgenommen hatten – was zu sechzehn Verhaftungen und zur Beschlagnahmung von mehr als einer Tonne Marihuana, drei Maschinengewehren, zweiunddreißig Schalldämpfern, sieben Handgranaten und sieben Fahrzeugen führte, plus den gestohlenen Inhaberschuldverschreibungen im Wert von mehr als einer halben Million Dollar und ein paar exzellent gefälschte 100-Dollar-Scheine –, brachte mir der Fall eine

Beförderung, eine Ehrenmedaille des Staatsanwaltsverbands und ein offizielles Lob des US-Kongresses ein.[6]

Doch nun erfuhr ich, dass eine akute Morddrohung vorlag und ich nicht länger frei in meiner eigenen Stadt arbeiten konnte.

Willst du heute sterben?

Wir waren uns nicht ganz sicher, wer mich umbringen wollte. Der Fall war dermaßen verzweigt gewesen, dass eine ganze Reihe von Akteuren infrage kam. Am wahrscheinlichsten war jemand aus den Kreisen des nigerianischen organisierten Verbrechens oder Harvey Franklin, der sowohl auf der Straße als auch hinter Gittern über sehr viel Macht verfügte.

Ich wurde ins Büro von John Zienter beordert, dem Leiter der Dienststelle in LA, den die Morddrohung so sehr beunruhigte, dass er mich direkt aus Los Angeles versetzen lassen wollte.

Über den Flurfunk hatte Zienter zudem mitbekommen, dass ich eine Fernbeziehung mit einer Frau führte, die ich als Militärpolizist der Marines in Hawaii kennengelernt hatte. Sie hieß Desiree England. Ein wunderschönes, süßes Mädchen, das auf der Inselgruppe geboren und aufgewachsen war – sie kam aus einer vermögenden Familie, war aber dennoch eine *tita*, ein selbstbewusstes, unabhängiges Inselmädchen.

»Okay, Eddie, mach dir keine Gedanken. Ich kümmere mich darum«, sagte Zienter.

Das tat er. Er brachte mich aus LA weg, wo mein Leben in Gefahr war, und belohnte mich gleichzeitig für meine Arbeit im Essell-Fall, indem er für eine Wiederbelebung meiner Affäre auf Hawaii sorgte.

In Hawaii stationiert zu sein, war wie eine wohltuende Heimkehr.

Meine ersten Erfahrungen im Bereich der kriminalistischen Arbeit hatte ich als Militärpolizist der Marines in Honolulu gemacht und dabei das Glück gehabt, von einem der Urgesteine der hawaiianischen Strafverfolgung, Don Carstensen, unterwiesen zu werden. Dass Don mir 1996 bei einem Tauchausflug in Kona das Leben retten sollte, wusste ich damals noch nicht ...

Bei meinem ersten Aufenthalt in Hawaii hatte ich gerade meinen Master in Kriminologie gemacht und war anschließend dem Kommandeur der hawaiianischen Militärpolizei (HASP) unterstellt worden. Alle Waffengattungen und Einheiten der US-Army pflegten damals Männer für eine spezielle Einsatztruppe zu entsenden. Unser Hauptquartier befand sich im alten Flottenstützpunkt am Ala-Moana-Boulevard am Rande des Geschäftsviertels von Honolulu.

Ich wurde von meinen normalen Pflichten bei den Marines entbunden und diente als militärischer Verbindungsmann zwischen der Polizei und den verschiedenen Streitkräften. Auf den Inseln sind ständig etwa 60 000 Soldaten aller Truppenteile – Army, Navy, Air Force, Marines, Küstenwache – stationiert.

Neben dieser Tätigkeit für die HASP war ich auch noch der Staatsanwaltschaft der Stadt und Region Honolulu zugeteilt, und zwar in der Abteilung für organisiertes Verbrechen, die Don Carstensen leitete.

Hier lernte ich etwas völlig anderes kennen als die straffe Ordnung des Marine Corps und bekam einen ersten Einblick in das Leben eines Undercover-Agenten, das auch mir bevorstehen sollte. Ich ging jeden Tag in Zivil zur Arbeit, ließ meinen militärischen Haarschnitt herauswachsen und meinen rötlichen Bart stehen, um jeden Morgen mit Don und seinem Team loszuziehen. Don war groß und wog knapp 120 Kilo. Er hatte einen schwarzen Gürtel in Karate, und konnte sich somit trotz seiner Körperfülle bemerkenswert schnell bewegen. Er hatte das Kommando über fünfzehn Ermittler, von denen die meisten der Staatsanwaltschaft bei den verschiedensten Fällen behilflich waren – von Kindesmisshandlung über Raub bis hin zu Mord. Doch Don hatte sechs Leute – darunter auch ich –, die sich ausschließlich dem Kampf gegen das organisierte Verbrechen widmeten.

Festlandbewohner haben oft nur die unberührten Strände und die sich überschlagenden Wogen von Waikiki oder die in Nebel gehüllten Gipfel des Mauna Loa und des Kilauea vor Augen, aber Hawaii ist zugleich eine Brutstätte des organisierten Verbrechens, vor allem im Bereich Drogen. Genau genommen, gehören die Verbrecherringe, die sich in Hawaii angesiedelt haben, zu den skrupellosesten der gesamten Pazifikregion.

Als ich zur Einsatztruppe stieß, ermittelte Don Carstensen gerade in einem Mordfall, der seit Jahren unaufgeklärt war. 1975 hatte Charles F. Marsland, der später zum Oberstaatsanwalt von Honolulu aufstieg, einen schrecklichen persönlichen Verlust erlitten. Marslands neunzehnjähriger Sohn, Charles »Chuckers« Marsland III, war brutal ermordet worden. In der Mordnacht ging Chuckers seiner Arbeit als Assistent des Betreibers der Infinity-Disco im Stadtzentrum nach. An Theorien für die Hintergründe des Mordes mangelte es den Ermittlern nicht: Marsland senior war schließlich unerschrocken hinter den Verbrecherbossen von Honolulu her gewesen.

Obwohl der Fall schon lange zurücklag, hatte Don es sich zur Lebensaufgabe gemacht, den Mörder von Marslands Sohn zu finden.

Ich begann unterdessen mit den Ermittlungen in ein paar eigenen Fällen, bei denen es fast immer um Angehörige des US-Militärs ging – angefangen bei häuslicher Gewalt über Körperverletzung bis hin zu Mord. Ein paar Wochen nach meiner Ankunft startete ich das Programm zum Aufspüren von Deserteuren. Don und ich verhafteten neun Fahnenflüchtige aus der Zeit des Vietnamkriegs, die sich einfach von der Truppe entfernt und sich ein schönes Eckchen im Paradies gesucht hatten, um sich jahrzehntelang zu verstecken, bis ihr Bärte grau waren. Die meisten von ihnen waren keine schlechten Kerle, aber wir holten sie uns trotzdem. Das war das erste Mal, dass ich die Initiative ergriff und ein eigenes Ermittlungsprogramm auf die Beine stellte. Später bei der DEA sollte ich für so etwas bekannt werden.

In der Marsland-Mordermittlung spielte ich nur eine kleine Nebenrolle, ich kümmerte mich um das, was mit dem Militär zu tun hatte, und sprach mit Jungs aus den verschiedenen Truppenteilen, die auf der Insel stationiert waren. Ich glaubte nicht, dass irgendeiner von ihnen ein potenzieller Todesschütze war – ich fragte bloß nach, ob sie irgendetwas gehört hätten. Durch meine Kontakte und Informanten beim Militär gelang es mir schließlich, ein paar nützliche Hinweise zusammenzutragen, die Don bei der Ermittlung weiterhalfen.

Die Erkenntnisse in dem Fall gingen hauptsächlich in die Richtung, dass Marsland senior einer Verhaftung von Larry Mehau, dem vermeintlichen Paten des organisierten Verbrechens in Hawaii, zu nahe gekommen war. Mehau, der von der Presse als mächtigster Mafioso auf den Inseln bezeichnet wurde, gehörte zu den besten Sumoringern des Staates und hatte früher bei der Polizei in Honolulu gearbeitet, bevor er es als Viehzüchter zum Multimillionär brachte und zum Strippenzieher auf Hawaiis politischer Bühne wurde. Doch Mehau war nicht bloß ein erfolgreicher Geschäftsmann, sondern umgab sich jenseits der Legalität gerne auch mit einer Schar übler Krimineller, mit bulligen Samoanern und Japanern, allesamt Kampfsportexperten.

Marsland war dem organisierten Verbrechen auf den Inseln jahrelang ein Dorn im Auge gewesen, was 1975 wohl zur Ermordung seines Sohnes durch Ronnie Ching, einen der berüchtigtsten Killer der Inseln führte.

Als ich bei der Einsatztruppe gegen organisierte Kriminalität anfing, ermittelte Don bereits unermüdlich gegen Ronnie Ching – bis er beweisen konnte, dass dieser tatsächlich für den Mord an Chuckers Marsland verantwortlich war.

Am Ende ging Ronnie Ching als einer der gefürchtetsten Auftragsmörder, die je im Pazifik ihr Unwesen getrieben haben, in die Annalen des hawaiianischen Verbrechens ein. Don konnte ihm vierzehn Morde anlasten; Unter anderem hatte er laut eigenem Geständnis den Staatssenator Larry Kuriyama in seinem Carport in Aiea umgebracht, in Maili Beach einen DEA-Agenten lebendig begraben, einen weiteren Informanten namens Bobby Fukumoto in der Brass Door Lounge am Kapiolani Boulevard mit einer Salve aus einer

M16 durchlöchert und Chuckers Marsland am Straßenrand in Waimanalo ermordet. Schließlich bekam Don aus Ching auch heraus, wo seine Opfer vergraben waren. Er hatte eigenhändig einen Friedhof am North Shore ausgehoben – in Sichtweite der berühmten Wellen, einem Mekka der weltbesten Surfer. Dons Ermittler fuhren dorthin, führten eine Reihe von Exhumierungen durch und gruben Dutzende von Skeletten und verwesten Körpern aus.

Durch die Arbeit am Marsland-Mord und an anderen Fällen des organisierten Verbrechens erlernte ich die Grundlagen der Polizeiarbeit, die einem auf einer Bundesakademie niemand vermitteln kann. Dort demonstrierten sie einem lediglich bei ein paar »praktischen Übungen« mögliche Szenarien und die richtige und die falsche Reaktion darauf. Doch Don brachte mir bei, wie die Arbeit auf der Straße *wirklich* abzulaufen hatte.

Ich war morgens, mittags und abends der junge Grünschnabel der Militärpolizei, der hinter Don herlief. Er war der Boss, verantwortlich für die ganze Abteilung, koordinierte die Ermittler und kümmerte sich um die Arbeit für die Staatsanwaltschaft. Das allein ist ein Vollzeitjob, der den ganzen Tag in Anspruch nimmt, aber er zog zusätzlich noch nachts los und spürte Fällen nach.

Als ich Jahre später ein GS-15 bei der DEA war, wurde mir klar, dass ich mich ganz nach Dons Vorbild entwickelt hatte. Genau wie Don ließ ich mich nicht an den Schreibtisch fesseln. Ich musste immer auch draußen auf der Straße arbeiten.

Durch Don lernte ich viele erfahrene Polizeibeamte und DEA-Agenten kennen. Damals setzte ich mich außerdem zum ersten Mal – persönlich, nicht durch Bücher – mit dem Drogenhandel auseinander. Größere Rauschgiftvergehen waren auf den Inseln an der Tagesordnung.

Bei meinem Dienst in der Abteilung für organisiertes Verbrechen machte ich meine ersten Undercover-Erfahrungen. Aufgrund der vielfältigen und komplexen ethnischen Zusammensetzung der Bevölkerung war Hawaii ein faszinierender Ort für einen verdeckten Ermittler. Don Carstensen wäre sicherlich ein überragender Undercover-Agent gewesen, bloß fiel er auf den Inseln selbst verkleidet immer auf. Er war einfach zu bekannt. Ich erinnere mich an einen Zeitungsartikel, in dem Don als »groß wie ein Haus und Besitzer eines schwarzen Gürtels in Karate« beschrieben wurde. Bei einem solchen Steckbrief ist es sehr schwer, sich unbemerkt in die Drogenszene einzuschleichen.

Was Don mir in Wahrheit beibrachte, waren nicht nur die gute alte Detektivarbeit oder die Tricks der Undercover-Branche. Er lehrte mich die Kunst der Befragung.

Nie übernahm ich allerdings die Gesprächsführung, ich lehnte mich immer nur zurück, sah zu und prägte mir alles ein. Sobald sich die Tür hinter uns schloss, besorgte Don dem Verdächtigen zunächst einmal eine Tasse Kaffee oder eine Dose Cola. Er versuchte zuden grundsätzlich, als Erstes die Herkunft und die kulturelle Prägung des Burschen zu bestimmen: War er Filipino? Fidschianer? Samoaner? Japaner? Chinese? Weißer Amerikaner mit Wurzeln im Süden oder in den Appalachen? War er Soldat, Ex-Häftling oder ein einfacher Zivilist?

Bei jeder Befragung setzte er seine nicht unbeträchtlichen kulturellen Kenntnisse ein. Ich beobachtete stets fasziniert, wie Don alle seine Handlungen mit einer Art kulturellem Filter versah.

Er ging Kriminelle niemals hart an. Trotz seiner enormen körperlichen Präsenz – oder vielleicht gerade deshalb – war Don niemals auf physische Bedrohung aus. Egal worum es ging – ob er mit einem Augenzeugen zu tun hatte oder mit einem mordverdächtigen Mafioso –, fast nie erhob er die Stimme oder verlor die Beherrschung.

Don war außerordentlich begabt darin, eine echte Beziehung zu den Leuten aufzubauen. Gewohnheitsverbrecher sind nicht dumm, sie haben ihr ganzes Leben lang Menschen manipuliert. Sie beobachten die Schwächen – und die Stärken – der Leute um sie herum, um diese zu ihrem Vorteil zu nutzen.

»Du musst sowohl die Stärken als auch die Schwächen herausfinden, Eddie«, schärfte Don mir ein. »Nur eins von beidem reicht nicht aus. Man muss beides kennen. Wenn man zu direkt auf ihre Stärken oder ihre Schwächen abzielt, merken sie genau, was los ist. Sie wissen, dass du sie manipulieren und lenken willst. Schließlich haben sie ihr Leben lang das Gleiche gemacht.«

Sein Trick war es, die Kerle ein paar Minuten lang erzählen zu lassen, ohne ihnen gleich zu Leibe zu rücken. Er brachte ihnen einen gewissen Respekt entgegen, eine Art Anerkennung – beides hatten sie wahrscheinlich in ihrem Leben noch nie erfahren.

Aber er biederte sich niemals an, suchte nach den formbaren Bereichen der einzelnen Menschen, den Schwachstellen in ihrer Persönlichkeit. Und mit der Zeit – im Verlauf von Minuten, Stunden, Tagen – bearbeitete er sie dementsprechend.

Wenn er zum Beispiel einen Samoaner vor sich hatte,

einen dieser zähen Inselbewohner mit sehr speziellen kulturellen Sitten und Regeln, konnte man sicher sein, dass Don sich sowohl mit den traditionellen gesellschaftlichen Erwartungen als auch mit den Tabus auskannte. Es geht nicht bloß darum, sich respektvoll und menschlich zu verhalten. Nein, das ist zu einfach gedacht, das kann jeder halbwegs gut ausgebildete Ermittler. Dons Vorgehensweise war subtiler: Indem er ständig die Stärken und Schwächen einer Person auslotete, gewissermaßen die verborgene Schicht der Persönlichkeit freilegte, machte er Bereiche ausfindig, die der Befragte nicht vollständig unter Kontrolle hatte und die sich noch formen ließen. Jene Teile, die noch nicht durch schlechte Erziehung, die Gesellschaft oder einen Gefängnisaufenthalt verhärtet waren und über die man an die Leute herankam.

Während Don diese formbaren Bereiche ständig bearbeitete, langsam und mit dem Geschick und der Geduld eines Bildhauers, bauten die Kerle, die er befragte, langsam Vertrauen zu ihm auf. Das klingt einfach, ich weiß, doch es ist sehr schwierig, dieses Konzept umzusetzen.

Dons erste Vernehmung verlief immer so harmlos, dass man sie kaum als solche erkannt hätte. Vernehmungen ähneln in vielerlei Hinsicht Theaterstücken, und so betrachtete Don sie auch. Im zweiten oder dritten Akt fing er vielleicht mit der Bearbeitung an.

Ich hätte Don Carstensen niemals einfach kopieren oder nachahmen können. Das hätte für mich nicht funktioniert. Trotzdem stellte ich zu einem viel späteren Zeitpunkt meiner Laufbahn fest, dass ich viele der Fähigkeiten, die er bei seinen Vernehmungen einsetzte, auf meine Undercover-Arbeit übertragen hatte.

Das war Dons persönliches Geschenk an mich: Mir beizubringen, wie man Befragungen durchführt und wie man
dies dann mit der Undercover-Arbeit verbinden und darauf
zuschneiden kann.

Jahre später, als ich als verdeckter Ermittler mit mexikanischen, thailändischen und afghanischen Drogenhändlern
zu tun hatte, griff ich jedes Mal instinktiv auf seine Grund-
prinzipien zurück: eine Beziehung aufbauen und menschlich reagieren, um der Zielperson das zu entlocken, was man
braucht, was man will – und das so geschickt und subtil,
dass die Person es noch nicht einmal *bemerkt* …

Und nun war ich wieder zurück auf diesen Inseln, nicht als
einundzwanzigjähriger Militärpolizist, sondern als DEA-
Spezialagent der Stufe GS-11 – nach der Ermittlung gegen
das Essell-Syndikat war ich, wie gesagt, befördert worden. Mein Chef war jetzt ein anderer, Assistant Special
Agent in Charge Joe Penda im Federal Building mitten in
Honolulu.

Aus Sicht der Ermittler war ein neues Gesicht immer von
Vorteil. Zudem kannte ich Hawaii gut, aber die bösen Jungs
kannten mich nicht. Ich konnte weiterhin Eddie McKenzie
darstellen, den Drogengroßhändler und Geldkurier, der in
Los Angeles und Las Vegas tätig war.

In Hawaii brachte ich schnell ein paar ordentliche Fälle
zum Abschluss. Niemals Heroin oder Kokain, meistens
Crystal Meth oder Marihuana. Meine Zielpersonen spiegel-
ten stets die bunt gemischte Gesellschaft Hawaiis wider:
Sie waren Filipinos, Samoaner, Fidschianer, hawaiianische
Ureinwohner und Jamaikaner. Aus irgendeinem unerfind-
lichen Grund – dahinter steckte keine Absicht – hatte ich

bei meinen Einsätzen mit jeder größeren ethnischen Gruppe der Inseln zu tun, nur nicht mit Weißen.

Mein erster Undercover-Fall in Honolulu brachte mich zum ersten Mal während meiner Tätigkeit wirklich mit Meth in Berührung. Ich gehörte zur Sondereinheit »Ice«, einer Gruppe von DEA-Spezialagenten, die sich ausschließlich mit der um sich greifenden Crystal-Meth-Krise befasste.

Es war eine durch und durch verstörende Erfahrung. Ich hatte das Gefühl – und habe es bis heute noch –, dass Methamphetamin das dreckigste Geschäft der Drogenbranche überhaupt ist.

Gras ist eine Partydroge. Ganz ehrlich, mir wäre es völlig egal, wenn die Regierung Marihuana in jedem einzelnen US-Bundesstaat legalisieren würde. Aber nicht Meth und Heroin – deren Auswirkungen auf die Süchtigen sind schlimmer.

Diese beiden Drogen rauben ihnen die Seele.

Nur wenige Wochen nach meiner Versetzung nach Hawaii war ich an einem Crystal-Meth-Dealer namens Nanoy dran, einem jungen Filipino, klapperdürr, ausgemergelt, etwa fünfundzwanzig Jahre alt. Er hatte eingewilligt, mir ein Pfund reines Crystal Meth zu verkaufen.

Da ich ihn hochnehmen wollte, hatte ich natürlich die übliche Verstärkung der DEA an meiner Seite: Ein Großteil der Sondereinheit »Ice« observierte die Aktion.

Wir fuhren zum Parkplatz eines Einkaufszentrums, wo die Übergabe zwischen mir und Nanoy stattfinden sollte: 40 000 Dollar gegen ein Pfund Crystal Meth. Nanoy kam ganz locker zu meinem Acura hinübergeschlendert. Das Pfund Meth hatte er in einer kleinen Tasche dabei.

Wenn während einer solchen Transaktion eine Festnahme stattfinden soll, verabredet man immer ein Zugriffssignal. In diesem Fall sollte das Observationsteam in dem Augenblick zugreifen, wo ich den Kofferraum meines weißen Wagens öffnete.

Ich hielt mich an das verabredete Zeichen, nur war von meinem Team nichts zu sehen.

Erneut machte ich den Kofferraum auf und zu.

Und noch einmal.

Insgesamt öffnete und schloss ich den Kofferraum fünfmal und murmelte dabei die ganze Zeit Entschuldigungen in Nanoys Richtung.

Nichts.

Kein Zugriff: Keine DEA-Windjacken, keine gezogenen Waffen, kein Zuruf: *Keine Bewegung, du Arschloch.*

Bloß ich, der wie ein Idiot den Kofferraum auf- und zuklappte.

Das ist der Augenblick, vor dem sich ein verdeckter Ermittler am meisten fürchtet: Wenn er bemerkt, dass die Verstärkung nicht mehr da ist. Wir verwenden die Formulierung »im Auge haben«. Als mir klar wurde, dass das nicht länger geschah, lief mir ein eiskalter Schauer den Rücken hinunter.

Mal wieder war ich auf mich allein gestellt.

Ich ging im Kopf eine Reihe von Szenarien durch. Wir hatten die 40000 Dollar bereits gegen das Pfund Ware eingetauscht, und ich würde möglicherweise hart zupacken müssen, um ihn zu verhaften, was aber, wenn Nanoy sich wehrte?

Allerdings war Nanoy vom Meth zerfressen, er hatte schlechte Zähne, winzige, stecknadelkopfgroße Pupillen und konnte kaum mehr als 60 Kilo wiegen.

Bei den Marines hatte ich regelmäßig geboxt, war zwar nicht der beste Techniker, hatte jedoch eine starke rechte Gerade. Ein Schlag meiner rechten Hand – falls er Widerstand leistete – könnte ihn umhauen. Welche Optionen gab es noch?

Ich dachte an meinen alten Mentor und daran, dass Don Carstensen niemals seine Größe oder seine Kraft als Einschüchterungsmittel einsetzen und bei Festnahmen übertrieben hart vorgehen würde. Lange und ernsthaft begann ich darüber nachzugrübeln, wie ich den Jungen, moralisch gesehen, am besten verhaften konnte.

Immerhin hatte ich, wie bei Don gelernt, eine echte Bindung zu ihm aufgebaut: Ich *kannte* diesen Nanoy nach einem Monat verdeckter Ermittlung. Wir waren keine Freunde, doch wir hatten eine *menschliche* Beziehung – auf gar keinen Fall konnte ich ihn einfach niederschlagen.

Ich zog meinen .38er, erklärte ihm, er sei verhaftet, drehte ihn vorsichtig mit dem Rücken zu mir und legte ihm Handschellen an.

Mir war keine andere Wahl geblieben, als gegen eine der grundlegenden Undercover-Regeln zu verstoßen: Die Festnahme wird *nie* von dem verdeckten Ermittler durchgeführt.

Warum nicht?

Weil man emotional und persönlich nicht darauf vorbereitet ist. Man steckt zu tief drin, ist dem Typen mittlerweile *menschlich* zu nahe gekommen. Die Verteidiger stellen sonst später während des Prozesses die Glaubwürdigkeit des Ermittlers infrage.

Nachdem ich Nanoy in Handschellen in den Acura verfrachtet hatte fuhren wir ein Stück weit bis in ein Viertel mit unscheinbaren Einfamilienhäusern in einem Vorort von

Honolulu. Hier, in der Nähe von Pearl Harbor, lebte eine Gruppe Filipinos, und in einem der Häuser hatte Nanoy sein Vorratslager.

Die »Ice«-Sonderheit aus Honolulu bestand aus zuverlässigen Agenten, aber an jenem Abend verhielten sie sich – warum auch immer – wie die Truppe aus *Police Academy*.

Sie hatten mich aus den Augen verloren – allein das war schon eine Riesenkatastrophe. Und als sie jetzt auf den Ort des Geschehens zustürmten, um das Vorratslager zu suchen, steuerten sie allen Ernstes das *falsche* Haus an.

Ohne Durchsuchungsbefehl – auf der Basis der Informationen, die ich von Nanoy hatte – verschafften sie sich Zutritt zu dem Haus neben jenem, in dem sich Nanoys Vorratslager befand.

Ich drehte durch.

»Was zum Teufel – *stopp*! Das ist das *falsche* Haus! Es ist das daneben! Scheiße! Die Drogen sind im Haus nebenan! In dem Haus da drüben, nicht in *dem*!«

Sie stürmten das *falsche* Haus und stolperten mitten in ein skurriles philippinisches Hahnenkampfspektakel. Überall auf dem Boden waren Geld und Blut und Federn verteilt. Die Beamten hielten alle Anwesenden im Haus fest, da es sich schließlich ebenfalls um einen Tatort handelte. Dann riefen sie die Polizei von Honolulu, die die Beteiligten wegen illegalen Glücksspiels und Tierquälerei festnahm. Die Kampfhähne trugen allesamt auf den Krallen gefährliche, rasiermesserscharfe Sporne, und allein das fällt bereits in die Kategorie »geringfügiges Vergehen«.

Ich war so wütend, dass ich kaum einen zusammenhängenden Satz herausbrachte.

»Wollt ihr mich *verarschen*? Ihr wart im *falschen* Haus?«

Ich hatte gerade ein Pfund Meth gekauft und Nanoy selbst festnehmen müssen, ohne ihm dabei ein Haar zu krümmen. Zum Glück fanden in dem falschen Haus illegale Aktivitäten statt, genauso wie in dem *richtigen*, wo wir mehr Meth entdeckten als erwartet. Insgesamt war es ein sehr erfolgreicher Undercover-Einsatz. Der junge Nanoy wurde festgenommen, legte, um Strafmilderung zu erhalten, ein Geständnis ab und wurde zu zehn Jahren Gefängnis verurteilt.

Jahre später bekam die Welt dieses superreine Crystal Meth in der erfolgreichen Serie *Breaking Bad* zu sehen. Das Meth allerdings, das Nanoy verkaufte, wurde nicht in Amerika produziert. Nicht in Hawaii oder in einem anderen Staat. Er dealte mit reinem, in Nordkorea hergestelltem Methamphetamin.

Zu diesem Zeitpunkt befanden wir uns gerade auf dem Höhepunkt einer der größten Drogenkrisen in der Ära des Drogen-Terrorismus. Klar, die nukleare Bedrohung durch Nordkorea ist natürlich bekannt, aber kaum jemand weiß, wie diese skrupellose Diktatur zu einem der bedeutendsten Methamphetaminproduzenten weltweit wurde. Es hat nichts mit den primitiven Experimenten mit Nasenspray zu tun, für die kriminelle Motorradgangs in den USA regelmäßig verhaftet werden, und auch nichts mit der ausgeklügelten Reagenzglas-Alchemie, die Walter White in *Breaking Bad* so erfolgreich betreibt.

Nordkorea unterscheidet sich in dieser Hinsicht heutzutage von allen anderen Ländern der Welt: In dem kommunistischen Land werden industriell und unter Aufsicht des Staates Unmengen von Meth allerhöchster Qualität produziert. Die Tarnung ist perfekt: normal aussehende Pharmabetriebe, die angeblich legale Medikamente herstellen. Doch im Geheimen erzeugen sie massenweise extrem gutes Meth, dass dann nach Thailand, Kambodscha, auf die Philippinen, nach Laos, Japan und Australien geliefert wird.

Vor Kurzem veröffentlichte der Recherchedienst des US-Kongresses, der die Senatoren und Abgeordneten mit Informationsmaterial versorgt, einen vierzehnseitigen Bericht mit dem Titel »Profitorientierte Verbrechen Nordkoreas«. Dort heißt es, das Land produziere und schmuggele – neben Heroin, Falschgeld und Zigaretten – große Mengen Metamphetamin: »Die maximale Produktionskapazität Nordkoreas liegt bei schätzungsweise 10 bis 15 Tonnen qualitativ extrem hochwertigen Methamphetamins für den Export.«

Während Drogenmissbrauch für die eigenen Bürger mit drakonischen Strafen belegt wird, produziert man fleißig für den Export. Im März 2002 kündigte Kim Jong-Il im üblichen übertriebenen Stil an, dass jeder Nordkoreaner, den man beim Konsum von illegalen Drogen erwische, »durch ein Erschießungskommando hingerichtet« würde. Am profitabelsten ist die Ausfuhr des Rauschgifts nach Japan, wo der Konsum von Amphetamin und Methamphetamin seit dem Ende des Zweiten Weltkriegs weitverbreitet ist. Obwohl Heroin in Japan keine große Rolle spielt, gibt es dort etwa 600000 Amphetamin- und Methamphetamin-Süchtige und mehr als zwei Millionen Gelegenheitskonsumenten. Die japanische Mafia arbeitet beim Schmuggel und Vertrieb dieses qualitativ hochwertigen Crystal Meth in Japan eng mit der Regierung Nordkoreas zusammen.

Die üblen Auswirkungen auf die Bevölkerung sind überall auf den pazifischen Inseln und bis hinunter nach Australien und Neuseeland nicht zu übersehen.

Nordkoreas Verbindungen zu von Chinesen betriebenen kriminellen Netzwerken außerhalb Asiens wurden durch zwei US-amerikanische Operationen mit den Codenamen »Smoking Dragon« und »Royal Charm« aufgedeckt. In Atlantic City, Los Angeles, Las Vegas, Chicago und Philadelphia wurden neunundfünfzig Mitglieder eines chinesischen Verbrechersyndikats festgenommen, und die DEA und das FBI beschlagnahmten ein halbes Kilogramm Crystal Meth, 36 000 Ecstasypillen sowie gefälschte Zigaretten und Medikamente, dazu 4,5 Millionen Dollar in Supernoten – alles hergestellt in Nordkorea.

Wer verstehen will, wie solch ein isolierter Schurkenstaat heutzutage eigentlich ökonomisch überleben kann, der muss in Betracht ziehen, dass ein Großteil der nordkoreanischen Wirtschaft durch illegale Drogen finanziert wird – über einen Korridor, der nördlich des 38. Breitengrads beginnt und bei den Abhängigen in den demokratischen Staaten des Südpazifiks und in den USA, vor allem in unserem kleinen Inselparadies Hawaii, endet.

Ich verhielt mich zu dieser Zeit in Hawaii fast wie ein Raubtier in der Serengeti: immer auf der Suche nach einem neuen Opfer. Die anderen DEA-Agenten in Honolulu waren in der Verbrecherszene bekannt, für sie war es so gut wie unmöglich, sich erfolgreich in eine kriminelle Organisation einzuschleichen. Doch ich war ein neues Gesicht. Die Verbrecher sahen mich nie kommen.

Nur ein paar kurze Wochen nach der Festnahme von Nanoy war ich schon wieder undercover in einem Fall mit jamaikanischen Großhändlern tätig.

Ich hatte Janice dabei, eine wunderschöne junge Hawaiianerin, die bei der Polizei von Honolulu arbeitete und unsere DEA-Sondereinheit unterstützte. Sie war mit einem meiner früheren Partner in LA zusammen und trotz ihrer exotischen Mischung aus portugiesischen und hawaiianischen Wurzeln, genau wie meine Freundin Desiree, eine *tita* – ein knallhartes Inselmädchen.

Eines Abends waren wir zusammen im Einsatz, Janice spielte wie üblich meine Freundin. Wir wollten uns in einer Pizzeria ganz in der Nähe der University of Hawaii mit ein paar jamaikanischen Grasverkäufern treffen.

Als ich nach Hawaii kam, befand sich die Grasszene gerade im Umbruch, war Lichtjahre entfernt von den Zeilen, als ich mich zum ersten Mal auf der Insel aufhielt. Inzwischen lieferten uns Flugzeuge aus der Luft aufgenommene Infrarotbilder, auf denen sich aus großer Höhe unterschiedliche Grüntöne unterscheiden ließen, die es der DEA erlaubten, die Gebiete aufs Korn zu nehmen, wo Marihuana angebaut wurde.

Der Kahlschlag war so erfolgreich, dass die großen Grasanbauer bald in »Vulkanschächte« – eigentlich Lavaröhren – auswichen und diese großflächig nutzten. Eine ausgesprochen clevere Idee. Die Anbauer wussten, dass unsere Flugzeuge keine Infrarotbilder vom Inneren der Vulkanschächte machen konnten, und über das Stromnetz konnten wir sie ebenfalls nicht erwischen, da die Elektrizität von Dieselgeneratoren erzeugt wurde. Unsere DEA-Leute führten eine einzige Razzia durch, bei der sie 20 000 Pflanzen fanden – alle unter Wachstumsleuchten herangezogen. Die Technik war genial: Die Lavaröhren absorbierten die gesamte Energie dieser Lampen. Wir hätten sie nie erwischt, wenn es nicht zu einem Streit gekommen wäre:

Weil einer der Anbauer sauer auf seine Freundin war, kam er zu uns, verriet alles und gab die ganze Gras-im-Vulkanschacht-Sache auf.

Es war ein milder Sommerabend auf der Insel, und Janice und ich hatten uns schon ein paarmal undercover mit den jamaikanischen Grasgroßhändlern getroffen.

»Los geht's«, sagte Janice, als wir vor Ort eintrafen.

Ja, sie war furchtlos: zierlich, sehr feminin, aber außerdem eine unerbittliche *tita*.

Wir betraten die unscheinbare Pizzeria. Aus irgendeinem Grund finden sehr viele der umfangreicheren Großhandelsdeals in billigen kleinen Pizzerien statt. Wir bestellten eine Pizza, Bier und Cola und quatschten ganz entspannt mit den Jamaikanern – alles harte Kerle mit Dreadlocks.

Wir saßen da und aßen unsere Pizza, als ein DEA-Agent, den ich sehr gut kannte, Marty Dundas, laut rufend und lachend hereinplatzte. Dundas war ein Schreibtischbeamter und, ehrlich gesagt, nicht unbedingt der Hellste.

»He, Ed!«, rief er, als er mich sah.

Ich ignorierte ihn komplett.

»Ed, du hast dich bei mir im Büro wohl für einen total tollen Kerl gehalten, oder?«

Ich sah ihn scharf an.

»*Eddie!*«

»Wer zum Teufel sind Sie?«

Dundas war einfach so dumm, so schwer von Begriff – er verstand nicht, dass Janice und ich undercover unterwegs waren.

Er kam an unseren Tisch.

»He, rutsch rüber, ich setze mich zu euch.«

Ich musste etwas – irgendetwas – tun, oder die Jamaikaner würden jeden Augenblick bemerken, dass ich ein DEA-Agent war.

Schlagen wollte ich Dundas nicht. Stattdessen legte ich ihm beide Hände auf die Brust und stieß ihn so hart an, dass er von der Bank fiel. Eine sehr effektive Kampf- und Selbstverteidigungstechnik, wie ich gelernt hatte. Einer der besten Ansatzpunkte für die Hebelwirkung bei Menschen befindet sich mitten auf der Brust.

Dundas fiel auf den Linoleumboden. Ich zog ihn ein Stück weit weg und brachte mein Gesicht ganz nah an seines, sodass ihm die Speicheltropfen ins Gesicht spritzten, als ich flüsterte:

»Du Saftsack. Du blödes Arschloch. Verschwinde. Siehst du nicht, dass ich im *Einsatz* bin?«

Janice blieb ganz cool, auch sie wäre jederzeit bereit gewesen, auf Marty einzuprügeln. Beide waren wir außer uns vor Wut: Würde dieser *Idiot* unsere wochenlange Undercover-Arbeit zunichtemachen?

Der Stoß gegen die Brust hatte ihn so durcheinandergebracht, dass er nicht einmal mehr wusste, welchen Wochentag wir gerade hatten.

Die Jamaikaner starrten natürlich zu uns herüber, besorgt, aber vor allem verwirrt. Schließlich lächelten sie. Mein Verhalten bewies den Dealern, dass ich ihnen nichts vormachte. Sie gingen davon aus, dass kein Cop einen Kollegen in aller Öffentlichkeit so fertigmachen würde.

Nach einer Weile fiel bei Dundas endlich der Groschen, er stemmte sich hoch und verschwand.

Später wurde er wegen des Vorfalls fast gefeuert. So ein Vollidiot.

Ich setzte mich in aller Ruhe wieder zu den Jamaikanern, als sei nichts passiert.

Wir machten den Grasdeal in dieser schmierigen kleinen Pizzeria fest.

Drei Tage später überreichten sie uns in einem Park in Honolulu knapp 5 Kilo Gras und erhielten dafür 50 000 Dollar von mir. Kein großer Fall, aber es war eine gute Undercover-Operation samt Festnahme beim Kauf.

Danach holten wir uns Durchsuchungsbefehle und fanden 20 Kilo qualitativ hochwertiges Gras.

Die Jamaikaner sah ich nie mehr wieder.

Natürlich kamen sie vor Gericht. Wir hatten sie auf frischer Tat ertappt. Alle drei gestanden den Drogenbesitz und die Absicht zu verkaufen, also einen Verstoß gegen Paragraf 841 US-Bundesgesetzbuch. Sie kamen für lange Zeit ins Gefängnis.

Doch die Arbeit war nicht mein einziger Zeitvertreib. Zwischen meinen ganzen Undercover-Einsätzen widmete ich mich noch einem anderen großen Ereignis: meiner bevorstehenden Hochzeit mit Desiree England. Meine Zukünftige hatte chinesische, hawaiianische und europäische Wurzeln. In Hawaii spricht man ganz respektlos von »chinesischem Menü«, wenn jemand so gemischter Herkunft ist. Geplant war eine idyllische Feier auf einer Orchideenfarm, die ihrem Großvater gehörte. Die Aussicht von dort war fast unwirklich – im Hintergrund Vulkane, der berauschende Duft der Orchideen. Es war wie ein tropischer Traum.

Es kam anders. Während wir die Hochzeit planten, begann der Job mein Leben komplett zu bestimmen. Ich sollte innerhalb eines Jahres zweimal den Dienstort wechseln – das kam bei einem jungen DEA-Agenten so gut wie nie vor.

Als Erstes stand fast ein Jahr lang Sprachunterricht in Arlington (Virginia) an, dann würde ich nach Übersee versetzt werden.

Sie sagte:»Wenn das das Leben ist, das mich erwartet, Eddie, dann schaffe ich das nicht.«

Ich hatte das Gefühl – und habe es *nach wie vor* –, Desiree im Stich gelassen zu haben. Wir liebten einander sehr, und sie erwartete von mir, ihr Ehemann zu sein. Stattdessen flog ich aufs Festland und danach wer weiß wohin, und selbst als ich in Honolulu mit ihr zusammenlebte, war ich abends kaum zu Hause: Wenn ich nicht schlief, war ich fast immer undercover unterwegs, um in Meth- und Grasfällen zu ermitteln. Letzten Endes hatte sie wohl recht. Unter diesen Bedingungen wäre es unmöglich gewesen, eine Ehe zu führen. Wenn man sich bei Polizisten umhört – egal ob sie auf Bundesebene, für den Einzelstaat oder die örtliche Behörde arbeiten –, gibt es eine Konstante: Fast alle haben eine Scheidung, eine Trennung oder harte Zeiten in ihrer Ehe hinter sich.

Die Anforderungen des Jobs und die Ansprüche an einen aufmerksamen und liebenden Ehemann lassen sich – vor allem wenn man undercover arbeitet – einfach nicht miteinander vereinbaren.

KAPITEL 5

DAS GOLDENE DREIECK

Etwa einen Monat nach meinem letzten großen Einsatz in Hawaii war ich wieder in LA und sagte in mehreren Prozessen rund um den Essell-Fall als Zeuge aus, als ich einen unerwarteten Anruf aus Übersee erhielt. Am Telefon war Spezialagent Mike Bansmer, ein GS-14 in Thailand. Ich kannte seinen Namen und seinen Ruf. Er war der Regionalverantwortliche für Songkhla im Süden Thailands und bekämpfte dort seit 1980 die Shan United Army. Mike hatte Erkundigungen eingezogen. Er wusste, dass ich sechs Monate lang erfolgreich in Hawaii ermittelt hatte – immer in Meth- oder Grasfällen. Außerdem hatte er davon gehört, welch eine Leistung die Unterbindung des Heroinimports durch das Essell-Syndikat gewesen war. Noch wichtiger war indes, dass ich in Thailand gewesen war, wenn auch nur kurz, und mit Rudy Barang in Bangkok den Geldkurierauftrag erledigt und auf diese Weise dazu beigetragen hatte, Ling Ching Pan, den Cheflogistiker der Shan United Army, auszuschalten.

Ich bereitete mich gerade auf einen langen Tag mit Zeugenaussagen und Kreuzverhören im Zuge der Essell-Verhandlungen vor, als der Anruf aus Thailand im Büro der Gruppe vier einging.

»Ed«, sagte eine Stimme, »hier ist Mike Bansmer. Du weißt, wer ich bin?«

»Klar weiß ich das, Mike«, sagte ich.

Bansmer war weithin als beinharter Agent bekannt.

Er erklärte mir, dass er meinen Namen auf einer Liste mit Spezialagenten gesehen habe, die an einer Versetzung nach Übersee interessiert seien. Nach dem Erfolg im Essell-Fall war ich befördert worden und hatte um eine Stationierung außerhalb der Staaten gebeten, dabei jedoch mit dem Nahen Osten gerechnet. Oder darauf gehofft, denn offen gestanden, wollte ich wieder mit Danny Habib zusammenarbeiten, Arabisch lernen und einen Posten in Kairo bekommen.

Seit meinem einmonatigen Aufenthalt dort während der Berro-Ermittlung hielt ich den Nahen Osten für das Zentrum des Geschehens.

Jetzt aber machte Mike Bansmer mir einen Vorschlag, der mich umhaute.

»Ed, hättest du Lust, an einem Ort zu leben, wo man ohne Thai-Kenntnisse nicht einmal etwas zu essen bestellen kann?«

»Wie bitte?«

»Hättest du Lust, an einem Ort zu leben, wo du ständig vor Kobras davonlaufen musst?«

Ich lachte laut.

»Äh ..., ich weiß nicht, Mike.«

»Hör mal, ich habe mich über dich erkundigt, Ed. Es heißt, du hättest richtige Eier in der Hose.«

»Die haben in letzter Zeit ein paar ordentliche Tritte abge-
kriegt, Mike.«

»Mach dir nichts draus«, meinte er. »Ich kümmere mich
darum. Ich rufe in der Zentrale an, sage denen dort, dass ich
dich will, und du kommst her. Ich lebe im südlichen Teil von
Thailand, in Songkhla. Es wird dir hier gefallen. Doch eines
sage ich dir jetzt schon – wir sind hier die einzigen Weißen
meilenweit.«

Ich ließ Desiree in Hawaii zurück und wurde in die Zentrale
nach Arlington versetzt, um dort einen Thai-Intensivkurs zu
absolvieren. Fließend Thailändisch zu lernen, war eine der
schwierigsten Aufgaben, die ich je meistern musste. Es ist
nicht wie bei einer romanischen Sprache – man müht sich mit
Spanisch oder Französisch oder Italienisch ab, aber wenigstens sind die Wörter im lateinischen Alphabet geschrieben.

Wenn man Thailändisch schreiben lernen will – und sich
nicht mit ein paar nachgesprochenen Gesprächssätzen
begnügt –, hat man es mit einer Schrift zu tun, die Elemente
des Pali, des Sanskrit, des Kambodschanischen sowie chinesischer Schriftzeichen vereint. Und die Namen! Die meisten
Thais werden bei einem Spitznamen gerufen, da die offiziellen Namen nahezu unaussprechlich sein können: fünfzig
oder sechzig Buchstaben, alle aneinandergereiht.

Meine Lehrerin war Oberleutnant bei der thailändischen
Armee. Sie hieß Boonkock und hatte einen Doktortitel in
thailändischer Sprachwissenschaft. Ihr Spitzname lautete
Sya, Tiger.

Oft rief ich Sya an und sagte ihr, dass ich mit dem Vokabular zu kämpfen hätte. Auf Thailändisch heißt »Vokabular«
khamsap.

»Sya, ich brauche Hilfe.«

»Was ist los?«

»Ich habe Probleme mit unserem *khamsap*.«

»*Ma pen rai*«, sagte sie dann. »Mach dir keine Sorgen. Ich helfe dir.«

Trotz ihres vollen Terminplans nahm sie sich immer Zeit und traf sich in verschiedenen Cafés in Georgetown mit mir. Ihre Unterrichtsmethode bestand darin, sich ausschließlich auf Thai mit mir zu unterhalten.

»Khun Ed, ich werde nie wieder ein Wort Englisch mit dir sprechen.«

Binnen Wochen verbesserte sich mein Wortschatz merklich. In Syas Gegenwart war ich voll und ganz in das Thailändische vertieft. Englisch war nicht erlaubt.

Ironischerweise wurde mein Thailändisch so fließend, dass ich später, während meiner Tätigkeit als verdeckter Ermittler im mexikanischen Juárez, die Schwergewichte der dortigen Kartelle aus Versehen auf Thai ansprach.

Zum Glück hatten die keine Ahnung von der Sprache. In ihren Augen war ich einfach ein verrückter Gringo, der sich gelehrt ausdrückte.

Der Intensivsprachkurs sollte eigentlich dreizehn Monate dauern, doch ich schloss ihn schon nach sieben Monaten ab. So hart der Unterricht auch war, ich wollte unbedingt zurück an die Arbeit, nach Thailand fliegen und gemeinsam mit Mike Bansmer Jagd auf Khun Sa machen.

Also flog ich schnellstmöglich nach Bangkok, um meinen Posten bei Mike Bansmer in Songkhla anzutreten.

Nachdem ich bereits einmal am Don-Mueang-Flughafen gewesen war – damals mit Rudy Barang beim Ling-Ching-

Pan-Fall, als wir die 500 000 Dollar ins Land brachten –, erkannte ich alles gleich wieder und fühlte mich etwas weniger orientierungslos.

Mein neuer Chef, Mike Bansmer, holte mich persönlich ab. Selbst auf den ersten Blick erkannte ich, dass Mike genauso war, wie ich ihn mir vorgestellt hatte.

Er fuhr mich direkt zum DEA-Büro in der US-Botschaft in Bangkok, wo wir den Landesattaché, Don Ferrarone, und seinen Stellvertreter, Don Sturn, trafen. Die Verwaltung hatte gerade einen neuen Geländewagen für uns angeschafft: einen fabrikneuen Toyota Land Cruiser. In Thailand fährt man natürlich links wie in Großbritannien. Der Fahrersitz befand sich auf der rechten Seite, Mike saß am Steuer.

Von Bangkok aus mussten wir 450 Kilometer Richtung Süden fahren, bis wir Songkhla erreichten. Ich wartete noch darauf, dass mein vertrauter .38er-Revolver aus dem Hauptquartier eintraf, doch als ich ins Auto stieg, starrte Mike Bansmer mich an. Er zog eine 9-mm-Beretta 92 hervor und hielt sie mir unter die Nase.

»Ohne die hier gehst du *nirgendwo* hin, klar?«

»Ja, Sir.«

Bald erkannte ich draußen nur noch Schemen und Umrisse, denn wir waren sehr schnell unterwegs. Mike war ein schneller und versierter Fahrer. Der Verkehr in Bangkok ist wahnsinnig. Während der Jahre, die ich dort verbrachte, kamen Tausende bei Autounfällen ums Leben oder wurden schwer verletzt.

In Thailand gab es Fahrzeuge, die *sip-laas* hießen – kürzere Versionen unserer Sattelzüge mit zehn statt achtzehn Rädern. Mike erklärte mir, dass fast alle *Sip-laa*-Fahrer auf Meth seien, das von ihnen *jaa-maa* genannt werde – wörtlich übersetzt »verrückte Medizin« – und sie stundenlang wach hielt.

Was als Nächstes geschah, werde ich mein Leben lang nicht vergessen.

Mike überholte gerade einen *sip-laa*, als ein weiterer uns auf der schmalen Landstraße entgegengerast kam, direkt auf der Mittellinie. Es gelang Mike gerade noch, auszuweichen und einen Frontalzusammenstoß zu vermeiden, aber wir vernahmen einen Schlag und ein lautes Knirschen, als der *sip-laa* unseren Außenspiegel abschlug.

Ich konnte in das Gesicht des Fahrers – spärlicher Kinnbart, etwa Anfang zwanzig – blicken: breites Grinsen, weit aufgerissene Augen, total high von der verrückten Medizin. Mike zuckte nicht einmal zusammen. Er lebte seit einem Jahrzehnt in dem Land und wusste, dass man jedes Mal, wenn man sich in Thailand hinters Steuer setzte, sein Leben riskierte.

Wir hielten nicht an, um den Schaden am Land Cruiser zu begutachten, sondern fuhren einfach weiter. Auf halbem Weg nach Hat Yai – ich nickte gerade ein – schloss Mike näher zu zwei Kleinbussen auf.

»Ed«, sagte er, »bei den beiden Kerlen ist irgendetwas faul.«

»Hä?«

»Der Wagen ist *faul.*«

Er meinte, dass einer der Busse mit Drogen beladen war. Wir folgten den beiden Fahrzeugen etwa 100 Kilometer weit. Mike beharrte darauf, dass der graue Kleinbus Rauschgift transportierte. Wie ich in den folgenden Monaten noch feststellen sollte, hatte Mike einen sechsten Sinn für kriminelle Thailänder.

157

»Warte nur ab«, sagte er. »Ich garantiere dir, dass bei diesem Kerl was faul ist.«

Wir taten nichts weiter, als das Fahrzeug unserem Pendant bei der thailändischen Polizei, dem Office of the Narcotics Control Board (ONCB), zu melden.

Und tatsächlich: Die Kollegen führten innerhalb der nächsten vierundzwanzig Stunden eine Razzia durch und entdeckten hundert Einheiten Heroin. Genau in dem grauen Kleinbus, den Mike als »faul« bezeichnet hatte.

Schließlich erreichten wir unser Ziel. Ich hatte alles über Songkhla gelesen, was ich finden konnte, weshalb Mike mich gern scherzhaft »Eddie den Akademiker« nannte. Songkhla gehört zu den südlichen Provinzen oder *changwat*. Es ist ein optimales Territorium für den Heroinschmuggel, direkt am Meer gelegen und im Süden an die malaiischen Bundesstaaten Kedah und Perlis angrenzend.

Sobald wir in Songkhla waren, suchte ich mein neues Zuhause auf. Völlig erschöpft zog ich mich aus und aß eine Schüssel Nudeln, die meine Hausangestellte mir schnell zubereitet hatte. Ich war gut untergebracht in einem durchaus annehmbaren, zweistöckigen Haus. Als ich hereinkam, glitt gerade eine grüne Schlange über den Boden – kein Grund zur Sorge. Die Art war nicht giftig.

Ich hatte einen Jetlag, fühlte mich verwirrt und gereizt. Mit Mikes 9-mm-Beretta in der Hand schlief ich ein. In der anderen hielt ich mein Cold-Steel-Faustmesser.

Bei Sonnenaufgang schlug ich plötzlich die Augen auf.

Mike stand in meinem Schlafzimmer, doch im ersten Augenblick erkannte ich ihn nicht. Nur die Silhouette seiner Schultern zeichnete sich gegen die Sonne ab. Mike gehört übrigens zu den Männern, deren Körper vollständig von dichtem Haar bedeckt ist. Meine Reaktion erfolgte blitzschnell.

Ich setzte mich mit nacktem Oberkörper auf, zielte mit der Beretta und hätte fast abgedrückt – solch einen Schrecken hatte er mir eingejagt.

»Eddie, ich bin's – Mike.«

»Was zum Teufel ist los?«, sagte ich, als ich langsam klar denken konnte.

»Wir gehen laufen«, erklärte er. »Sieh zu, dass du hochkommst.«

Draußen war es taghell. Ich zog meine Shorts an, und wir joggten 10 Kilometer über den weißen Sandstrand.

Mike ist ein erfahrener Langstreckenläufer. Er war unglaublich – und wird es wohl immer bleiben. Damals war er fünfzig und ich zweiunddreißig, aber Mike war körperlich in absoluter Topform.

Er hatte nicht bloß Kondition, sondern auch Sinn für Humor.

Eines Morgens gingen war nach dem Laufen im Meer vor Songkhla schwimmen. Als Mike wieder herauskam, war sein Körper von ausgelaufenem Erdöl bedeckt, das von seinem Hals abwärts sofort Teerklumpen bildete. Am ganzen Körper, überall in der ungewöhnlich dichten Behaarung, die wie ein affenähnliches Fell wirkte, setzte sich das Öl fest.

Wir gingen zu Mikes großem Haus, und ich sah erstaunt zu, wie er seinen Körper mit unverdünntem Petroleum wusch.

»Verdammt, Mike«, meinte ich, »mit dem Zeug bringst du dich doch um.«

Er zuckte mit den Schultern und rieb sich weiter ab.

»Scheiß drauf, Eddie, an *irgendetwas* stirbt man eh.«

Unsere Dienststelle befand sich in einem riesigen alten Haus in einer Sicherheitszone. Ich bemerkte sofort, dass ich das kleinste Büro in dieser DEA-Niederlassung hatte – nur einen Schreibtisch und einen Stuhl –, und ging hinüber zu Mike, um Stunk zu machen.

»Also, Mike, so läuft das nicht. Ich brauche einen Computer und alles mögliche andere. Schließlich muss ich hier arbeiten können.«

Mike sagte: »Okay«, und gab noch am selben Tag Order, alles zu erledigen.

Außerdem stellte ich fest, dass wir größere Ermittlungsprobleme hatten.

»Wir können nur herausfinden, was diese thailändischen Kriminellen vorhaben, wenn wir uns zuverlässige Informanten beschaffen. Oder wenn wir ihre Kommunikation abhören. Allein auf der Straße schaffen wir das nicht.«

»Da hast du wohl recht«, antwortete Mike.

Ich bekam einen günstigen PC, und wir starteten ein brandneues »Programm zur Strafverfolgung und Informationsbeschaffung« – das im Laufe der Zeit bedeutende Auswirkungen auf unsere Ermittlungen gegen die Shan United Army haben sollte.

Nach ein paar Wochen im Land war ich als »der Geist« bekannt.

Wo immer ich mich im Süden aufhielt, in jedem Dorf und auf jedem Bauernhof, in jeder Bar in Songkhla und in Hat Yai, überall wurde »*Pii! Pii!*« gerufen, das thailändische Wort für Geist. Und während meiner dreieinhalb Jahre im Fernen Osten gab es durchaus Tage – vor allem wenn ich mit Mike tief im Dschungel unterwegs war –, an denen sogar ich mich fragte, ob ich nicht eine Art wandelndes Gespenst geworden war.

Außer Mike und mir sprach kaum jemand in Songkhla mehr als ein paar Brocken Englisch. Das Leben um uns herum spielte sich ausschließlich auf Thailändisch ab. Mikes Sprachkenntnisse waren okay – er konnte eine Art »Straßen-Thai« –, während ich die Sprache inzwischen fließend beherrschte.

Ich befolgte einen strengen Tagesablauf. Nach dem morgendlichen 10-Kilometer-Lauf mit Mike ging ich ins *wat* – ins Tempelkloster – am Ende der Straße, mit einem ganz bestimmten Ziel: einem Frühstück aus Fisch und Reis mit den buddhistischen Mönchen, wobei ich mich jeden Morgen eine Stunde lang mit ihnen unterhielt, bevor ich zur Arbeit ging.

Die Mönche führten im Grunde ein gesundes und diszipliniertes Leben, aber eines war seltsam: Sie rauchten die ganze Zeit. Fast jeder von ihnen qualmte eine billige asiatische Zigarette nach der anderen, von Sonnenaufgang bis Sonnenuntergang.

Zum Glück war ich keiner von den Amerikanern, die nur ein paar Sätze über Frauen zustandebringen. Vielmehr konnte ich mich problemlos mit ihnen über Politik, das Weltgeschehen, Wirtschaft und Religion unterhalten. Im wahrsten Sinne des Wortes über Gott und die Welt.

Allerdings stellte sich, als ich mich ins Geschehen stürzte, ironischerweise heraus, dass die Dealer und die Jungs auf der Straße in Thailand *ausschließlich* über Frauen reden wollten.

Als diese »Geist«-Sache aufkam, fand ich sie ziemlich amüsant. Sobald ich den Mund aufmachte, fingen die Leute an zu lachen: »*Pii! Pii!*«. Sie konnten nicht nachvollziehen, wie es möglich war, dass dieser bleichgesichtige Ire aus St. Louis in ihrem regionalen Dialekt über die Wirtschaftslage, den König oder die korrupte örtliche Polizei sprach, als wäre er in Songkhla geboren.

Wir gaben uns als kriminelle Schwergewichte aus den USA aus: Mike als Heroingroßhändler aus New York und ich als sein Protegé von der Westküste. Wie immer wurden Details über das eigene Syndikat nicht verraten – alles blieb unausgesprochen –, doch die thailändischen Dealer glaubten, dass wir Verbindungen zu einer der fünf Mafiafamilien in New York hätten und über eine Menge Geld verfügten.

Eines Frühlingsmorgens lernte ich die süße, zierliche Thailänderin Noi kennen. Noi war Anfang zwanzig und sehr gut mit einer Frau namens Lek-Lek befreundet, die für das größte Telekommunikationsunternehmen Thailands arbeitete.

Damals lief alles – vor allem eine große Herointransaktion – über Pager. Smartphones gab es natürlich noch nicht, selbst Handys fanden kaum Verwendung.

Die Drogenschieber hatten also keine Wahl: Sie mussten über Pagermeldungen kommunizieren.

Das lief so ab: Die Kunden riefen bei den Telefonistinnen eines Telekommunikationsunternehmens an und hinterließen eine Nachricht, die abgetippt und dann als Pagermeldung verschickt wurde. Rund um die Uhr waren etwa zwanzig Telefonistinnen und Tippkräfte im Dienst, und Lek-Lek war ihre Chefin. Ich erhielt von Mike die Genehmigung, Noi und Lek-Lek fast 1000 Dollar im Monat zu zahlen.

Sobald die Nachricht abgetippt war, übermittelten die

Telefonistinnen sie an die Pager der Adressaten. Doch es gab noch jemanden, der jede einzelne diese Pagermeldungen erhielt ...

Ich erfuhr in Echtzeit alles, was die Verbrecher gerade taten. Ohne Lausch- oder Abhörgenehmigung – in Thailand ging ich nicht den Weg über das Gericht –, aber ich sorgte dafür, dass alle Informationen, die ich sammelte, direkt bei den einheimischen Polizisten landeten, die auf thailändischer Seite an den Ermittlungen beteiligt waren.

Diese Aktion nannte ich »Operation Malakka«, nach der Meerenge zwischen Thailand und Sumatra. Das schien mir ein passender Name zu sein. Genau wie die enge Straße von Malakka eine wichtige Passage ist, über die die Rauschgifthändler ihr Heroin transportieren, entpuppte sich unsere Abhöraktion als ergiebiger Kanal für einschlägige Informationen.

Mein Leben in Songkhla war so hektisch, meine Arbeitstage waren so lang und adrenalingetränkt, dass ich nicht viel Zeit für ein Sozialleben hatte. Doch nur Wochen nachdem ich die Pagerüberwachung in die Wege geleitet hatte, verliebte ich mich rettungslos in eine junge Thailänderin, die ich bei einem kurzen Aufenthalt mit Mike in Phuket kennengelernt hatte.

Ihr Name lautete Auwarn Prachoop, aber alle nannten sie einfach Gay. In Thailand benutzt, wie gesagt, kaum jemand seinen richtigen Namen, alle verwenden einen *chue-len* – das ist das thailändische Wort für Spitzname.

Gay, eine Buchhalterin, war etwas Besonderes. Wie Desiree gehörte sie nicht nur zu den hübschesten Frauen, die ich je gesehen habe, sondern sie besaß zudem einen scharfen Verstand.

Dennoch stand mir in Songkhla Bansmer am nächsten. Unsere Beziehung wurde immer enger. Als Regionalverantwortlicher für die Region war Mike offiziell mein Vorgesetzter, doch in unseren Undercover-Rollen waren wir Partner. Im Laufe der Monate sollten Mike und ich mehr werden als das. Es klingt zwar seltsam, aber wenn man fernab der Heimat so eng mit einem anderen DEA-Agenten zusammenarbeitet, ähnelt die Beziehung einer Ehe. Es gibt Zeiten, in denen man sich gegenseitig an die Gurgel gehen möchte, und lernt trotzdem, einander intuitiv zu verstehen, die Stärken zu ergänzen und die Schwächen auszugleichen.

Ich hätte keinen Augenblick gezögert, mein Leben für Mike zu geben, und er hätte das Gleiche für mich getan. Bansmer ist der furchtloseste Mensch, den ich je kennengelernt habe – und wenn er es will, in den Augen mancher wohl auch der furchterregendste. Mike war in Vietnam bei der Sondereinheit der Green Berets am Projekt Omega (B-50) beteiligt gewesen, er führte 1967 neun Aufklärungsmissionen am Ho-Chi-Minh-Pfad durch. Er fand ohne Kompass aus dem dichten Dschungel in Burma und Nordthailand heraus – das kann ich bezeugen. Der Kerl war mit einem unvorstellbaren angeborenen Orientierungssinn gesegnet.

Das Lustige ist: Träfe man Mike heute zu Hause in den Staaten auf der Straße – einen Mann der Mittelschicht aus Medford (Oregon) –, würde man ohne Weiteres an ihm vorbeilaufen.

Er ist ein paar Zentimeter größer als ich, 1,75 Meter, ein spindeldürrer Marathonläufer, der jetzt, mit Anfang siebzig, immer noch gern 150 Kilometer Fahrrad fährt. Und dazu ein warmherziger, liebevoller Großvater. Man würde ihn für einen pensionierten Polizisten und Fitnessfreak halten mit einem lebenslangen Abo der Zeitschrift *Outside*.

Lange bevor ich nach Thailand kam, war Mike im Norden tätig, wo er gemeinsam mit US-Spezialkräften Einheiten der thailändischen Grenzpatrouille ausbildete, die an einer der erbittertsten Antidrogenoffensiven in der Geschichte der US-amerikanischen Strafverfolgung beteiligt waren. Die von der Shan United Army erzeugte Heroin-Epidemie griff so stark um sich, dass die Behörden oft ein Auge zudrückten, wenn es um »außergerichtliche Handlungen« ging – was im Grunde bedeutete, dass die thailändischen Polizisten und Grenzbeamten die Sache selbst in die Hand nehmen durften. Bei seiner früheren Tour nach Chiang Mai im hohen Norden des Landes, einem wichtigen Handelszentrum und einer Station der Opiumroute, die unter dem Namen »Horse-Pfad« bekannt war und durch den dichten Dschungel Burmas bis nach Bangkok verlief, war Mike Bansmer mit zwei anderen Partnern der DEA unterwegs gewesen. Ben Yarborough und Jim Matthews waren zwei Agenten, die mit den ihnen zugeteilten Grenzbeamten tief in den Dschungel eindrangen, um die Heroinfabriken der Shan United Army und unabhängiger thailändischer Drogenhändler zu zerstören. Stundenlang verfolgten sie Jeep-Spuren im bergigen Dschungel, stiegen dann aus und ließen sich von einem Informanten bis zu achtzehn Stunden lang zu Fuß durch den Wald führen, bis sie mitten in der Nacht endlich an der geheimen Heroinraffinerie ankamen. Bei Tagesanbruch machte sich die Truppe militärische Angriffsstrategien zunutze, um die Raffinerie zu attackieren, bevor das gesamte Team von Polizeihelikoptern herausgeholt wurde.

Aufgrund einer Morddrohung, die die Shan United Army gegen sie ausgesprochen hatte, wurden die Agenten zunächst aus Chiang Mai nach Bangkok evakuiert und dann auf neue Posten in den USA versetzt. Doch Mike war 1990 als Regionalverantwortlicher nach Songkhla zurückgekehrt – und hatte mich später angerufen und mich gebeten, zu kommen und im Süden Thailands zu ihm zu stoßen.

Vor meiner Ankunft hatten Mike und seine Kollegen sich oft schwere Gefechte und Schusswechsel mit den Aufständischen geliefert. Bei den Dschungelkämpfen war ein einzigartiges Band zwischen ihnen entstanden, und sie hatten sich sogar eigens drei Goldringe anfertigen lassen, in die drei chinesische Schriftzeichen für »Das Goldene Dreieck« eingraviert waren.

Mike, Ben und Jim waren tief in den Urwald Südostasiens vorgedrungen und hatten dort einige wagemutige Einsätze durchgeführt, aber die Rechtmäßigkeit dieser Feuergefechte war zweifelhaft. Zugegebenermaßen handelte es sich nicht um typische DEA-Arbeit: Sie hatten im Norden des Landes und in den Nachbarstaaten Burma und Laos ein paar haarsträubende Vernichtungsaufträge ausgeführt.

Nie werde ich den Abend vergessen, an dem Mike mir zum ersten Mal ein Fotoalbum mit den thailändischen und burmesischen Drogenhändlern zeigte, die bei den Angriffen auf die Raffinerien ums Leben gekommen waren. Ein Zitat von Hemingway zierte das Cover.

Sicherlich kommt keine Jagd an die Menschenjagd heran, und diejenigen, die bewaffnete Menschen gejagt haben, und lange genug, um auf den Geschmack zu kommen, machen sich, wenn es vorbei ist, aus nichts mehr was.[7]

Ich blätterte das Album durch, während Mike mir alle seine Einsätze zeigte, chronologisch geordnet: die Leichen von vierzehn Drogenhändlern.

Obwohl ich selbst bei einigen Schießereien dabei war und in ziemlich vielen Leichenhallen gewesen bin, fand ich Mikes Fotoalbum ziemlich verstörend. Neben dem Hemingway-Zitat standen auch dort die drei chinesischen Schriftzeichen für »Das Goldene Dreieck«.

Manchmal saß ich spätabends am offenen Kamin, blätterte in dem Album und fragte mich, ob diese Aufträge mit Yarborough und Matthews in Nordthailand, Laos und Burma Mike in den Wahnsinn getrieben hatten.

Mike war kein eiskalter Killer, sondern ein guter amerikanischer Polizist, der versuchte, sich inmitten der irrsinnigen Regeln des Goldenen Dreiecks durchzusetzen. Wenn eine thailändische Grenzpatrouille eine im Dschungel versteckte Heroinraffinerie entdeckte, jagte sie das Labor einfach in die Luft. Die Einstellung zur Strafverfolgung war dort anders: Nichts wurde gemeldet. Ein hinreichender Verdacht, Genehmigungen und belastendes Material spielten keine Rolle.

Sobald wir einen Kerl festgenommen und ihn dem Narcotics Suppression Bureau, der örtlichen Antidrogenbehörde, übergeben hatten, machte ich mich schnellstmöglich vom Acker. Thailändische Polizisten befragen inhaftierte Verdächtige anders, als es in Amerika die Regel ist. Sie schlagen sie, bedrohen sie mit Pistolen, betreiben Waterboarding – es gibt keine Foltermethode, die sie nicht schon ausprobiert hätten.

Um die Drogenhändler zur Kooperation zu bewegen, griffen die Thais auf Methoden zurück, die keine andere Polizei dieser Welt einsetzte. Sie fuhren mit den Dealern zu deren Häusern, damit sie ihre Frauen und Kinder drinnen sehen konnten.

»Schau sie dir gut an. Du siehst deine Familie zum letzten Mal. Dein Leben wird heute Nacht so was von zu Ende sein, wenn du nicht mit uns zusammenarbeitest.«

Anwaltlicher Beistand? Wie bei *Law & Order*? So etwas gibt es in Ländern wie Thailand schlichtweg nicht. Wenn ein Drogenhändler der Polizei in die Hände fällt – macht sie ihm ein Angebot, das er nicht ablehnen kann. Oft gibt es keine Anklageerhebung, keinen Richter, keinen Verteidiger. Entweder wandert der Verdächtige direkt ins Gefängnis, oder er wird zur Zusammenarbeit genötigt und als Polizeispitzel zurück auf die Straße geschickt. Wann immer ich während meiner Jahre in Thailand miterlebte, dass die Leute vom NSB einen Drogenhändler in die Finger bekamen, kriegten sie *immer* ein Geständnis.

Während seines zehnjährigen Aufenthalts in Thailand war Mike zu einem Experten für die Nuancen der Korruption bei der thailändischen Drogenpolizei geworden. Wir arbeiteten regelmäßig mit dem Office of the Narcotics Control Board zusammen. Die ONCB-Beamten sind keine Straßencops, sondern gebildete Uni-Absolventen. Mike erzählte mir eine Geschichte, die sich in den Wochen vor meiner Ankunft ereignet hatte.

»Es sollten vierzig Blöcke Morphin in zwei Koffern geliefert werden«, sagte er. »Wir warten darauf, dass sie per Zug ankommen. Ein Mercedes holt die Lieferung am Bahnhof ab. Die ONCB-Jungs sehen, wie die Verdächtigen die zwei Koffer nehmen und sie in den Mercedes werfen. Das ONCB verhaftet die Lieferanten, und in der Zeit fährt der Benz mit der Ware weg – unbehelligt.«

Mike erzählte weiter, dass einer unserer DEA-Agenten, Bob Parks, dem Mercedes mit den vierzig Blöcken Morphin hinterherjagte, quer durch Hat Yai, über eine rote Ampel nach der anderen, bis er den Wagen schließlich stoppen konnte.

An der Ecke stand ein gewöhnlicher thailändischer Verkehrspolizist. Trotzdem war es Bob Parks – ein weißer Amerikaner –, der mit gezogener Waffe aus dem Wagen sprang und den Fahrer mit dem Rauschgift verhaftete.

Er konnte kein Wort Thai, doch er machte seine Absicht klar: *Wenn du wegläufst, bist du tot.*

Der thailändische Verkehrspolizist stand da und beobachtete die Szene.

Als der Fall vor Gericht kam, traten die ONCB-Beamten als Zeugen auf. Obwohl sie überhaupt nicht dabei oder nur in der Nähe gewesen waren und erst eintrafen, als Bob den Kerl schon verhaftet hatte.

Der Verteidiger des Drogenhändlers im Mercedes versuchte ihnen eine Falle zu stellen, sie bei einer Lüge zu ertappen.

»Wer war dann der *Weiße*, der meinen Mandanten festgenommen hat?«

Der ONCB-Beamte sagte ganz ruhig aus:

»Welcher Weiße? Ich *selbst* habe Ihren Mandanten festgenommen.«

Mike lächelte, als er die Geschichte erzählte.

»Ed, so ist das beim ONCB«, sagte er. »Dort arbeiten die Besten der Besten hierzulande. Die Besten der Besten lügen unter Eid.«

Sie haben jedoch durchaus »moralische« Maßstäbe: Sie

halten es nicht für fair, jemandem etwas direkt anzuhängen – ihm eine Tasche mit Heroin oder Morphin in den Wagen zu werfen. In Thailand gibt es keine Konspirationsgesetze wie in den USA. Man muss den Drogenhändler auf frischer Tat ertappen, solange er sich im Besitz des Rauschgifts befindet.

Wenn die Polizisten dort jemanden observieren und ihn abhören, wartet der eigentliche Dealer vielleicht in einem Restaurant, weit weg von der Ware. Was sie nicht davon abhält, eine Verhaftung vorzunehmen. Sie zwingen den »sauberen« Kerl sogar zu einem offiziellen Foto, auf dem er auf die Heroinpäckchen zeigt – so können sie den Fall vor Gericht zu einem erfolgreichen Abschluss bringen.

Während der nächsten zwei Monate umwarben Mike und ich Informanten in der Hoffnung, mit einem der Hauptlogistiker – oder Lieutenants – der Shan United Army in Kontakt zu kommen.

Mike brachte mir verdammt viel über das Leben in Thailand bei. Sein Thailändisch war zwar nicht so kultiviert wie meines – für die Verständigung reichten seine Straßenkenntnisse absolut aus, vor allem wenn er Drogenkäufe tätigen wollte. Alle paar Tage fuhr ich in meinem vom Staat gestellten, unauffälligen Honda von Songkhla nach Hat Yai. Im Gegensatz zu den meisten anderen Provinzen des Landes ist in Songkhla die Hauptstadt nicht gleichzeitig die größte Stadt. Das viel jüngere Hat Yai hat ihr mit 350 000 Einwohnern diesen Rang abgelaufen und ist mittlerweile sogar die drittgrößte Stadt Thailands und der wichtigste Wirtschaftsstandort des Südens.

Provinzhauptstadt oder nicht, vom geschäftlichen Standpunkt aus – und, was noch wichtiger war, vom Standpunkt eines Drogenhändlers aus – liefen alle Fäden im Süden in Hat Yai zusammen. Daher musste ich die Stadt zu meinem Hinterhof machen. Bald fand ich mich in den Seitenstraßen besser zurecht als sonstwo, sogar besser als in LA oder Honolulu.

Mike war in Bangkok, und ich kümmerte mich allein um einen anderen Fall. Im Ausland stationierte DEA-Beamte wie ich arbeiten oft mit vor Ort eingesetzten CIA-Agenten zusammen. Drüben in Thailand waren diese Agenten als »amerikanische Verbindungseinheit« bekannt. Unsere »Verbindungsmänner« versorgten uns oft mit einem »parallelen hinreichenden Verdacht« – nichts wurde auf ein einzelnes Hilfsmittel, Element oder Verfahren zurückgeführt.

Sie *flüsterten* einem etwas ins Ohr, oft eine wertvolle Information, und dann lag es allein in der Hand des Ermittlers, auf der Grundlage dieses Hinweises einen Fall aufzubauen.

Oft war es auch ein Geschäft auf Gegenseitigkeit. Einmal war ich hinter einem wichtigen Drogenhändler namens Muy Hein San Tai her. So lautete sein chinesischer Name – neben den Spitznamen haben fast alle Thais im Süden sowohl einen chinesischen als auch einen thailändischen Namen, die indes beide für den Alltag zu lang und unaussprechlich sind. Muy Hein San Tai war der bei Weitem größte Heroinexporteur Südthailands.

Wenn ich es auf einen großen Drogenhändlerring abgesehen hatte, wählte ich nie den nächstliegenden Ansatz: Ich setzte immer am oberen statt am unteren Ende der Verbrecherpyramide an. Der Weg von unten nach oben kostet zu viel Zeit und Geld, und schon ein einziges, kurzes Kopfnicken eines Untergebenen oder eines unbedeutenderen Gehilfen reicht, und der Fall ist gelaufen, der Boss über alle Berge.

Wie praktisch jeder im Land erstand auch Muy Hein San Tai große Mengen Heroin bei der Shan United Army. Er war unpolitisch, kein rebellischer Separatist, interessiert nur am eigenen Profit. Ihm ging es einzig darum, noch mehr Vermögen anzuhäufen – damit er es für noch mehr Geliebte verschwenden konnte.

Überall im Süden Thailands erklärte uns die örtliche Polizei ständig, er gelte als unantastbar. Er war besser vernetzt als jeder andere in der Region, und die thailändische Polizei konnte nicht genügend Beweise gegen ihn vorlegen, wie sehr sie sich auch anstrengte.

Wenn ich Beweismaterial zusammentrug, zog ich höchst ungern jemanden von außerhalb der DEA hinzu, doch manchmal ging es nicht anders. Daher bat ich ein paar der amerikanischen Nachrichtendienstler in Thailand, Muy Hein San Tai zu beobachten.

Anschließend arbeitete ich gemeinsam mit einem Team von Geheimagenten eine ausgeklügelte verdeckte Operation aus. Die thailändischen Behörden ließen uns freie Hand. Sie gaben uns grünes Licht, heimlich in Muy Hein San Tais Haus einzudringen – alles, was wir taten, war nach thailändischem Recht absolut legal.

Wie man es von einem der führenden Heroinhändler Südostasiens erwartete, bewohnte Muy Hein San Tai ein extrem gut gesichertes Gebäude. Es war kein Palast, aber für südthailändische Verhältnisse ein großes, komfortables Haus.

Ich erkannte schnell, dass unser größtes Hindernis die Hunde waren. Er hatte keine abgerichteten Dobermänner oder Schäferhunde auf seinem Grundstück. Die brauchte er nicht. Sein Schutz war eine Meute von etwa fünfundzwanzig räudigen Hunden draußen auf der Straße, die beständig um sein Haus rannten und überall stöberten und schnüffelten. Sie gehörten ihm nicht, doch er ließ sie am Eingang zu seinem Grundstück leben und gab ihnen gerade genug zu fressen, damit sie nicht verhungerten und dennoch immer heißhungrig waren.

Buddhisten glauben an die Wiedergeburt. Sie bringen keine Hunde oder Affen um, töten nicht einmal Tiere, die sie für Schädlinge halten – aus Angst, einen wiedergeborenen Verwandten zu ermorden.

Irgendwie mussten wir an diesen räudigen Hunden vorbeikommen, wenn wir uns Zutritt zum Haus verschaffen wollten. In dieser Situation informierten uns die CIA-Leute darüber, dass unser Drogenbaron spontan das Haus verlassen wollte, um sich mit seiner *feen nit noy*, einer seiner zweitrangigen Geliebten, zu treffen.

Wenn es um seine Geschäfte ging, war Muy Hein San Tai ein vorsichtiger Mann, nicht so hingegen bei Frauen.

Einen Weg durch die Gasse voller Straßenhunde zu finden, war nicht einfach. An allen anderen Seiten des Grundstücks erhoben sich Betonmauern, die von Stacheldrahtrollen gekrönt waren. Wir brauchten Stunden, um uns zu überlegen, wie wir die Hunde auf einer Seite lange genug beschäftigen konnten, damit ich Zeit hätte, über den Zaun zu klettern und eine Öffnung in den Stacheldraht zu schneiden. Dann könnten die Geheimdienstler nachkommen. Einer der beiden Agenten war ein erfahrener Schlosser, der andere ein Experte für Überwachungstechnik. Was das Klettern anging, stellten beide sich etwas ungeschickt an, doch sie schafften es über die Mauer, nachdem ich den Draht aus dem Weg geräumt hatte.

Dann zeigte der Schlosser sein Können. Nach ein bisschen Drehen und Ruckeln mit seinem Werkzeug hatte er uns innerhalb weniger Sekunden die Haustür geöffnet. Ich blieb draußen – in das Haus einzudringen war nicht meine Aufgabe. Ich hielt mich im Dunkeln, spielte den Wachposten und sorgte dafür, dass uns niemand überraschen konnte.

Währenddessen schnappten sich die Agenten drinnen einen Tisch, fotografierten ihn für ihre eigenen Zwecke und trugen ihn in den Hof. Auch jetzt erwiesen sie sich als wahre Meister. Der Techniker holte einen Akkubohrer hervor und bohrte ein sauberes Loch in eines der Tischbeine. Dann versteckte er einen kleinen, dünnen Sender darin und verschloss das Loch fugenlos mit Holzkitt. Einem geschulten, prüfenden Blick hätte das Tischbein kaum standgehalten, aber wie viele Leute inspizieren schon täglich die Beine ihrer Möbelstücke?

Die CIA-Männer trugen den Tisch wieder hinein, richteten alles so her, dass es aussah wie zuvor, und führten einen Betatest durch, um sicherzugehen, dass das batteriebetriebene Gerät auch funktionierte.

»Wir können los.«

Ich half ihnen per Räuberleiter über die Betonmauer und kletterte dann selbst hinüber. Das Schwierigste war, den Stacheldraht zu reparieren, ohne dass ich mir dabei die Finger aufschnitt.

Wir machten uns aus dem Staub. Ich fuhr in meinem Honda davon, und am verabredeten Treffpunkt stießen unsere Kollegen von der thailändischen Polizei zu uns.

Den Sender im Tischbein ließen wir die nächsten Monate über einfach laufen.

Muy Hein San Tai war klug und gewieft, doch selbst die Unantastbaren machten Fehler – und wieder hing es mit seinen Weibern zusammen. Er verließ sein Haus, um eine der Gespielinnen aufzusuchen, und begab sich dann auf ein Fischerboot, das aus Burma kam und eine größere Menge Heroin transportierte. Über den Sender erfuhren wir die Einzelheiten, und die thailändischen Polizisten handelten unglaublich schnell.

Sie hielten das Boot an, beschlagnahmten das Heroin und führten Muy Hein San Tai gefesselt ab.

In Thailand gibt es keine rechtliche Grauzone: Auf Heroinschmuggel steht die Todesstrafe. Muy Hein San Tai wurde in einem Prozess verurteilt und ohne viel Federlesens hingerichtet.

Was Mikes und meine eigene Arbeit anging, so erfolgte der Durchbruch gegen die Shan United Army nach unzähligen Stunden hartnäckiger Bemühungen und Verhandlungen. Bei Letzteren war Mike stets das Alphatier, während ich im Hintergrund blieb. Mike gab sich hart – ohne Rücksicht auf die drohende Gefahr – und war immer bereit, alles zu riskieren. Ich übernahm stattdessen aufgrund meiner besseren Sprachkenntnisse in unserer Partnerschaft den Part des »Redners«.

Im Sommer 1993 brachte Mike mich mit einem Mann namens Lee Shing Yong in Verbindung, einem hochgewachsenen, dreißigjährigen chinesischen Heroinschmuggler, und wir verhandelten über den Verkauf von hundert Einheiten SUA-Heroin. Das erste Treffen fand in der Lobby des Ambassador-Hotels in Bangkok statt. Vielleicht lag es an meinem guten Thailändisch, dass Lee überraschend freundlich zu mir war und mir von seiner Kindheit in der chinesischen Provinz Yunnan erzählte. Seine entspannte Körpersprache war ein positives Zeichen; die verschlossenen SUA-Unterhändler bauten anscheinend langsam Vertrauen zu Mike und mir auf. Was nicht allein an meinen perfekten Sprachkenntnissen an sich lag. Eine größere Rolle dürfte es gespielt haben, dass Lee mir den Songkhla-Dialekt und damit meine Arbeitsbasis im Süden abnahm. Es beruhigte ihn sichtlich, davon ausgehen zu können, dass ich in 800 Meilen Entfernung vom Zentrum seiner Aktivitäten operierte, weit weg vom Gebiet der SUA.

Die Gerüchte über mich waren mittlerweile bis zu Lee und seinem gesamten Umfeld vorgedrungen.

»Khun pen pii?«, fragte er. *Bist du der Geist?*

Ich lachte. »Es gibt einige, die das sagen, ja.«

Lee bestand darauf, dass der Austausch von Heroin gegen Geld in einem von der SUA kontrollierten Dorf im Dschungel stattfand. Ich nickte und erklärte ihm auf Thailändisch, ich wolle ihm nichts versprechen, doch ich würde diese Forderung an meinen Partner Mike herantragen, der gerade geschäftlich in Songkhla unterwegs sei. Lee unterstrich die Qualität und den guten Preis des Heroins und war plötzlich bereit, den Austausch möglicherweise in Südthailand, in der Nähe von Songkhla, durchzuführen, solange wir einwilligten, die Hälfte der vereinbarten Summe bereits vor der Lieferung zu zahlen.

Ich blieb locker und unverbindlich, das war bei solchen Verhandlungen immer das Beste.

1 Arbeiterin eines Gebirgs-stamms bei der Opiumsafternte nördlich von Chiang Mai (Thailand).

2 Getrocknete Mohnkapseln, aus denen Heroin gewonnen werden kann.

3 Heroinblöcke der Shan United Army, beschlagnahmt während eines DEA-Einsatzes in Nordthailand (unten).

4 und 5 DEA-Spezialagent Edward Follis (oben) und ATF-Spezialagent William Queen (links) als verdeckte Ermittler beim Waffen-»Flash« im Rahmen einer groß angelegten Undercover-Aktion in Los Angeles.

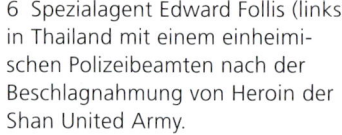

6 Spezialagent Edward Follis (links) in Thailand mit einem einheimischen Polizeibeamten nach der Beschlagnahmung von Heroin der Shan United Army.

7 Eine Einheit der thailändischen Grenzpolizei, ausgebildet von US-Spezialkräften unter der Leitung
des DEA-Spezialagenten Michael Bansmer, bei einer
Razzia in Heroin-Raffinerien der Shan United Army.

8 Angehörige eines Gebirgsstamms aus Nordthailand
und Burma, einer Hochburg der Shan United Army.

9 Spezialagent Edward Follis (links) als verdeckter Ermittler in Songkhla (Thailand), nach der Beschlagnahmung von Heroin der Shan United Army.

10 Phong, ein Gehilfe der Shan United Army, der nach seiner Verhaftung durch die Spezialagenten Edward Follis und Michael Bansmer von der thailändischen Polizei aufgefordert wurde, auf beschlagnahmtes Heroin Nr. 4 der Shan United Army zu zeigen.

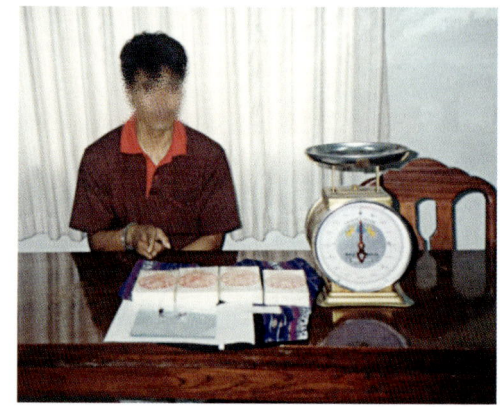

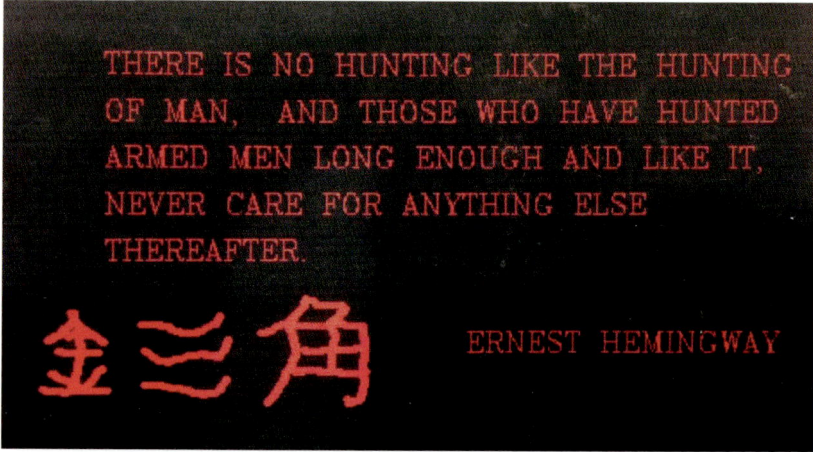

THERE IS NO HUNTING LIKE THE HUNTING OF MAN, AND THOSE WHO HAVE HUNTED ARMED MEN LONG ENOUGH AND LIKE IT, NEVER CARE FOR ANYTHING ELSE THEREAFTER.

ERNEST HEMINGWAY

11 Titelseite des Fotoalbums von DEA-Spezialagent Michael Bansmer über Anti-Drogen-Einsätze in Nordthailand und Burma.

12 DEA-Spezialagent Michael Bansmer (ganz rechts) mit seinen DEA-Kollegen Ben Yarborough (Mitte) und Jim Matthews (ganz links) in einer aktiven Heroin-Raffinerie während einer Razzia in Nordthailand.

13 Eine Heroin-Raffinerie in Doi Chiang (Thailand), nach einer groß angelegten Razzia durch die DEA und die thailändische Grenzpolizei.

14 Spezialagent Edward Follis (Mitte) im Einsatz in der demilitarisierten Zone zwischen Nord- und Südkorea, um Informationen über die industrielle Methamphetamin-Produktion in Nordkorea zu gewinnen.

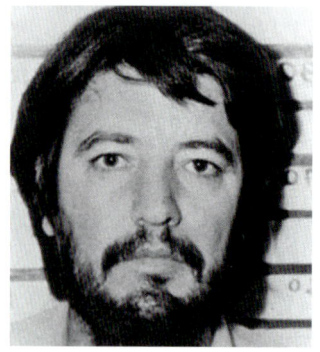

15 Amado Carrillo Fuentes, »Herr des Himmels«, Pate des Juárez-Kartells, den viele Strafverfolger immer noch für den »reichsten Gangster aller Zeiten« halten.

16 Beschlagnahmte Bargeld- und Waffenvorräte eines mexikanischen Drogenkartells.

17 Santa Muerte, »die Heilige des Todes«, eine Kultfigur, die Drogenhändler an zahlreichen Altären in Mexiko verehren.

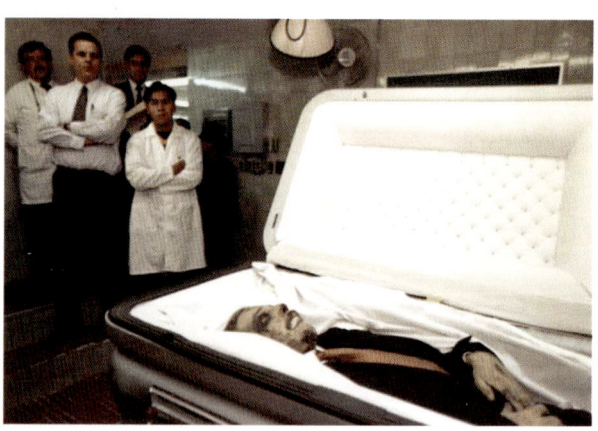

18 Die Beerdigung von Amado Carrillo Fuentes, nach einer verpfuschten plastischen Operation, die ihm die Auslieferung in die USA im Rahmen einer DEA-Ermittlung ersparen sollte.

19 Edward Follis während seiner Stationierung in Kabul, für einen Undercover-Einsatz in traditionelle afghanische Tracht gekleidet.

20 Edward Follis (links), Landesattaché in Kabul, bei einem Treffen mit dem Opium-Warlord Hadschi Juma Khan (rechts).

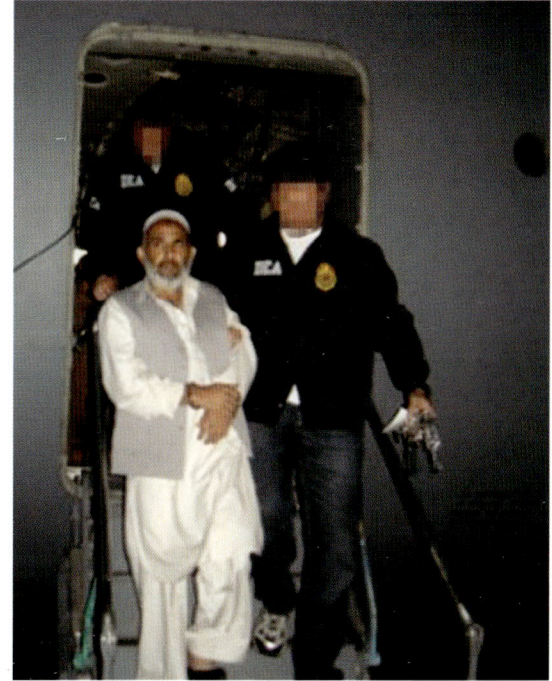

21 Der Taliban-Geldgeber und Opiumhändler Hadschi Bagcho Sherzai im Gewahrsam der DEA. Sherzai wurde am 13. März 2012 zu 20 Jahren Haft in einem US-Bundesgefängnis verurteilt.

22 Eine Anti-Drogen-Einheit in Afghanistan brennt ein bekanntes Heroinlager ab.

»Das klingt machbar«, sagte ich. »Ich werde ihn fragen –
aber ich weiß nicht, ob wir überhaupt mit euch Geschäfte
machen werden.«

Das war zum Großteil ein Bluff – natürlich wollte ich den
Deal. Dennoch schien es mir nützlich, Lee klarzumachen,
dass Mike und ich verschiedene Optionen hatten, weitere Schmuggler kannten und unser Geld auch problemlos
jemand anderem zukommen lassen konnten. Lee sah mit
gerunzelter Stirn auf die Tischplatte hinab. Wir einigten uns
darauf, später noch einmal miteinander zu sprechen, nachdem wir uns beide mit unseren Leuten beraten hatten, und
tauschten Handynummern aus.

Mehr als ein Monat verstrich, bis Mikes Handy klingelte. Es
war Lee. Er wollte ein persönliches Treffen. Am Nachmittag
des 27. August kamen wir in der Lobby des Hilton-Hotels in
Bangkok zusammen. Nun machte Lee plötzlich einen Rückzieher – das übliche Taktieren eines Heroinhändlers – und
verlangte, dass der Austausch im Hochlanddschungel weit
oben im Norden stattfand. Das lehnten wir kategorisch ab.
Frustriert spielte Lee seine Trumpfkarte aus.

»Sie verstehen nicht, was ich Ihnen anbiete«, sagte er. »Es
ist Nr. 4, das *beste* Heroin auf dem Markt.«

Heroin – unter Chemikern als Diacetylmorphin bekannt –
existiert in verschiedenen Formen. Heroin Nr. 3 ist eine
Base, noch kein raffiniertes Pulver. Es verbrennt bei einer
niedrigeren Temperatur als Nr. 4, eignet sich deshalb gut
zum Rauchen und erfreute sich bei den Rauchern im Goldenen Dreieck großer Beliebtheit. Nur ist es nicht wasserlöslich
und lässt sich nicht spritzen.

Heroin Nr. 4 dagegen erfüllt diese Voraussetzung, lässt

sich auf einem Löffel kochen und in die Venen spritzen. Aus Sicht eines Drogenschmugglers ist Heroin Nr. 4 das beste, wirksamste Produkt. Und der von der Shan United Army angebotene Stoff war sogar mit einem Warenzeichen versehen – dem der Marke Double-U-O-Globe – und als der »Cadillac« der weltweiten Heroinproduktion bekannt.

»Ja, es ist das beste Nr. 4 der Welt«, wiederholte Lee.»Und es kommt direkt von Mr. Chang.«

Mr. Chang? Mike und ich sahen uns an und versuchten, unser Erstaunen nicht zu zeigen. »Mr. Chang« war der auf der Straße verbreitete Name für Chang Chi Fu – Khun Sa selbst.

Mike war einige Jahre länger in Thailand als ich, doch er hatte noch nie, bei keinem der zahllosen Deals mit Schmugglern und Drogenhändlern, die Zusage erhalten, dass die Heroinlieferung direkt von dem berüchtigten, kettenrauchenden Opium-Warlord stamme.

Mehrere Wochen vergingen, die Verhandlungen hatten einen toten Punkt erreicht. Das kam bei Heroinkäufen öfter vor. Ich wohnte in einem Hotelzimmer in Bangkok und versuchte, das Geschäft mit Lee wieder in Gang zu bringen. Meine Freundin Gay gesellte sich zu mir und lebte bei mir im Hotel. Es war zwar nicht gerade die letzte Absteige, aber auch kein Fünf-Sterne-Palast.

Wenn ich undercover im Einsatz war, trat ich immer unauffällig und bescheiden auf. Ich wohnte nie in den noblen Stadtteilen, allerdings genauso wenig in der Nähe der Verbrecherviertel. Ich suchte mir immer eine Bleibe an einem nichtssagenden Ort in der Nähe von Geschäften.

Mit meinem Handy rief ich bei Lee oben im Norden in Chiang Mai an. Jetzt behauptete er, seine Leute seien bereit, uns hundert Einheiten zu verkaufen – das entsprach 70 Kilogramm (jede Einheit bestand aus 700 Gramm Heroin.) »*Phom ja pai yim khun*«, sagte ich. *Okay, dann komme ich zu Ihnen.* »*Maa rew mak*«, antwortete er. *Kommen Sie schnell.* Ich sprach gut zwanzig Minuten lang auf Thailändisch mit ihm, bis wir die Details des Treffens geklärt hatten. Mike und ich müssten bei Thai Airways Flüge von Bangkok nach Chiang Mai im Norden buchen.

Als das Telefonat beendet war, legte ich das Handy weg, und Gay starrte mich schweigend an.

Diesen Blick, den sie mir zuwarf, als wir am Fenster standen, die durchdringende Kraft von Gays pechschwarzen Augen, werde ich nie vergessen.

Unter uns lärmten Taxis und *tuk-tuks*.

»Khun Ed«, sagte sie sanft und umarmte mich. Das ist eine ziemlich förmliche Anrede, doch in Thailand spricht eine Frau einen Mann – selbst ihren Ehemann oder Freund – mit »Herr« an. Obwohl Gay sowohl meine Geliebte als auch eine enge Freundin war, benutzte sie mir gegenüber immer diese Ehrenbezeichnung. In der thailändischen Kultur hat die Etikette eine immense Bedeutung.

Sie lachte leise. Dann folgte ein langes Schweigen, das nur vom Quietschen der *tuk-tuks* in der überfüllten Straße unter uns unterbrochen wurde.

»Khun Ed«, sagte Gay, »wenn ich dich reden höre, würde ich dich nie für einen Weißen halten. Ich weiß, dass du sie in der Tasche hast.«

Ich griff gleich wieder zum Handy und rief Mike unten in Songkhla an.

»Du kommst besser hierher, Kumpel«, sagte ich. »Wir haben eine Verabredung im Norden.«

Bansmer nahm das nächste Flugzeug und war noch am selben Nachmittag bei mir in Bangkok.

Da wir regelmäßig mit der thailändischen Polizei zusammenarbeiteten, durften wir unsere Waffen auf Linienflügen mitnehmen – wir hatten sogar eine offizielle Genehmigung dafür. Würden die Vereinigten Staaten ausländischen Polizisten erlauben, in Flugzeugen Pistolen mitzuführen? Eine solche internationale, zwischenbehördliche Zusammenarbeit wäre in den USA undenkbar. Jedenfalls durfte ich unbehelligt meine .38er Smith & Wesson Snubnose tragen. Mike kam wie üblich mit seiner Beretta 92 mit Bohrungen im Lauf.

Sobald wir im Norden Thailands angekommen waren, mussten wir noch einiges an Arbeit in die Verhandlungen stecken. Am 16. September 1993 wollte Lee sich mit uns im Café des Hotels Orchid in Chiang Mai treffen. Doch als Mike und ich eintrafen, erwartete uns nicht Lees vertrautes, lächelndes Gesicht, sondern ein anderer Mann, der sich als Lees älterer Bruder Phong herausstellte und von dem wir bereits wussten, dass er zu den mächtigsten Heroinschmugglern in Khun Sas Organisation gehörte.

Phong war Mitte vierzig, hatte dichtes schwarzes Haar, kräftige Muskeln und einen strengen Blick. Mit ihm war eindeutig nicht zu spaßen. Aber Mike flüsterte mir zu, er könne schon sehen, worin Phongs Schwäche bestand: In seinen Augen stand die pure Gier. Ihm lag sehr viel daran, dass dieser Deal stattfand – *zu* viel.

Wir setzten uns, bestellten Getränke und fingen an zu

reden. Bansmer setzte Phong sofort zu, erregte sich über die unentwegte Forderung, dass wir für den Heroinkauf oben ins Gebirge kommen und 50 Prozent des Preises vorschießen sollten. Immer wenn Phong darauf beharrte, dass wir allein ins Gebiet der Shan United Army kommen müssten, wirkte Mike, als würde er gleich die Beherrschung verlieren. Darauf einzugehen, wäre Wahnsinn gewesen. In den Dschungel nördlich von Chiang Mai zu fahren ohne ein großes Kontingent thailändischer Grenzpolizei käme einer Einladung zu einem Hinterhalt gleich und würde wohl unseren sicheren Tod bedeuten. Davon abgesehen konnte die DEA es nicht zulassen, dass die Hälfte unseres Geldes – 180 000 US-Dollar – in die Hände der SUA gelangte.

Die Verhandlungen gingen über eine Stunde lang hin und her – erst angespannt, dann wieder gelöst, dann noch angespannter als zuvor. Doch Mike gab die Kontrolle über die Situation nie aus der Hand. Ich sah beeindruckt zu, wie er seinen Zorn einsetzte, ihn mal steigerte, mal zügelte. Er bewegte sich während des Gesprächs vor und zurück und argumentierte, dass unsere Hintermänner von der New Yorker Mafia es nicht riskieren wollten, das Geld im Urwald zu verlieren. Er bestand darauf, dass die gesamte Transaktion direkt hier in Chiang Mai stattfinden müsse.

Phong saß mit versteinerter Miene da und lehnte rigoros ab. Wir kamen zu keiner Einigung. Wenn sie in eine Sackgasse geraten waren, verfielen beide Kontrahenten für kurze Zeit in Schweigen und nippten an ihren Getränken. Ich konnte hören, wie Mike schwer und frustriert ausatmete, und versuchte, hin und wieder zu vermitteln. Beide Männer waren stolz, eigensinnig und hatten ihre Gründe, nicht einfach zu gehen; nach ein paar Minuten fand stets einer von ihnen einen neuen Ansatz, einen neuen Aufhänger, das Gespräch wieder aufzunehmen.

»Seien wir ehrlich, beide Seiten haben das Vertrauen verloren«, sagte Mike schließlich auf Thailändisch. Phong nickte und wirkte dabei ziemlich sauer.

»Sie klingen wie ein Cop«, sagte er mit einem höhnischen Lächeln.

»Wie wäre es damit?«, meinte Mike. »Wir machen jetzt einen Deal – es kann ruhig ein kleiner sein, aber vielleicht lässt sich dadurch das Vertrauen wiederherstellen.«

»Was für einen Deal?«

»Sagen wir mal, wir kaufen jetzt zwei Einheiten. Wenn das glatt läuft, können wir mit unseren Leuten in New York darüber sprechen, ob wir den Rest der hundert Einheiten auch noch kaufen.«

»Das gefällt mir gar nicht.«

Mike ließ nicht locker. »Besorgen Sie einfach die zwei Einheiten und bringen Sie sie her.«

Phong wich zurück, er wirkte beleidigt, doch schließlich willigte er ein.

»In Ordnung«, sagte er. »Ich rufe Sie in ein paar Stunden an, sobald ich die Ware habe.«

Wir besiegelten den Deal per Handschlag, und Phong machte sich davon.

Als er das Hotel verließ, atmete Mike langsam aus und setzte sich hin.

Ich konnte sehen, dass er wütend war. Zwei Einheiten – 1,4 Kilogramm Heroin für 7000 Dollar – waren kein großer Coup, weit entfernt von den hundert Einheiten, auf die wir uns eingestellt hatten. Auch der Kauf von zwei Einheiten reiche aus, beruhigte ich Bansmer. Für den Verkauf dieser

Menge Heroin könne Phong zum Tode verurteilt werden. Mike nickte. Er wusste, dass ein drohendes Todesurteil Phong, sobald wir ihn in Handschellen hätten, für unsere Vorschläge empfänglich machen würde.

Acht Stunden später, um neun Uhr abends, rief Phong auf Mikes Handy an und teilte ihm mit, er sei in der Lobby des Hotels Phucome, etwa zwanzig Autominuten entfernt. Keine sonderlich besorgniserregende Nachricht, denn bei Drogenverkäufen in Thailand war es gang und gäbe, dass der Treffpunkt in letzter Minute geändert wurde. Schnell fuhren Mike und ich zum Hotel Phucome.

Dort wartete Phong auf uns mit einem Assistenten als Unterstützung. Bloß wollte er die Bedingungen der Übergabe erneut ändern: Wir sollten zum Haus eines seiner Cousins fahren, wo der Verkauf der zwei Einheiten stattfinden würde.

Wir sahen Phong verächtlich an. Mikes Gesicht färbte sich tiefrot, und er lachte laut. Das Hotel zu wechseln, war eine Sache – zu einem unbekannten Haus zu fahren, wo sie uns abmurksen konnten, hingegen eine völlig andere.

Mike bestand darauf, dass Phong die Ware holte und dann in die Lobby zurückkam. Das war es, was Bansmer zu so einem großartigen Undercover-Verhandlungsführer machte – wenn es um unsere Sicherheit ging, blieb er standhaft und ließ sich die Kontrolle über eine Situation nie aus der Hand nehmen.

Phong willigte ein, und ich reichte ihm meinen leeren grauen Rucksack für das Heroin.

Fast zwei Stunden später kamen Phong und sein Assistent zurück. Wir trafen uns in der Lobby, und Phong gab mir den nun mit Rauschgift gefüllten Rucksack zurück.

Ich ging damit zu unserem Auto hinaus und testete das

Heroin mit meinem Marquis-Reaktionssatz. Als ich in die Lobby zurückkehrte, nickte ich – definitiv Heroin Nr. 4 und fast rein. Mike teilte mir daraufhin mit, ich könne jetzt das Geld bringen. Ich ging zurück zum Wagen, holte eine Plastiktüte und gab sie Bansmer. Der nahm einen Umschlag heraus und reichte ihn Phong, der die 7000 Dollar ein paar Augenblicke lang aufmerksam betrachtete und dann nickte. »Jetzt können wir alle einander trauen«, sagte er schließlich.

Mike und ich lächelten.

Phong wurde langsam ein bisschen lockerer und erklärte uns, wie ein bedeutender Heroinkauf bei der Shan United Army im Einzelnen ablief. Ein Zwischenhändler musste tief in den Dschungel reisen, die thailändische Grenze zu Burma überqueren und das Heroin schriftlich in einem SUA-Lager bestellen. Kurz darauf brachte ein Trupp Soldaten die Drogen in ein kontrolliertes Gebiet und überließ sie dem Zwischenhändler erst, wenn dieser die gesamte Summe dafür gezahlt hatte. Das alles fand im Freien statt unter den vorgehaltenen Waffen der SUA-Milizen, auf einer Lichtung im Dschungel, Stunden vom nächsten nicht von den Rebellen kontrolliertem Dorf entfernt.

Mike und ich sahen uns an. Es war wichtig für uns, diese Abläufe zu kennen, doch wir würden auf gar keinen Fall allein mit Hunderttausenden Dollar im Gepäck in den burmesischen Dschungel fahren, in Dörfer, die Hochburgen der Shan United Army waren.

Phong konnte sehen, dass wir kurz davor standen zu gehen.

Mikes Zorn flammte erneut auf, und Phong versuchte sofort, ihn zu beschwichtigen.

»Ich werde ein Viertel des Geldes selbst beisteuern«, sagte er.

Mike fuhr ihn wütend an: »Schluss jetzt mit den Spielchen, ich will den Besitzer der Raffinerie treffen.«

»Vielleicht, wenn der Kauf abgeschlossen ist.«

Erneut wechselten wir einen wissenden Blick. Wir konnten nichts weiter erreichen, zu mehr ließ Phong sich nicht bewegen.

Mike teilte Phong mit, wir wollten mit ihm allein reden, um den großen Deal zu besprechen. Phong war nach dem erfolgreichen Verkauf der zwei Einheiten immer noch gelöster Stimmung und unvorsichtig genug, sich im Fond unseres viertürigen Toyota Sedan mit uns zusammenzusetzen.

Er rückte in die Mitte der Sitzbank, und Mike und ich quetschten uns links und rechts neben ihn. Vorn saßen zwei thailändische Polizisten, die sich als Fahrer ausgaben. Phongs eisiger, bedrohlicher Blick war mittlerweile gänzlich aufgetaut, er lächelte.

Es war so weit: Ich tastete nach dem kleinen .38er-Snubnose-Revolver in meinem Hosenbund.

Vorsichtig blickte ich zu Mike hinüber. Bansmer nickte, und wir griffen zu, gleichzeitig wie zwei erfahrene Partner.

Jeder von uns schnappte sich einen der muskelbepackten Arme Phongs.

»Phong, Sie sind verhaftet«, blaffte Mike.

»Wir sind von der DEA, und die beiden auf den Vordersitzen sind Polizeibeamte«, sagte ich auf Thailändisch.

In Phongs Gesicht machte sich plötzlich Angst breit, und er fing sofort an, sich zu wehren. Mike und ich waren überrascht, wie stark er war. Er wusste, dass ihm die Todesstrafe drohte, und kämpfte wie ein wildes Tier. Wir rangen mit ihm, aber es war schwierig, auf dem Rücksitz einen vernünftigen Würgegriff anzusetzen. Zumindest kam Phong nicht an seine Pistole, so sehr er sich auch bemühte. Total in Panik, trat er gegen die Vordersitze und suchte verzweifelt seine Arme zu befreien, um an die Waffe zu kommen. Er kämpfte leise und mit wildem Blick. Wir rangelten alle drei heftig miteinander, bis Mike genug hatte. Er ließ Phong los, zog in aller Ruhe seine 9-mm-Beretta und drückte sie dem Thai hart gegen das Ohr.

»Ich will dich nicht erschießen – doch wenn es sein muss, tue ich es«, rief er.

Phong erstarrte. Die Kraft schien aus seinem Körper zu weichen, und er sank in sich zusammen. Ich zog ihn rasch von Mikes Pistole weg, bis sein Kopf fast in meinem Schoß lag. Mir war klar, dass Mike schießen würde, wenn Phong weiter um sich trat und sich wehrte, und ich wollte nicht, dass er in meinen Armen starb.

Wir übergaben Phong der thailändischen Polizei, und schon nach kurzer Zeit hatten sie ihn umgedreht. Künftig diente er uns als Hauptinformant in einem Fall, den wir in Nordthailand aufbauten – später als »Operation Tigerfalle« bekannt – und der zum Niedergang der Shan United Army führte.

Kurz darauf brachte er uns zu einer Litschifarm drei Stunden nördlich von Chiang Mai, direkt an der Grenze zu Burma und in der Nähe eines Dorfes, das eine Hochburg der SUA war. Auf dieser Plantage fand die DEA über 300 Kilogramm reines Heroin Nr. 4. Wenig später beschlagnahmten unsere Leute und die thailändischen Behörden auf einem Kutter im Golf von Thailand eine noch größere Menge SUA-Heroin.

Die Entdeckung dieser enormen Mengen ermöglichte es uns, beim Bundesbezirksgericht des östlichen Distrikts von New York Anklage gegen dreizehn maßgebliche Schmuggler der Shan United Army zu erheben, die bekanntermaßen allesamt bei Khun Sas Geschäften wichtige Schlüsselpositionen eingenommen hatten.

Der Opium-Warlord war außer sich.

Catherine Palmer, die stellvertretende Staatsanwältin des östlichen Distrikts, erhielt mehrere Morddrohungen, und im Büro der Staatsanwaltschaft wurde ein Sprengsatz zugestellt.

Unser Fall war absolut stichhaltig. Doch Khun Sa verdankte seine Machtposition nicht dem Zufall, er war nicht dumm und wollte nicht den Rest seines Lebens in einer Strafanstalt in den USA verbringen. Als ich mich schon darauf vorbereitete, vor dem Bundesgericht gegen ihn auszusagen, schloss er mit korrupten burmesischen Behörden ein Abkommen, das ihm die Auslieferung an die Vereinigten Staaten ersparte.

1996 »ergab« sich Khun Sa offiziell der Militärjunta. Statt ihn einzusperren, erlaubte man ihm, ein zurückgezogenes Leben in Yangon (Rongun) zu führen, von wo aus er angeblich weiterhin heimlich eine Reihe geschäftlicher Unternehmungen leitete. Am 25. Oktober 2007 starb er. Die offizielle Todesursache ist unbekannt, doch der ehemals unantastbare, kettenrauchende Opium-Warlord – der »Prinz des Todes« – hatte wohl schon seit Langem an Diabetes, Herzproblemen, einer Teillähmung und Bluthochdruck gelitten.

KAPITEL 6

DER HERR DES HIMMELS

E r wurde der Herr des Himmels genannt: Amado Carrillo Fuentes, Pate des Juárez-Kartells. Ein Mann, so gefürchtet, so gerissen und so reich, dass er auch heute noch – lange nach seinem grauenvollen Tod – auf vielen inoffiziellen Listen der »reichsten Gangster aller Zeiten« als Nummer eins geführt wird.

Den Namen »Herr des Himmels« verdankte er seiner privaten Flugzeugflotte, die fast zwei Dutzend Boeing-727-Jets umfasste, mit denen er Kokain aus Kolumbien nach Mexiko importierte, von wo aus es später in die USA geschmuggelt wurde. Als »Firmenchef« eines ausgedehnten Kokainimperiums betrug Carrillo Fuentes' Vermögen geschätzte 25 Milliarden Dollar. Mitte der 1990er-Jahre stuften wir bei der DEA ihn als mächtigsten Kokainschmuggler der Welt ein.

Amado, der damals noch in den Dreißigern war, galt als kriminelles Genie, als einer dieser kühnen und absolut brillanten Geschäftsmänner, von denen es in jeder Generation nur einen gibt.

In den 1970er- und 1980er-Jahren waren es natürlich die kolumbianischen Drogenbarone wie Pablo Escobar und die Ochoa-Brüder, die den Kokainhandel dominierten. Sie nutzten Mexiko lediglich als Umschlagplatz: perfekt gelegen, mit einer langen, durchlässigen Grenze zu den US-Märkten. Als junger Drogenhändler war Amado bei der Gründung der Föderation anwesend, einem bunt gemischten Zusammenschluss von zuvor konkurrierenden, lokalen mexikanischen Drogenbossen, der ins Leben gerufen wurde von Miguel Ángel Félix Gallardo, genannt El Padrino, dem ursprünglich in Guadalajara aktiven Paten der mexikanischen Kartelle.

Doch Amado Carrillo Fuentes, klug und enorm ehrgeizig, reichte der Status quo nicht aus. In seinen Augen waren die Mexikaner trotz Dutzender Millionen, die in ihre Kassen flossen, nichts weiter als hochgepriesene Maulesel, die die Kolumbianer benutzten, um ihren Handel voranzutreiben, ohne sie jedoch, wie Amado fand, angemessen dafür zu entlohnen,

Unter der Führung von Félix Gallardo entwickelte Amado eine neue Strategie und veränderte die Bedingungen des Kokainumschlags in die USA, der meist über Orte an der Westküste der Vereinigten Staaten erfolgte.

Waren die Mexikaner zuvor pro Kilogramm reinen Kokains bezahlt worden, so stellte Amado durch einen Geniestreich das gesamte Spiel auf den Kopf. Er sagte zu den Kolumbianern:

»Vergesst das Geld – bezahlt mich in Ware.«

Er bot an, seine 727-Jets nach Kolumbien fliegen zu lassen, das Kokain einzuladen und die sichere Beförderung zu den riesigen Großhandels- und Straßenmärkten in den USA zu gewährleisten.

Für die kolumbianischen Kartellbosse machte das kaum einen Unterschied: Schließlich ging es nur um verarbeitete Kokablätter. Statt ihre Mittelsmänner in bar zu entschädigen – Pesos oder US-Dollar –, bezahlten sie sie einfach in Ware.

Ungefähr zu dieser Zeit fing die amerikanische Staatsanwaltschaft an, gegen die mächtigsten Drogenhändler Kolumbiens Anklage zu erheben, und der kolumbianische Staat, der jahrzehntelang tatenlos zugesehen hatte, begann Kokainschmuggler an US Gerichte auszuliefern. Viele der Kokalieferungen der kolumbianischen Kartelle wurden beschlagnahmt und vernichtet, und die Kartelle verloren ein Vermögen.

Für sie war es daher viel sicherer, das Koka einfach aus Bolivien zu holen, es in Kolumbien zu Rohware zu verarbeiten und den Mexikanern dann den Rest der Arbeit zu überlassen. Das bedeutete zwar weniger Profit für die Kolumbianer, war aber auch mit einem deutlich geringeren Risiko verbunden. Die mexikanischen Verbrecherorganisationen verfügten nämlich bereits über ein bestehendes Netzwerk aus Helfern und Bandenmitgliedern in Kalifornien, die bereit waren, den Transport und den Vertrieb zu wagen.

Rückblickend handelte es sich um einen absolut *brillanten* Coup. Amado Carrillo Fuentes konnte nun exakt das gleiche Produkt – reines Kokain der gleichen Qualität wie zuvor – zu einem deutlich niedrigeren Preis in Kalifornien und den gesamten Vereinigten Staaten verkaufen. Denn das Kokain hatte die Mexikaner ja nichts gekostet – ihr Beitrag bestand darin, das Risiko zu übernehmen.

Innerhalb kürzester Zeit hatten Amado und seine Komplizen die kolumbianischen Kartelle komplett untergraben, weil sie den Großhändlern das Kokain billiger verkauften. Dieses Geschäftsmodell, ersonnen und realisiert vom finsteren Visionär Amado Carrillo Fuentes, befolgen die mexikanischen Kartelle bis heute – eine vollkommene Veränderung der finanziellen Rahmenbedingungen.

Heute liefern die Kolumbianer ihr Kokain selbst nur noch nach Europa. Es wird auf Containerschiffen bis an die Küste Afrikas transportiert, mithilfe von korrupten afrikanischen Beamten eingeschmuggelt und von dort über Land zu den wartenden Märkten Westeuropas gebracht.

In die Ermittlungen gegen mexikanische Kartelle war ich zum ersten Mal unmittelbar involviert, nachdem wir Khun Sa und die Shan United Army erfolgreich zu Fall gebracht hatten.

Don Ferrarone – der Landesattaché in Bangkok – wurde gerade zurück nach Houston, Texas, versetzt und rief mich in sein Büro in Bangkok. Ob ich mit ihm nach Texas kommen wolle, fragte er. Ich schätzte Don sehr. Er war 1,85 Meter groß, hatte prägnante Gesichtszüge, eine hohe Stirn und vor allem jahrzehntelange Erfahrung in seinem Job: Als ich noch ein Kind in St. Louis war, machte er bereits Furore im berühmten Nicky-Barnes-Fall, als er »Mr. Untouchable« aus Harlem verhaftete.

Don überredete mich dazu, mich für die Stelle in Houston zu bewerben, doch seine wahre Absicht war, mich nach El Paso zu schicken, wo die Konflikte mit den mexikanischen Kartellen im Südwesten am schlimmsten waren. Er wollte mich dort haben, weil, wie er es ausdrückte, »auf der anderen Straßenseite« Ciudad Juárez lag, das sich als Mordhauptstadt der Welt einen üblen Namen gemacht hatte.

Deshalb sorgte er dafür, dass ich »zeitweilig nach El Paso abkommandiert« wurde, wie es hieß. Daraus wurde schon bald ein ziemlich dauerhafter Job. Bis nach Houston kam ich nie. In El Paso lernte ich in kurzer Zeit sehr viel. Ich wusste absolut nichts über Kokain. Mike Bansmer hatte mir umfangreiche Kenntnisse über das Heroin des Goldenen Dreiecks vermittelt, über Korruption, Politik und Drogenbekämpfung in Südostasien – die mexikanischen Kokainkartelle hingegen waren Neuland für mich.

Ich wurde sofort dem Ermittlungsteam gegen Amado Carrillo Fuentes und das Juárez-Kartell zugeteilt. Unsere offizielle Bezeichnung lautete »Einsatzgruppe für organisierte Drogenkriminalität«, doch bei uns hieß sie einfach nur »Amado-Einsatzgruppe«.

Ich verbrachte Stunden damit, Aufklärungsberichte zu lesen und so viel wie möglich über Amado Carrillo Fuentes und seinen Stellvertreter, seinen Bruder Vicente Carrillo Fuentes, genannt El Viceroy, herauszufinden.

Die Drug Enforcement Administration bemühte sich bereits seit Jahrzehnten, die immer mächtigeren mexikanischen Kokainkartelle zu infiltrieren. Allzu oft endete der Versuch tödlich. 1985 wurde der DEA-Spezialagent Enrique »Kiki« Camarena, der den Drogenschmuggel in Mexiko zu untersuchen sollte, verschleppt. Kurz nachdem er das US-amerikanische Konsulat in Guadalajara verlassen hatte, wurde Kiki entführt – er verschwand spurlos. Ein paar Wochen später fand man seine Leiche in einen Plastiksack gehüllt in einem flachen Grab gut 100 Kilometer nördlich der mexikanischen Stadt.

Sein Tod war besonders grausam gewesen. Man hatte Kiki gefoltert – mit einem Besenstiel vergewaltigt – und ihn während der brutalen Befragungen bei vollem Bewusstsein gehalten, indem ein Arzt ihm Amphetamine spritzte, bevor er am Ende lebendig begraben wurde.

Das Verschwinden Kiki Camarenas wurde zu einem internationalen Zwischenfall, der das Verhältnis zwischen den Vereinigten Staaten und Mexiko kurzzeitig belastete. *Time* widmete dem Fall am 7. November 1988 die Titelgeschichte, »Tod eines Drogenfahnders«, und die DEA startete die Operation »Leyenda«, die größte Mordermittlung ihrer Geschichte.

Als Hauptverdächtige der Entführung hatten die Ermittler schon bald den Chef der Föderation, Miguel Ángel Félix Gallardo, und seine beiden engsten Verbündeten, Ernesto Fonseca Carrillo und Rafael Caro Quintero, ausgemacht. Die beiden Letzteren wurden kurz darauf festgenommen und inhaftiert, Félix Gallardo blieb zunächst frei, wurde aber später wegen Mordes verurteilt.

Der mexikanische Arzt Humberto Álvarez Machain, der Camerena mutmaßlich während der Folter am Leben gehalten hatte, damit die Befragung und die Folter fortgeführt werden konnten, wurde in den Vereinigten Staaten vor Gericht gestellt. Der Prozess fand vor dem Bundesbezirksgericht in Los Angeles statt, endete jedoch mit einem Freispruch. Vier weitere Verdächtige dagegen – Javier Vásquez Velasco, Juan Ramon Matta Ballesteros, Juan José Bernabé Ramirez und Rubén Zuno Arce – wurden zumindest der Entführung für schuldig befunden.[8]

Neun Jahre nach Kiki Camarenas Tod schien die Aufgabe, das Juárez-Kartell zu infiltrieren und Amado Carrillo Fuentes zu verhaften, keine geringere Herausforderung zu sein als zu Kikis Zeiten, aber ich hatte ziemliches Glück, bereits zwei Monate nach meiner Ankunft in El Paso Seite an Seite mit dem führenden Experten für Abhöraktionen bei Drogenermittlungen im Südwesten der USA arbeiten zu dürfen.

Als ich in El Paso eintraf, war Spezialagent Steve Whipple – der heute in Houston tätig und für ganz Texas zuständig ist – gerade dabei, einige Gangster des Juárez-Kartells zu überwachen, die an einem Überlandtransport beteiligt waren.

Steve war ein waschechter Texaner, knapp 1,90 Meter groß, stattlich und immer tadellos gekleidet mit Cowboystiefeln, einer schicken Jeans und einem Cowboyhemd mit Druckknöpfen. Er nahm mich unter seine Fittiche und brachte mir viel über Abhörgeräte, Kokain und die fürchterliche – oft willkürliche – Brutalität der mexikanischen Kartelle bei.

Amado Carrillo Fuentes war vielleicht das Superhirn seines kriminellen Imperiums, doch in Steve Whipple fand er einen mindestens ebenbürtigen Gegner. Jeder bei der Strafverfolgung wusste, dass ein Drogenschmuggler, der sich in der Nähe eines Telefons aufhielt – egal auf welcher Seite der Grenze –, niemals sicher war vor Spezialagent Steve Whipple.

Ich war erst seit einer Woche auf meinem neuen Posten, als ich die Skrupellosigkeit des Kartells zum ersten Mal direkt miterlebte. Die Hotel-Motel-Gruppe der DEA-Dienststelle in El Paso hatte uns mal wieder einen Tipp gegeben. Von dort erhielten wir oft entscheidende Informationen, wenn es um die Aktivitäten von Kokainschmugglern ging, die aus Ciudad Juárez herüberkamen, um in El Paso Geschäfte zu machen.

Wir reagierten schnell auf den Hinweis und machten ein

mutmaßliches Drogenversteck ausfindig: ein Haus, das von einer gewissen Caroline Morrison gemietet worden war. Einer Stripperin, wie wir in Erfahrung brachten, die unter dem Namen Tammy auftrat.

Sie gehörte zu einer Gruppe umherziehender Striptänzerinnen, die an der Interstate I-10 entlangtourten. An diesen Highway zwischen Santa Monica und Jacksonville, zwischen Südkalifornien und Nordflorida also, zogen diese jungen Frauen von Club zu Club. Einige von ihnen, vor allem die jüngeren hübschen wie Tammy, die als »Hauptattraktionen« angekündigt wurden, verdienten dort an der I-10 sehr gut, und zwar bar – Einkünfte, die weder gemeldet noch versteuert wurden.

Tammy sah aus wie eine Cheerleaderin aus Westtexas, obwohl sie in Wahrheit eine blonde, blauäugige Kalifornierin war. An ein paar Abenden pro Woche tanzte sie in El Paso, in einem Club namens Prince Machiavelli Lounge. Die Mädchen, die dort arbeiteten, kamen oft in Kontakt mit den Schmugglern der mexikanischen Kartelle von jenseits der Grenze.

Deren Lockspielchen begann meist ganz unschuldig: Die Gangster machten sich an eine der Stripperinnen heran, zahlten für ein paar Lapdances, spendierten eine Runde Drinks oder eine Flasche Champagner. So lief es ein paar Abende lang, bis sie die Mädchen fragten, ob sie sich nicht vielleicht ein bisschen Geld »dazuverdienen« wollten. Das Kartell verschob so viel Ware, dass es *immer* auf der Suche nach Drogenlagern war.

Doch wenn ein Mexikaner ein Haus anmietete, zog das sofort die Aufmerksamkeit der Polizei von El Paso auf sich.

In unserer DEA-Dienststelle waren die Mitglieder der Hotel-Motel-Gruppe Experten darin, Informanten die Adressen von Drogenlagern zu entlocken. Die Verbrecher sprachen gezielt unschuldig wirkende weiße Mädchen wie Tammy an und zahlten ihnen 1000 Dollar in bar pro Monat einfach dafür, dass sie ein Haus mieteten. Sie mussten dort nicht einmal wohnen, sondern nur das Garagentor öffnen, das Licht anmachen und den Eindruck vermitteln, als wäre jemand zu Hause – und als lagerten dort nicht Hunderte Blöcke reines Kokain.

Mitten in einer wolkenlosen texanischen Nacht war ich mit einem DEA-Agenten namens Ricky Farrell unterwegs zu einem Haus, das uns als Drogenversteck genannt worden war, und wir verschafften uns ohne entsprechende Genehmigung Einlass: Schließlich war Gefahr im Verzug.

Wir fanden 800 Kilogramm reines Kokain.

Drogenversteck?

Das Kokain war nicht einmal *versteckt*. Die 800 Kilogramm lagen in Stapeln offen herum. Im Haus gab es keine Möbel. Keine Haushaltsgeräte. Keine Anzeichen dafür, dass hier jemals jemand gewohnt hatte.

Wir beschlagnahmten das Kokain und entnahmen den Unterlagen, dass die Mieterin des Hauses Caroline »Tammy« Morrison war – eine der Hauptattraktionen im Prince Machiavelli.

Ricky Farrell und ich fuhren direkt zum Club, der sich am Executive Center Boulevard 533 befand, direkt an der I-10. Das Prince Machiavelli wirkte wie ein exklusiverer Schuppen – wie eines dieser Etablissements, die sich eher als »Club für den Herrn« denn als Tittenbar ausgeben und durchreisende Geschäftsleute und Profisportler zu ihren Kunden zählen. Dennoch war es regelmäßig in kriminelle Machenschaften verwickelt.

Ein paar Jahre später, als ich schon nicht mehr in El Paso war, wurde dem Club die Schanklizenz entzogen, weil eine Tänzerin wohl Kokain an einen verdeckt ermittelnden Drogenfahnder verkauft hatte. 2001 warfen Bundesbeamte einem wissenschaftlichen Mitarbeiter der University of Texas in El Paso und dessen Frau vor, sie hätten russische Frauen eingeschleust – quasi als »weiße Sklavinnen« – und sie dazu gezwungen, als Oben-ohne-Tänzerinnen im Club zu arbeiten.

Wir fuhren auf den fast vollen Parkplatz des Prince Machiavelli und checkten die Sicherheitslage: Ein Türsteher stand draußen, ein weiterer drinnen im Flur.

Der, der sich mir als Erstes in den Weg stellte, war riesig: Ein Zweimetermann, kräftig gebaut und hellhäutig, wenn auch mit stark aztekisch geprägten Gesichtszügen. Obwohl er sehen konnte, dass wir Polizisten waren, wollte er uns zunächst nicht reinlassen. Ich holte meinen DEA-Dienstausweis aus der Tasche und hielt ihn ihm unter die Nase. Er trat einen Schritt zurück. Ricky und ich gingen hinein.

Drinnen herrschte der typische, unverwechselbare Geruch von Stripclubs: zu viel Körperspray und billiges Parfüm, was die herberen Aromen von Schweiß und Sex indes kaum überdecken konnte.

Zwei Mädchen räkelten sich an Stangen, die schlanken Glieder mit Glitter bedeckt, der im zuckenden Licht prismenartige Reflexe bildete. Ricky Farrell und ich nahmen den Clubmanager und ein paar der Stripperinnen in die Mangel.

»Wo ist Tammy heute?«, fragte ich.

»Wer ist Tammy?«

»Machen Sie mir nichts vor. *Tammy.* Eine ihrer Tänzerinnen. Blond, ungefähr Mitte zwanzig.«

Der Manager, ein mexikanischstämmiger Amerikaner mittleren Alters, versuchte es offenbar auf die kalte Tour. Wir waren in Zivil, also holte ich wieder meinen DEA-Dienstausweis heraus.

»Hören Sie mit den scheiß Spielchen auf.«

»Ach, Tammy. Sie meinen *die* Tammy. Die ist heute nicht gekommen.«

»Was glauben Sie, wo sie ist?«

Ich bearbeitete den Manager, während Ricky sich verzog, um mit den anderen Stripperinnen zu reden.

»Hören Sie, ehrlich, ich will keine Probleme. Ich weiß wirklich nicht, wo sie ist.«

»Trifft sie sich hier mit Mexikanern?«

»Na ja, sie tanzt ohnehin für jeden. Weiße, Schwarze, Mexikaner ...«

»Ich rede nicht von Lapdances. Hat sie sich je mit Mexikanern getroffen? Ich meine unter vier Augen. Zu *geschäftlichen* Gesprächen.«

Der Manager hatte offensichtlich Angst. Er wollte nicht antworten.

Doch ich hatte ihn in der Zange. Nach ein paar Sekunden gab er nach.

»Ja, hat sie.«

Dann ratterte er die Namen von ein paar anderen Stripclubs herunter, in denen sie an diesem Abend möglicherweise tanzte.

Wir hatten keine Zeit zu verlieren. Während der Rest des DEA-Teams die beschlagnahmten Kilogramm Kokain in Lastwagen lud, um sie in die Asservatenkammer zu bringen, fuhren Ricky und ich die Läden in El Paso ab, von denen man uns erzählt hatte, dass Tammy dort vielleicht auftrat: Restaurants, Bars, andere Stripclubs wie das Red Parrot, das Nero's, den Jaguars Gold Club, das Kayak, den Ecstasy Palace, die Players Sports Bar und das Grill.

Ich raste von Ort zu Ort und murmelte Ricky zu: »Wir müssen das Mädel finden, Mann.«

»Du hast recht – und zwar so schnell wie möglich, bevor *sie* sie finden.«

»Wenn wir sie nicht auftreiben, ist sie noch heute Nacht in Juárez.«

Wir fuhren kreuz und quer durch El Paso, stundenlang bis die Sonne aufging, fragten nach ihr und durchkämmten Dutzende Läden – ohne Erfolg.

Am nächsten Tag erfuhren wir von unseren Informanten in Mexiko, dass Tammy tatsächlich über die Grenze nach Juárez gebracht worden war.

Dort hatte sie das grausame Schicksal ereilt, dass die Drogenbosse ihren Opfern zukommen lassen. Sie war skrupellos ermordet und ihr Körper zerstückelt worden. Im Kartelljargon hieß das, sie machten *sopa*, Suppe.

Was dann noch übrig ist, wird in einen 200-Liter-Metallbottich gepackt und mit Batteriesäure übergossen. Binnen Stunden gibt es keinen Leichnam mehr, nur noch eine widerliche Brühe mit menschlichen Überresten. Man muss lediglich das entsorgen, was von den Knochen und Zähnen sich nicht auflösen ließ.

Tammys Tod verfolgte mich in El Paso viele schlaflose Nächte lang.

Ich hatte sehr unsanft mit den Spielregeln der Kartelle Bekanntschaft gemacht. Das Juárez-Kartell gab Tammy persönlich die Schuld an der Beschlagnahmung. Es spielte keine Rolle, dass sie keine Informantin gewesen war, dass wir sie nicht umgedreht und sie kein Kokain für sich selbst abgezweigt hatte.

Ihr Fehler war es einfach gewesen, leichtsinnig oder gierig ihren Namen auf den Mietvertrag zu setzen – und somit die Verantwortung für alles zu übernehmen, was mit der im Haus versteckten Ware geschah. Diesen Fehler hatte sie mit ihrem Leben bezahlt.

Die Hinrichtung war ein Racheakt – aber auch eine Botschaft an alle anderen Stripperinnen, die sich gern etwas dazuverdienen wollten, indem sie Häuser für das Kartell anmieteten: *Wenn mit der Ware irgendetwas passiert, erwartet euch dasselbe Schicksal wie Tammy.*

In der folgenden Woche tauchte auf unserem Radar ein weiterer Name auf. Dank meiner vertraulichen Quellen in El Paso hatte ich es geschafft, einen Informanten umzudrehen: einen vierundzwanzigjährigen mexikanischen Kriminellen, und dieser Palomo erzählte uns von einem jungen Helfer Amados.

Guzmán, so hieß er, kam nach El Paso, um Spülbecken aus Edelstahl zu kaufen. Er war anscheinend ein aufstrebender Drogenschmuggler, der für seine Brutalität bekannt war, doch in Amados Organisation bislang nur einen niedrigen Rang bekleidete.

Nichts Besonderes. Wir observierten den jungen Mann

auf Schritt und Tritt. Ich verfolgte ihn ins Zentrum von El Paso, wo ich ihn dabei beobachtete, wie er eine Reihe von mexikanischen Haushaltswarenläden und Outlets für Küchenzubehör aufsuchte.

Wie sich herausstellte, hatte diese Tour nichts mit Kokain zu tun. Guzmán kaufte einfach Küchensets aus Edelstahl – an die fünfzig Stück –, packte sie auf einen Pritschenwagen und fuhr damit zurück nach Juárez, um sie dort steuerfrei und mit Gewinn auf dem Schwarzmarkt zu verkaufen.

Wie üblich in solchen Fällen notierte ich mir den Namen des jungen Kerls und schrieb sogar seinen Spitznamen dazu, El Chapo, umgangssprachlich für »der Kleine«. Danach dachte ich ungefähr ein Jahrzehnt lang nicht weiter an Guzmán. Als er mir wieder unterkam, hatte er schon einen kometenhaften Aufstieg in der mexikanischen Unterwelt hingelegt.

Unglaublich, aber wahr: El Chapo Guzmán – der Junge, den ich verfolgt hatte, als er Spülbecken kaufte – war laut *Forbes* die Nummer 86 unter den reichsten Männern der Welt. Außerdem führte das Magazin den kleinen Milliardär in der Liste der mächtigsten Männer auf Platz 41. Kein anderer Mexikaner, nicht einmal der Präsident, schaffte es auf diese Liste. In Anbetracht eines geschätzten Vermögens von einer Milliarde Dollar nannte *Forbes* El Chapo, möglicherweise leicht übertrieben, den »größten Drogenbaron aller Zeiten«.

Noch bevor ich auf der Bildfläche erschien, hatte Steve Whipple bereits sehr erfolgreich den Kokainschmuggel eines gefährlichen Zweiges des Juárez-Kartells durchkreuzt. Es ging um die Praxis, an den Grenzübergängen zwischen

Juárez und El Paso Beamte – meist Mexikaner, aber auch korrupte US-Grenzpatrouillen – zu bestechen, um die Lkw-Ladungen hinüberzubringen und das Kokain in Drogenlagern, für den Weitertransport in die gesamten Vereinigten Staaten vorzubereiten.

Für den Grenzübertritt waren im Juárez-Kartell hauptsächlich die Espinozas zuständig, eine Gruppe von Brüdern und Cousins, die einander sehr nahestanden und in El Paso lebten, deren Auftraggeber jedoch in Ciudad Juárez saßen. Durch diese jungen Männer hatten Amado und sein Bruder Vicente viel Geld verdient, bloß in letzter Zeit waren die Espinozas mit ihren Chefs in Konflikt geraten – vor allem dank der großartigen Arbeit von Steve Whipple und seinem Abhörteam.

Bevor ich nach Texas kam, hatte Steve mehrmals bei Fahrzeugkontrollen große Mengen Rauschgift beschlagnahmt, einmal sogar 700 Kilogramm reinstes Kokain des Juárez-Kartells. Steve war es, der als Erster auf die Idee kam, legale »vorgetäuschte Autoentführungen« zu inszenieren – die offizielle Bezeichnung lautete »nachträglicher Durchsuchungsbeschluss« –, was sich als exzellente Methode erwies, um Verwirrung und wilde Diskussionen in den abgehörten Leitungen zu provozieren.

Wenn unsere Einsatzgruppe verlässliche Hinweise erhielt, dass eine größere Lieferung über Land transportiert werden sollte, hielten drei oder vier Agenten das Fahrzeug an – extrem aggressiv, nur auf Spanisch herumbrüllend, mit allgemeinen Polizeimarken ausgewiesen, die Gesichter mit schwarzen Sturmhauben bedeckt.

Gemeinsam mit Steve nahm ich an einigen dieser Aktionen teil. Wir durchsuchten das Fahrzeug gründlich, verhafteten aber nie jemanden und ließen auch keine Kopie eines Durchsuchungsbeschlusses zurück. Die mexikanischen Gangster waren so sehr an korrupte Polizisten gewöhnt – oder sogar an gegnerische Banden, die sich als Polizisten *ausgaben* –, dass sie meist auf die Knie fielen und sich sicher waren, wir wollten sie umbringen.

Juristisch gesehen agierten wir unter der sogenannten Carroll-Doktrin, einer Entscheidung des Obersten Gerichtshofs der USA aus der Zeit der Prohibition, die die Durchsuchung von Autos ohne entsprechende richterliche Genehmigung für rechtmäßig erklärte und oft als »Autoausnahmeregel« bezeichnet wird.[9]

Eigentlich befindet sich jegliches Kokain, das über die Grenze befördert wird, als Betäubungsmittel gemäß den entsprechenden Paragrafen des Bundesgesetzbuchs ohnehin bereits im Besitz der US-Regierung. Jedenfalls beschlagnahmten wir die Drogen und ließen die Schmuggler verschreckt zurück, nur lose mit Plastikhandschellen gefesselt, während sie auf Spanisch Gebete vor sich hinmurmelten. Was wir ihnen nie abnahmen, waren ihre Handys.

Diese Taktik der verzögerten Durchsuchungsbeschlüsse führte zu unschätzbar wertvollen Telefongesprächen sowohl der Gangster untereinander als auch mit dem gesamten Netzwerk, mit Strafverteidigern ebenso wie manchmal sogar mit den Kartellbossen. Unter uns nannten wir das »die Leitungen kitzeln«.

Ich wusste, dass wir uns bei den Espinozas einschleichen mussten, bevor sie von ihren launenhaften Bossen umgelegt wurden; schließlich stand auf den Verlust einer bedeutenden Menge Kokain – wie wir bei Tammy gesehen hatten – der sofortige Tod. Ich spürte intuitiv, dass wir durch sie in die inneren Kreise von Amado, Vicente und anderen hochrangigen Mitgliedern des Juárez-Kartells vordringen konnten.

Dafür würde ich mich undercover in diese Gruppe von »Narco-Juniors«, wie wir die Grenzgänger der Espinozas nannten, einschleusen. Allerdings waren diese Frontsoldaten und Gehilfen des Juárez-Kartells nicht nur jung, sondern ebenfalls skrupellos.

Die Espinoza-Gang hatte als Kennzeichen ein scheinbar harmloses Symbol gewählt: die gelbe Zeichentrickfigur Tweety, die auf T-Shirts und Jacken, auf Autos und als Tattoo auf ihren Körpern prangte.

Für die mexikanischen Drogenkartelle hat der Vogel jedoch eine tiefere Bedeutung, denn er gilt beinahe als einer ihrer Schutzheiligen. Tweety ist für sie ein *pollo*, ein Küken, im mexikanischen Slang auch eine Bezeichnung für illegale Grenzgänger, und *pollero* steht für Schmuggler.

Viele mexikanische Drogenkuriere verehren finstere »Schutzheilige« wie Santa Muerte und Jesús Malverde, einen legendären Banditen, der 1909 in Sinaloa getötet wurde. Jesús Malverde gilt als lateinamerikanische Version von Robin Hood, und Schmuggler, die Drogen über die Grenze bringen, bitten ihn in Gebeten um den sicheren Transport und tragen oft Ikonen und Bilder von ihm bei sich.

Obwohl Santa Muerte von der römisch-katholischen Kirche nicht anerkannt wird, ist sie – deren Name wörtlich »Heiliger Tod« lautet – eine Gottheit oder Kultfigur, der viele Altäre in ganz Mexiko gewidmet sind. Drogenschmuggler huldigen ihr und bitten sie um die sichere Beförderung ihrer illegalen Ware, außerdem beten sie vor Hinrichtungen zu ihr. In den letzten Jahren wurden an den ihr gewidmeten Wallfahrsstätten viele Mexikaner erschossen oder abgeschlagene Köpfe als grausame Opfergaben deponiert.

Natürlich beten die durchaus frommen Drogenfamilien auch zu offiziell anerkannten Heiligen. Besonders beliebt ist bei ihnen Judas, der Schutzpatron für hoffnungslose Fälle, der bei ihnen eine beinahe gottgleiche Verehrung genießt

Was die Looney-Tunes-Cartoon-Figur des trickreichen Kanarienvogels angeht, so kleben viele einen Tweety-Sticker auf ihre Lastwagen oder hängen Tweety-Lufterfrischer an die Rückspiegel. Die Drogenhändler und -kuriere sehen sich selbst gern als den unbesiegbaren kleinen Vogel, der nie erwischt wird.

Durch wiederholte, oft brutale Verhöre – sowie durch einen korrupten Verteidiger, der in Texas auf der Gehaltsliste der Drogenschmuggler stand – hatte das Juárez-Kartell erfahren, dass Steve Whipple hinter den Abhöraktionen und den verschiedenen Ermittlungen stand. Die Bosse handelten schnell und gnadenlos und gaben Steves Ermordung in Auftrag – wohl wissend, dass er ein DEA-Spezialagent war.

In wochenlanger mühseliger Arbeit überredeten wir meinen Informanten Palomo, mich einigen Mitgliedern des Espinoza-Clans vorzustellen, die in El Paso eine Firma für getönte Autoscheiben und individuell angefertigte Stereoanlagen betrieben.

Zwei Cousins leiteten den Laden, und mein Informant stellte mich ihnen als »Fast Eddie« vor, einen Mann für »schwierige Aufgaben«. So sah ich auch aus, mein Pferdeschwanz reichte mir bis zur Mitte des Rückens, ich trug eine Anzughose, ein Hemd und schlichte schwarze Slipper. Angeblich war ich ein Privatdetektiv aus LA.

Vor meinem ersten Undercover-Treffen schickten wir mitten in der Nacht ein Einbrecherteam des FBI in die Werkstatt, das dort Video- und Audiowanzen installierte, während eine Einheit der DEA die Umgebung im Auge behielt.

An einem strahlend hellen Februarmorgen brachte Palomo mich im Osten von El Paso in dem Autoscheiben- und Stereoanlagenladen mit den Espinozas zusammen. Sie waren alle junge Männer Anfang zwanzig, traten aber im Namen der älteren Familienmitglieder und Partner des Juárez-Kartells auf, die vor Kurzem infolge von Steve Whipples Abhörarbeit verhaftet, verurteilt und ins Gefängnis gesteckt worden waren. Als Sprecher traten Ivan und sein jüngerer Bruder Julio Cesar auf. Bei einem früheren Treffen, das heimlich beobachtet und aufgezeichnet wurde, hatte Palomo sie auf meine bevorstehende Ankunft vorbereitet.

Er erzählte ihnen, ich sei ein korrupter Privatdetektiv, der sich auf einem persönlichen Rachefeldzug gegen Steve Whipple befinde, weil der ein paar meiner Kunden verhaftet habe und ich dadurch viele Tausend Dollar eingebüßt hätte. Sie nahmen es ihm ab.

»Einen tollen Laden habt ihr hier – ich habe gehört, dass ihr gute Arbeit macht«, sagte ich und warf einen bewundernden Blick auf ein paar der Luxusschlittens und SUVs, die sie ausstatteten.

Die Bosse des Kartells – die in Campestre, einem gesicherten Stadtteil von Ciudad Juárez lebten – fuhren alle schwarze Chevrolet Suburbans mit getönten, kugelsicheren Scheiben, dröhnenden, Soundsystemen und einer Panzerung der Stufe drei. In diesen schweren, militärischen Sicherheitsstandards entsprechenden Fahrzeugen, deren Inneres indes den luxuriösesten Limousinen glich, fühlten sie sich wie unbesiegbare Warlords.

»Yeah«, sagte Ivan Espinoza und strich sich über den spärlichen Ziegenbart.

»Ich mache auch gute Arbeit«, meinte ich und deutete ein Lächeln an.

»So wurde es uns erzählt.«

Ich spielte nicht zum ersten Mal einen Berufskiller. Wenn man sich als Auftragsmörder ausgeben will, macht man am Anfang nie eine zu direkte Aussage – »Ich kann den Kerl ausschalten« oder sogar »Ich kann ihn umlegen.« Da läuten bei den Bösen gleich die Alarmglocken.

Man spricht eine unter Kriminellen geläufige Geheimsprache: harmlos klingende Formulierungen, halb ausgesprochene Sätze, unterstützt durch bedeutungsvolle Blicke.

»Ich habe gehört, hier gibt es Probleme«, sagte ich. »Ihr habt mit einer Plage zu kämpfen?«

Sie nickten argwöhnisch.

Ich ließ meinen Blick weiter durch die Werkstatt schweifen. »Ich bin einer, der ..., nun ja, Plagen *ausrotten* kann.«

»Ja?«

Jetzt beugte ich mich ganz nah zu ihnen herüber und senkte meine Stimme fast zu einem Flüstern.

»Also, ich kann den Job übernehmen. Aber ich brauche zehn Riesen. Ich fahre nicht mit meinem eigenen Schlitten, sondern brauche ein sauberes Auto. Und etwas, womit ich die Plage in alle Winde zerstreuen kann.«

Sie verstanden. Nachdem ich ihr Vertrauen gewonnen hatte, zeigte ich ihnen Bilder von Steve Whipple, die ich bei der »Observation« gemacht hatte, um mir seine Identität bestätigen zu lassen.

»Ja, das ist der Cop – das ist er«, sagte Ivan Espinoza.

Da mir bewusst war, dass ich Gefahr lief, eine strafbare Handlung zu provozieren, bot ich den Espinozas mehrere eindeutige Gelegenheiten, einen Rückzieher zu machen. Um das Geschäft zu besiegeln, nahm ich sie mit nach draußen, um ihnen meinen ramponierten, von Rostflecken übersäten grauen Ford LTD zu zeigen. Ich machte den Kofferraum auf, und sie konnten sehen, dass er vollständig mit reißfesten, durchsichtigen Plastikplanen ausgelegt war – ein Beweis dafür, dass ich wusste, was ich tat, wenn es um die Entsorgung der Überreste meiner »schmutzigen« Arbeit ging.

»Das Auto, das ihr mir besorgt, sollte … Ach, mir ist egal, was für ein Wagen es ist, solange der Kofferraum mindestens so groß ist wie dieser.«

Sie nickten verständnisvoll. Steve Whipple war ein ziemlich kräftiger Kerl, daher waren die Größe und die Tiefe des Kofferraums von erheblicher Bedeutung.

Wir drehten in dem Ford LTD eine Runde durch El Paso.

Was sie natürlich nicht wussten – diese alte Schrottkiste verfügte über eine ganz eigene Ausstattung, denn alle unsere Unterhaltungen wurden in Bild und Ton aufgezeichnet.

Die Espinozas stimmten allen Bedingungen zu: Sie waren bereit, mir zehn Riesen zu zahlen und mir einen sauberen, viertürigen Wagen und eine Schrotflinte, vorzugsweise eine Remington, zu besorgen.

Nach diesem ersten Treffen kehrte ich zur Sondereinheit zurück, wo wir weiterplanten und überlegten.

Wie sollte der nächste Schritt aussehen?

Plötzlich unterbreitete Steve Whipple selbst einen verwegenen Vorschlag, wie wir den Juárez-Gangstern unwiderlegbare »Beweise« liefern konnten, dass ich den Mordauftrag ausgeführt hatte.

Gemeinsam mit der Gerichtsmedizin von El Paso machten wir uns auf in die Wüste, um den Tatort des »Mordes« zu fotografieren. Steve hatte zwei Beamte der Mordkommission des El Paso Police Department dazugeholt, Max Zimmerly und Mickey Wilhite.

Wir fuhren mit meinem großen grauen, viertürigen Ford LTD raus ins Gelände, damit er auf den Fotos im Hintergrund zu sehen war. Max Zimmerly vermischte wie ein professioneller Maskenbildner aus Hollywood Kunstblut und normalen Ketchup aus dem Supermarkt, damit das Ganze echt aussah. Steve wurde damit beschmiert und außerdem an Händen und Füßen gefesselt. Dann stülpten sie ihm eine Plastiktüte über den Kopf und verschlossen sie mit Klebeband rund um seinen Hals.

Anschließend richteten sie ihn so her, als hätte ich ihm aus kurzer Distanz mit meiner Kaliber 12 in den Kopf geschossen. Sie zogen Steve durch den Dreck, versahen seinen Rücken und seinen Hintern mit staubigen Fußabdrücken und sorgten dafür, dass es so aussah, als habe er ordentlich den Arsch poliert bekommen, bevor ich ihm mit der Remington den Gnadenschuss verpasst hatte.

Zum Schluss machten sie Polaroidfotos von der »Leiche«.

Die Bilder waren so verstörend, dass ich, als ich sie das erste Mal sah, erschüttert war. Man hatte wirklich den Eindruck, dass Steve aus nächster Nähe in den Kopf geschossen worden war. Es sah absolut schrecklich aus. Selbst heute würde ich nicht wollen, dass Steves Kinder diese Polaroids zu sehen bekämen, denn auf ihnen wirkte es so echt, als hätte ich ihn umgelegt. Doch der inszenierte Mord an Steve nahm ein unerwartetes Ende. Ein Spitzel im Gefängnis versetzte die Espinozas in Unruhe. Ihre Angst vor Abhöraktionen und einer undichten Stelle in ihrer Organisation wurde so groß, dass sie ein letztes Treffen mit mir, bei dem die Übergabe der 10 000 Dollar für den »Mord« stattfinden sollte, platzen ließen. Für die Staatsanwaltschaft machte das allerdings keinen großen Unterschied. Wir konnten trotzdem die gesamte Espinoza-Gang wegen Mordkomplotts drankriegen und brachten sie allesamt hinter Gitter.

Zwei Monate nach meiner Ankunft in El Paso hatte ich die Beziehung zu meinem Informanten Palomo vertieft. Er war jetzt bereit, nach Juárez zu fahren und Kontakt mit den Carrillo-Fuentes-Brüdern aufzunehmen. Ein zuverlässiger Partner des Kartells – ein chinesisch-mexikanischer Restaurantbesitzer – hatte sie miteinander bekannt gemacht, und wir konnten sogar persönliche Treffen bei ihnen zu Hause arrangieren.

Wie bei allen Informanten galt zunächst auch hier, dass ich nur glaubte, was sich beweisen ließ, doch im Lauf der Monate ersetzten Palomos Augen und Ohren meine eigenen. Ich schickte ihn oft über die Grenze, damit er dort aktiv wurde, denn für mich selbst war es nicht machbar, verdeckt in Ciudad Juárez zu ermitteln und mich mit Amado oder Vicente zu befassen.

In dieser Hinsicht unterschieden sich die Gangster des Juárez-Kartells erheblich von den anderen Drogenschwergewichten, mit denen ich im Laufe meiner Karriere undercover zu tun hatte. Das hier war anders als damals, als Mike Bansmer und ich uns persönlich mit thailändischen Drogenkurieren trafen oder als ich allein mit einem Nigerianer wie Sam Essell oder einem Libanesen wie Kayed Berro Kontakte pflegte. Südlich der Grenze gelten andere Regeln. Die Brüder Carrillo Fuentes trafen sich, genau wie die anderen großen mexikanischen Drogenbarone, ausschließlich mit Mexikanern.

Dennoch erhielt ich durch meinen Informanten Palomo neun Gesprächsmitschnitte, auf acht davon war der jüngere Bruder Vicente zu hören, auf einem ausschließlich Amado. Es war das erste Mal, dass sich zwei Bosse des Juárez-Kartells auf eindeutigen Tonbandaufzeichnungen selbst belasteten.

Unverständlicherweise schlug plötzlich die Stimmung in der DEA-Zentrale in Arlington um. Dort gab es hochrangige Beamte, die nicht glauben wollten, dass wir tatsächlich nahe genug an Amado herangekommen waren, um seine Stimme aufzuzeichnen. Oder auch nur, dass wir einen Informanten gewonnen hatten, der auf so vertrautem Fuße mit den Verbrechern stand.

Wenige Tage nachdem wir die neunundzwanzig Punkte umfassende Anklage gegen Amado und Vicente sowie ihren Hauptgeschäftsführer Javier Herrera eingereicht hatten, erfuhren wir von einem Machtkampf, der zwischen verschiedenen Führungskräften der DEA, vor allem in der Abteilung für Spezialeinsätze, ausgetragen wurde. Dieses Gerangel innerhalb der Behörde führte zu einer internen Untersuchung, bei der die Herkunft und die Echtheit der Aufnahmen in Zweifel gezogen wurden.

Steve Whipple und ich mussten zur DEA-Zentrale fliegen und uns dort ausfragen lassen, wie wir an die Informationen gekommen waren. Zwischenzeitlich wurde – zu meinem großen Ärger – sogar behauptet, die Aufnahmen seien inszeniert und die Stimmen sogar fingiert.

Nach einer ganzen Woche in Arlington galt zum Glück als gesichert, dass alle neun Bänder echt waren – andere Informationsquellen hatten den Zweiflern bestätigt, dass es sich tatsächlich um die Stimmen von Amado und Vicente Carrillo Fuentes handelte.

Nachdem die Echtheit der Aufnahmen bewiesen war, konnten wir anfangen, die Schlinge zuzuziehen. Im US-amerikanischen Justizsystem gibt es vier Möglichkeiten, Straftaten vor Gericht zu bringen: die Klage, die formelle Anklage, die Anklage durch eine Anklagejury sowie Informationen von der Staatsanwaltschaft, die zur Strafverfolgung führen. Ich beabsichtigte, gemeinsam mit der Staatsanwaltschaft des fünften Distrikts vorzugehen.

Unser Problem war, dass wir uns in unbekanntem Fahrwasser bewegten: Wir standen kurz davor, sowohl Amado als auch Vicente Carrillo Fuentes anzuklagen und letzten Endes ihre Auslieferung zu beantragen, aber dafür mussten noch erhebliche juristische Hürden überwunden werden. Auch wenn Eile geboten war, überwog bei uns die Genugtuung, den unantastbaren Herrn des Himmels höchstpersönlich vor ein amerikanisches Bundesgericht zu zerren.

Natürlich hätte Amado Carrillo Fuentes seine Position nie erreicht, wenn er nicht über ein umfassendes Netzwerk aus Spionen und Informanten sowohl auf den Straßen als auch im mexikanischen Staatsapparat verfügen würde. Als ihm bewusst wurde, wie nahe wir an einer Anklage waren, die zu seiner Auslieferung führen könnte, unternahm er alles, um dem zu entgehen – so wie Pablo Escobar und andere kolumbianische Drogenbarone es ein Jahrzehnt zuvor getan hatten, als ihnen die Auslieferung an die USA drohte.

Durch unsere hervorragenden Informationsquellen in den Vereinigten Staaten wie in Mexiko wussten wir, dass Amado Carrillo Fuentes sich heimlich auf die Suche nach einem Ort gemacht hatte, an dem er seine illegal erworbenen Milliarden deponieren konnte.

Zu diesem Zweck war er erst nach Kuba gereist war, dann runter nach Bolivien, Buenos Aires und Santiago de Chile. In Mexiko wurde der Druck zu groß. In Ciudad Juárez ließ Amado sich nur noch in Krankenwagen herumfahren, die wie seine gepanzerten SUVs so luxuriös ausgestattet waren wie Limousinen, von außen aber glichen sie stinknormalen Rettungswagen und fielen im Straßenverkehr nicht als in irgendeiner Weise verdächtig auf.

In dieser hektischen Zeit, als wir uns um die Anklage gegen Amado bemühten, raste ich einmal über einen glatten, schwarzen Streifen Highway. Ich saß auf einem neuen Motorrad, das mein Stiefvater mir gekauft hatte – einer Harley Davidson Softail. Ich hatte beschlossen, die Strecke von der östlichen texanischen Grenze bis nach El Paso in einem einzigen Gewaltritt zu bewältigen – insgesamt 1421 Kilometer.

Ich fuhr drei oder vier Stunden und legte dann eine fünfzehnminütige Pause ein, um ein wenig Wasser zu trinken und zu tanken, doch ich hielt mich nirgendwo zu lange auf, denn ich wollte schließlich an einem Tag den gesamten Staat Texas durchqueren.

Im Laufe dieser wahnsinnigen Tour fuhr ich irgendwo in der Nähe von Odessa rechts ran. Ich hatte eine dringende Nachricht von einem meiner Vorgesetzten in El Paso, Dennis Clark, erhalten.

Die texanische Hitze hatte mittlerweile durch ein plötzliches Gewitter ein Ende gefunden. Ich hielt mit der Harley unter einer kleinen Brücke, um dem heftig prasselnden Regen zu entkommen.

Dort fiel mir ein rostiger, heruntergekommener, verlassener Pontiac auf. Ich stellte die Softail auf den Seitenständer, setzte mich auf den Fahrersitz des verwahrlosten Wagens und rief über mein Handy Dennis an.

»Was gibt's, Dennis?«

»Amado ist erledigt.«

»Ich weiß. Wir werden Vollgas geben in diesem Fall.«

»Nein, Eddie. Er ist *tot*.«

»Tot?« Ich wiederholte es zweimal – nicht als Frage, sondern einfach fassungslos, ungläubig. »Amado Carrillo Fuentes ist tot …«

»Tot.«

Ich blickte mich um und sah eine dünne, grün-schwarze Schlange über den Rücksitz kriechen.

»*Ermordet?*«, fragte ich schließlich.

»Er starb nach einer Operation. Ich kenne noch nicht alle Details. Zu starke Narkose.«

Ich war unglaublich frustriert und sauer. Als ich einen Blick nach hinten warf und die Schlange auf dem Rücksitz sah, überlegte ich tatsächlich einen Augenblick lang, meine Knarre zu ziehen und ihr sauber den Kopf wegzupusten.

»Fuck!«

Mein Gebrüll ließ das gesamte Chassis des ramponierten Pontiac erbeben.

Als ich wieder im Büro der Einsatzgruppe in El Paso war, fügten sich die Puzzleteile langsam zusammen. Amado Carrillo Fuentes hatte sich – kurz bevor er abtauchen wollte, um unserer Anklage zu entkommen – zum Fettabsaugen und zu einer Gesichtskorrektur ins Krankenhaus begeben. Der Eingriff wurde von vier mexikanischen Ärzten durchgeführt und dauerte mehrere Stunden. Nach der Operation griff Amado nach dem Anästhesisten, stöhnte vor Schmerzen und verlangte: *Gib mir mehr.*

Der Narkosearzt zögerte – er war kein Quacksalber, kannte sich vielmehr aus mit den Reichsten und Mächtigsten Lateinamerikas. Dennoch verabreichte er seinem Patienten weitere Schmerztabletten.

Amado, dessen Schmerzen nicht nachließen, verlangte *noch* mehr.

Der »Herr des Himmels« starb am 4. Juli an Atemstillstand.

Die Chirurgen hatten seine Gesichtszüge komplett neu gestaltet und knapp 15 Kilogramm Fett aus seiner Körpermitte abgesaugt.

Ich ging diese Informationen im Kopf immer wieder durch. Amado auf dem Tisch des Pathologen, der Körper durch die Operation aufgedunsen und entstellt: der reichste Drogenschmuggler der Welt – tot.

Nach Amados Tod fand in Juárez ein dreißigtägiges, heilloses Blutvergießen statt. Jeder, der Amado Geld geschuldet hatte oder ihm in irgendeiner Weise verpflichtet war, zog los und schlachtete alle Anhänger der Carrillo Fuentes ab, derer er habhaft werden konnte: Fußsoldaten, Handlanger, sogar hochrangige Funktionäre des Kartells. Es war besser, jetzt in der Übergangsphase zu töten, solange es kein neues Oberhaupt gab. In diesen dreißig Tagen gab es vierundneunzig Morde, im Schnitt drei pro Tag.

Die mexikanischen Kokainkartelle sind sehr komplex und inzestuös aufgebaut, anders als alle anderen Drogenimperien der Welt. Manchmal verbünden sie sich und handeln gemeinschaftlich wie eine kriminelle Genossenschaft – wie im Fall der ursprünglichen Föderation.

Zu anderen Zeiten, vor allem wenn es ein Machtvakuum gibt, führen sie Kriege untereinander, deren Ausmaße die Bandenkriege der Al-Capone-Ära während der Prohibition harmlos erscheinen lassen. Allein seit 2006 haben die mexikanischen Drogenkriege 66 000 Menschen das Leben gekostet, eine Zahl, welche die Summe aller gefallenen US-Soldaten im gesamten Vietnamkrieg weit übersteigt.

Und im Gegensatz zur amerikanischen Mafia kennen die mexikanischen Kartelle – wie der versuchte Auftragsmord an Steve Whipple zeigte – keine Hemmungen, Polizisten, Richter, Politiker oder die engsten Familienmitglieder der jeweils anderen Seite umzubringen.

In der mexikanischen Drogenwelt kursiert die folgende berühmte Geschichte.

Als der Sohn von El Chapo Guzmán, der zweiundzwanzigjährige Édgar Guzmán López, öffentlich von mindestens fünfzehn Killern mit Sturmgewehren und Granatwerfern auf dem Parkplatz eines Einkaufszentrums ermordet wurde, legte El Chapo ein schreckliches Gelübde ab:

»Wenn mein Sohn nicht leben darf, dann darf es eurer auch nicht.«

Obwohl es keine Beweise gab und gibt, geht man weithin davon aus, dass Guzmán den Sohn eines rivalisierenden Drogenbarons, dem er den Tod seines Juniors zur Last legte, ermorden ließ.

Noch heute hört man in den *barrios* von Ciudad Juárez oft: »Chapo wollte sein Pfund Fleisch, und ja, er bekam es.«

Während des mehrwöchigen Blutvergießens nach dem Tod von Amado Carrillo Fuentes habe ich mich einmal undercover nach Ciudad Juárez begeben. Wer über die Interstate 10 durch El Paso hindurch Richtung Süden fährt und nach rechts blickt, der sieht sogleich die ausgedehnten *barrios* der gewalttätigsten Stadt Mexikos.

Im Winter riecht es dort überall nach brennenden Autoreifen. Ich warf einen Blick auf diese Stadtviertel und dachte an den krassen Gegensatz zwischen der bitteren Armut, die in diesen Slums von Juárez herrschte, und dem Luxus, in dem Amado und Vicente – die unantastbaren Herren – in ihrem abgeschirmten Stadtviertel Campestre gelebt hatten.

Amado war zwar tot, doch eine der Hauptpersonen, auf die ich es in der Anklageschrift abgesehen hatte, war Javier Herrera, der Geschäftsführer und verlängerte Arm von Amado und Vicente Carrillo Fuentes.

Unmittelbar nach Amados Tod wurde Herrera vor der Stierkampfarena von Juárez öffentlich hingerichtet.

Die mexikanischen Drogenkartelle haben die gleiche Lieblingswaffe wie die Taliban in Afghanistan: das AK-47-Sturmgewehr, auch Kalaschnikow genannt, ein Gasducklader,

der Patronen des Kalibers 7.62 x 39 mm aus einem gebogenen Magazin abgefeuert und von den Mexikanern *cuerno del chivo* – Ziegenhorn – genannt wird.

Javier Herrera wurde draußen vor der Stierkampfarena vor Dutzenden Zeugen mehr als dreißigmal ins Gesicht geschossen. Die Täter feuerten aus nächster Nähe ein ganzes Ziegenhornmagazin auf ihn ab. Selbst für das Kartell war das eine besonders blutrünstige Art der Hinrichtung.

Wenn man das Gesicht eines Mannes mit so vielen Kugeln zerfetzt, ist alles, die Weichteile ebenso wie Nase und Wangenknochen, bis zur Unkenntlichkeit zerstört. Es ist ein Akt des puren Sadismus, der darauf abzielt, es der Mutter oder der Witwe unmöglich zu machen, eine Trauerfeier am offenen Sarg abzuhalten.

Was Amado selbst betraf, so zögerten wir zunächst, ob wir den Informationen aus Mexiko wirklich trauen konnten. Wir mussten sichergehen, dass der Herr des Himmels seinen Tod nicht geschickt inszeniert hatte – ein Trick aus der Hollywood-Schublade, eine schaurige Kopie dessen, was wir mit Steve Whipple draußen in der Wüste angestellt hatten.

Direkt nach dem Independence-Day-Wochenende fuhren wir nach Mexiko, um den Leichnam in Augenschein zu nehmen. Erstaunlicherweise hielt die Familie die Trauerfeier tatsächlich am offenen Sarg ab. Der Anblick reichte aus, um selbst hartgesottene Beamte der Strafverfolgung zu schockieren.

Amados Gesicht war grotesk entstellt, es sah beinahe verkohlt aus. Ich musste seine Fingerabdrücke mit einem Abdruck vergleichen, den wir schon hatten – er befand sich in unserem Archiv, seit Amado einmal ein Einreisevisum für die USA beantragt hatte.

Die Fingerabdrücke stimmten tatsächlich überein. Steve Whipple und ich hatten unsere Beute verloren, der reichste Gangster aller Zeiten war tot.

Und die Schönheitschirurgen? Die zahlten für ihren Tanz mit dem Juárez-Teufel den höchsten Preis. Die Vergeltung folgte auf dem Fuße. Einer verschwand spurlos. Allerdings gehen Gerüchte um, er sei irgendwie entkommen oder habe sich als Zeuge kooperativ gezeigt, doch nichts Genaues weiß man nicht. Das Schicksal der anderen drei Ärzte hingegen ist bekannt. Sie wurden vom Juárez-Kartell auf grausamste Art und Weise ermordet. Vermutlich auf ähnliche Weise wie Tammy Morrison, die arme Stripperin, die wir verzweifelt zu retten versucht hatten, dürften auch die Ärzte zu Tode gefoltert, zerstückelt und in Säure aufgelöst worden sein. Die Überreste sind nie aufgetaucht.

Das Schicksal von Amados Bruder Vicente ist bis heute ein Rätsel. Vielleicht wurde er ermordet, vielleicht versteckt er sich unter falschem Namen – Vicente ist einfach wie vom Erdboden verschluckt.

Bei der DEA glaubt niemand, dass er tot ist, obwohl es zwischen 1997 und 2014 nicht einen einzigen überprüfbaren Hinweis darauf gab, dass er noch am Leben ist. Und trotz aller Fortschritte im Bereich der Überwachungstechnik ist uns Vicentes Stimme seit Jahrzehnten nicht untergekommen.

Möglicherweise hat er sich nach Kuba, Bolivien, Chile oder Argentinien abgesetzt – wir wissen es einfach nicht.

Manchen Quellen zufolge ist Vicente als »Pate in Abwesenheit« immer noch für etwa ein Fünftel des mexikanischen Drogenhandels im Wert von 40 Milliarden Dollar verantwortlich. Bis heute verschiebt die Carrillo-Fuentes-Drogenhandelsorganisation mithilfe von Lkw-Flotten regelmäßig mehrere hundert Kilogramm Kokain sowie viele Tonnen Marihuana über den Ciudad-Juárez-El-Paso-Korridor in die USA, um das Rauschgift an Zellen in Texas, Kalifornien und Illinois auszuteilen.

Das US-Außenministerium hat eine Belohnung von 5 Millionen Dollar für Informationen ausgesetzt, die zur Festnahme und/oder Verurteilung von Vicente Carrillo Fuentes führen.

Am 22. Februar 2014 verhafteten die mexikanischen Behörden im Erholungsort Mazatlán endlich den mittlerweile sechsundfünfzigjährigen Joaquín »El Chapo« Guzmán, der auf der Wanted-Liste der DEA als mächtigster Kokainbaron der Welt geführt wurde. Der ehemalige unbedeutende Handlanger von Amado Carrillo Fuentes – dem ich durch die Straßen von El Paso gefolgt war, als er Edelstahlküchenzubehör kaufte – war zum Milliardär geworden und hatte es auf die *Forbes*-Liste der »mächtigsten Menschen der Welt« geschafft. Er wurde von den mexikanischen Marinesoldaten um sechs Uhr vierzig in einem Wolkenkratzerapartment mit Blick auf den Pazifik hochgenommen.

Die US-Behörden verkündeten, sowohl die Drug Enforcement Administration als auch das Heimatschutzministerium hätten durch die Bereitstellung von Informationen entscheidend zur Ergreifung von El Chapo beigetragen. US-Justizminister Eric Holder nannte die Festnahme einen »Sieg für die Bürger Mexikos sowie der Vereinigten Staaten«.

Teil drei

KAPITEL 7

DAS GROSSE SPIEL

Jetzt soll ich weit, weit nach dem Norden hinauf,
wiederum in dem Großen Spiel.

Rudyard Kipling, *Kim*

Seit unserem Sieg über Khun Sa und die Shan United
Army in den 1990er-Jahren hatte sich die Heroinproduktion von Südostasien nach Südwestasien verlagert. Nach
dem Niedergang der SUA gingen die Drogenhändler des
Goldenen Dreiecks dazu über, fast nur noch Methamphetamin herzustellen.

Heute befindet sich der globale Heroinhandel quasi ausschließlich in der Hand Afghanistans: Ungefähr 92 Prozent
des weltweit verkauften illegalen Heroins stammen von dort.

Doch wie kam es zu dieser Verschiebung von Osten
nach Westen? Nur wenige Amerikaner – überhaupt wenige
Bewohner der westlichen Welt – durchschauen, wie Afghanistan unter den Taliban den globalen Markt der Opiumproduktion an sich gerissen hat.

Das Büro der Vereinten Nationen für Drogen- und Verbrechensbekämpfung (UNODC) geht in einem wegweisenden
Bericht detailliert auf die massiven und tiefgreifenden negativen Auswirkungen des afghanischen Mohnhandels ein:

Die tödlichste Droge der Welt hat einen Markt im Wert von
65 Milliarden Dollar geschaffen, versorgt 15 Millionen Süchtige,
verursacht bis zu 100 000 Todesfälle pro Jahr, verbreitet HIV in
noch nie dagewesenem Maße und finanziert nicht zuletzt kriminelle Vereinigungen, Rebellen und Terroristen.[10]

1999 wurde in Afghanistan eine Rekordernte von 4500 Tonnen Opium eingefahren. Im Juli 2000 dann gab das Land
eine überraschende Entscheidung auf der Basis der Scharia
bekannt.

Mullah Omar, das geistliche Oberhaupt der Taliban und
von 1996 bis Ende 2001 unter dem Titel »Führer der Gläubigen« zudem De-facto-Staatschef von Afghanistan, verkündete, dass laut dem heiligen Koran der Konsum jeglicher
psychotroper Substanzen strikt verboten sei. Sein Wort war
Gesetz.

Im ganzen Land tauchten Schilder auf, auf denen diese
neue Weisung erläutert wurde. Das »Islamische Emirat
Afghanistan«, hieß es dort, ergreife wirksame Maßnahmen
gegen unerlaubte Drogen, da diese »eine enorme Bedrohung
der Persönlichkeit, der Weisheit, des Lebens, der Gesundheit, der Wirtschaft und der Moral darstellen« würden.

Damit war auch die Erzeugung illegaler Substanzen
untersagt, und in der Provinz Helmand wurde während der
nächsten Erntesaison zumindest offiziell keinerlei Mohnanbau verzeichnet.

Anfang 2001 zahlte die Bush-Regierung den Taliban für diese
»Ausmerzung« eine Belohnung von 43 Millionen Dollar. Die An-
tidrogenkampagne galt damals als eine der erfolgreichsten der
Geschichte.

Aber stimmt das? Im Vorfeld der Anschläge vom 11. September rief Mullah Omar die Würdenträger zu einem historischen Treffen in der pakistanischen Stadt Quetta zusammen. Diese Versammlung wurde unter dem Namen »Quetta-Schura« bekannt. Alle Berichte besagen, dass bei dieser ersten Zusammenkunft Hadschi Bashir Noorzai, Hadschi Bagcho Sherzai, Hadschi Baz Mohammed und Hadschi Juma Khan (oder HJK, wie ich ihn später nannte) zugegen waren. »Hadschi« ist ein Ehrentitel, den ein muslimischer Mann trägt, der die Wallfahrt zur heiligen Stadt Mekka – die Hadsch – unternommen hat. Die Hadschis beim Treffen in Quetta waren uns hingegen als wichtige Opium- oder Heroinhändler in Afghanistan und Pakistan bekannt. Es hieß, Noorzai und Juma Khan hätten die Versammlung geleitet.

Die *Time*-Berichterstattung behauptete später, das von den Taliban ausgesprochene Verbot des Mohnanbaus und der Opiumproduktion sei die Idee der Finanzexperten von al-Qaida gewesen, die mit HJK und weiteren großen afghanischen Drogenhändlern zusammenarbeiteten. Das Verbot »brachte den Taliban und ihren Schmugglerfreunden, die auf großen Vorräten saßen, als die Preise in die Höhe schossen, enorme Profite ein«.

Mullah Omar sagte angeblich zu ihnen: »Ja, wir haben die Fatwa herausgegeben, dass der Drogenhandel nach den Gesetzen des Korans untersagt ist, doch im Verborgenen werden wir weiterhin Opiumbase anhäufen.«

Die Heroinproduktion umfasst vier Phasen: Aus Mohnblüten wird Opiumpaste hergestellt, daraus dann Morphinbase und daraus Heroin. Während Morphinbase und Heroin schnell verderben, kann die braunschwarze, gallertartige Opiumpaste im Gegensatz dazu problemlos jahrelang ungekühlt gelagert werden. Große Mengen Opiumpaste halten sich in Depots mindestens zehn Jahre.

Direkt nach dem Einmarsch vom Herbst 2001 in Afghanistan vollzogen die Taliban erneut eine religiöse Kehrtwende. Mullah Omar gab eine zweite Fatwa heraus, die im Grunde besagte, dass der Mohnanbau und die Heroinproduktion – allerdings nicht der Konsum – nicht nur erlaubt seien, sondern befürwortet würden, da die Opiumhändler nunmehr den Kampf gegen die ausländischen Invasoren und die Ungläubigen finanzierten und unterstützten.

Männer wie Noorzai, Bagcho und HJK hatten in Lagerhäusern im ganzen Land tonnenweise Opiumpaste gehortet. Die Taliban waren folglich in der Lage, den globalen Markt quasi gänzlich zu übernehmen – vor allem weil sie wie gesagt über mehrere Jahre die Hälfte der Opiumernte beiseitegeschafft und gehortet hatten. Mit der Aufhebung des Verbots sorgte Mullah Omar dafür, dass ihre Gewinne sich verzehnfachten: Ein Kilogramm Opium war vor dem Verbot für 44 Dollar verkauft worden, ein Jahr später war der Preis auf 400 Dollar gestiegen.

Drogenbarone wie Hadschi Juma Khan wurden über Nacht zu Milliardären. Am schlimmsten war aus amerikanischer Sicht, dass diese Opiummilliarden in den Aufstand und die Al-Qaida-Zellen flossen. Die DEA glaubte, dass HJK allein den dschihadistischen Terrorgruppen mehr als 100 Millionen Dollar pro Jahr zahlte.

Wir Drogenbekämpfer hielten Mullah Omars erste Fatwa für das, was sie war: ein Hütchenspiel, ein geschickter Schwindel, in Glaubenslehren verpackte PR für den Konsum im Ausland. Im Grunde handelte es sich schlicht um eine betrügerische Preisabsprache. Mullah Omar untersagte die Opiumproduktion angeblich aus religiösen Gründen, ließ seine Drogenhändlerfreunde aber heimlich so viel Ware anhäufen, wie in einem Jahrzehnt produziert wurde. Es war ein klassischer Fall von Marktmanipulation, durchgeführt von einer kleinen Gruppe afghanischer Drogenbosse.

Leider sieht die Realität so aus, dass die Krise der Heroinproduktion in Südwestasien nach einem endgültigen Abzug der US-Truppen noch schlimmer werden dürfte, weil aufgrund weitreichender Absprachen zwischen der afghanischen Regierung, Polizei- und Geheimdienstmitarbeitern sowie den Drogenbossen der einzelnen Stämme sich die Verbindung zwischen Heroin und Terror in Zukunft zweifellos noch enger gestalten wird. Mit bislang nicht absehbaren Folgen.

Obwohl Afghanistan angeblich ein Verbündeter der USA ist – auch im Kampf gegen die Drogen –, nennen viele von uns aus der Antidrogenbranche das Land mittlerweile »Narco-terroristische Islamische Republik Afghanistan« und halten das Zusammenwirken von hausgemachter politischer Korruption, extrem strukturierten Drogenkartellen und radikalen terroristischen Organisationen für eine Bedrohung der nationalen und internationalen Sicherheit.

Am 11. September 2001 änderte sich alles für mich. Am Morgen der Anschläge befand ich mich in der DEA-Zentrale in Arlington und sah, wie der Jet von American-Airlines, Flug 77, ungefähr 200 Meter von meinem Bürofenster entfernt auf das Pentagon stürzte.

Ich beobachtete den Feuerball, sah den riesigen, tortenstückförmigen Krater, die lodernden Flammen, die nach dem Löschen noch lange schwelten. Als der erste Schock abgeklungen war, eilte ich zum Pentagon hinüber, um Menschen aus dem Gebäude zu holen – aber da war niemand, dem ich helfen konnte.

In den folgenden Wochen versuchte ich verzweifelt, mich an den Kämpfen in Übersee zu beteiligen. Ich teilte meinen Freunden und meiner Familie immer und immer wieder mit: »Ich will die Chance haben, bin Laden zu kriegen.«

2006 wurde dann die Stelle als stellvertretender Regionaldirektor und Landesattaché in Afghanistan frei – zwei Positionen, die zu einer zusammengelegt wurden. Ein, gelinde gesagt, unattraktiver Posten.

Damals gab es für unseren Kampf gegen die Drogen in Afghanistan kaum militärische Unterstützung. Hinzu kam, dass andere Geheimdienste *alle* Bemühungen der DEA, etwas gegen die Drogen auszurichten, unterliefen. Dennoch war ich hochmotiviert.

»Wenn ich bin Laden jagen will«, erklärte ich meiner Familie, »dann geht es nur so. Wenn ich diesen Job annehme, bin ich direkt vor Ort und kann die Drogenhändler verfolgen, die sein Terrornetzwerk finanzieren.«

Jeder in meiner Familie – meine Mutter, mein Stiefvater Ray und mein jüngerer Bruder – sowie alle meine Freunde und Kollegen sagten das Gleiche:

»Eddie, mach das nicht. Du hast eine vielversprechende Zukunft bei der DEA – wirf sie nicht in Afghanistan weg.«

An einem Dienstagmorgen schließlich wachte ich auf, und meine Entscheidung stand fest.

Du weißt, was du tun musst. Wenn du irgendeine Chance hast, diesen Kerl zu erwischen, Ed, wenn du glaubst, du kannst etwas dazu beitragen, bin Laden zu Fall zu bringen, musst du das durchziehen. Alle wollen, dass du deine Kar-

riere an die erste Stelle setzt, aber du musst nach Kabul gehen.

Also bewarb ich mich für die Stelle, und die DEA-Direktorin, Karen Tandy, war der Meinung, ich sei der Richtige für den Job. Mir ging eine abgewandelte Version des alten Sprichworts »Nur ein Dieb kann einen Dieb schnappen« durch den Kopf: *Vielleicht kann ebenso lediglich ein Fanatiker einen Fanatiker schnappen.*

Ich hatte den Posten als Landesattaché – mit einem Büro auf dem Gelände der US-Botschaft in Kabul – noch nicht lange angetreten, da stellte ich bereits fest, dass wir ernsthafte Probleme hatten, sowohl in moralischer als auch in methodischer Hinsicht.

Vor meiner Ankunft im Land hatte ich alle existierenden DEA-Akten gelesen und wusste, dass wir es mit einer Vielzahl bedeutender Opium-Warlords zu tun haben würden, die Verbindungen zu den Taliban pflegten. Die drei »Hadschis«, auf die wir uns hauptsächlich konzentrierten, waren Bagcho Sherzai, Khan Mohammed (nicht zu verwechseln mit Muhammad Khan) und HJK.

Gegen Männer dieses Kalibers konnten wir unmöglich mit herkömmlichen – also militärischen – Methoden vorgehen. Mir war klar, dass wir schon bald im Hinterland dieses unübersichtlichen Kriegsgebiets die für Drogenfahnder üblichen verdeckten Ermittlungen aufnehmen mussten.

Doch bevor ich nur darüber nachdenken durfte, selbst undercover aktiv zu werden, bestand meine wichtigste Aufgabe darin, die Einstellung der DEA-Angestellten in Kabul zu verändern. Ich war erst seit fünf Tagen im Land, als ich alle dreißig Mitarbeiter im großen Konferenzraum der Botschaft versammelte, meine ständigen Agenten ebenso wie die Verwaltungskräfte.

Ich trug ein Hemd mit offenem Kragen, bewusst leger, keine übertriebene Akkuratesse. Schon bevor ich zu meiner Rede anhob, sagte mir ein Blick in die Runde, dass meine Leute verzagt und desillusioniert waren. Sie hatten Monate – einige von ihnen Jahre – in einem Kampf zugebracht, von dem sie glaubten, dass wir ihn nie ganz gewinnen könnten.

Viele der DEA-Agenten, die sich freiwillig für einen Posten in Kabul gemeldet hatten, wollten Tarnanzüge anziehen und sich schwere Waffen umhängen, sie wollten mit Super-Stallion- und Cobra-Hubschraubern umherfliegen und die Drogenhändler der Taliban mit den Mitteln des Militärs bekämpfen. Sicher, sie waren in den Methoden der Strafverfolgung ausgebildet worden, aber jetzt versahen sie ihren Dienst in einem Kriegsgebiet.

Es war verständlich: *Niemand* ging nach Afghanistan, um dort als Undercover-Drogenfahnder zu arbeiten. Alle, die sich gemeldet hatten, dürstete es nach *Taten*.

Nur ließ sich dieses verzweigte, unkontrollierbare Reich der Heroin- und Opiumpotentaten, dieses vielerorts unwegsame, von Fehden zerrissene Land mit einer paramilitärischen Einstellung nicht zerschlagen. Meine Männer wurden immer wieder zurückgeworfen: Jeder Tag brachte Erschöpfung, Frust und Depressionen.

Statt uns wie Soldaten zu verhalten, mussten wir dazu übergehen, die Techniken der Straßen einzusetzen, die Mentalität und das Handwerk, die ich bei der Gruppe vier in Los Angeles erlernt hatte – und dies alles auf die Kampfzone übertragen. In Afghanistan hatte es bisher noch niemand mit Undercover-Methoden versucht.

Im Raum wurde vereinzelt genickt, doch hauptsächlich erntete ich ausdruckslose Blicke. Nur wenige der Anwesenden hatten je verdeckt ermittelt. Und wenn, dann in Großstädten wie Detroit, New York oder LA. Aber ein Undercover-Einsatz in den Staaten, ob nun mitten in der Stadt oder in einem Vorort, hatte nichts mit einer Aktion an einem Ort wie Kabul gemeinsam.

Meine erste Arbeitsanweisung lautete also, sie sollten ihre Kampfanzüge ablegen – die Standardmontur der Streitkräfte in Konfliktsituationen – und anfangen, sich wie die DEA-Spezialagenten zu kleiden, die sie waren. Allerdings war mir klar, dass wir bei Einsätzen, wenn nötig, die Kleidung der verschiedenen ethnischen Gruppen Afghanistans tragen würden. Egal, doch in der Umgebung der Botschaft wollte ich jedenfalls keinen meiner Leute im Kampfanzug sehen.

Nicht alle schienen zugehört zu haben. Kurz darauf spazierte ein Spezialagent – ein sehr fähiger Ermittler sogar – in seinem verdammten Kampfanzug über das Botschaftsgelände und hatte eine M67 dabei, eine Splitterhandgranate, wie sie das US-Militär einsetzt.

Ich nahm ihn beiseite und hielt ihm, ohne zu zögern, eine Standpauke.

»Was *machen* Sie da? Bringen Sie die Granate von hier weg! Gott im Himmel! Sie sind ein DEA-Agent – kein Marine!«

Es war weiß Gott nicht nötig, dass wir innerhalb des gesicherten Botschaftsgeländes bewaffnet herumliefen. Zusätzlich zu der Vielzahl von Gurkhas, die die Außenbereiche bewachten, verfügte ich über Mitglieder der Auslandssondereinheit der DEA, des Foreign-Deployed Advisory and Support Teams (FAST). Anfang der 1990er-Jahre hatte die Behörde im Zusammenhang mit ihrem weltweiten Kampf gegen Drogen fünf solcher Eliteeinheiten zusammengestellt. Eines davon ist dauerhaft in Afghanistan stationiert, die vier anderen sind auf dem Stützpunkt des Marine Corps in Quantico angesiedelt und werden je nach Bedarf an Gefahrenherde und Kriesengebiete weltweit geschickt.

Ein typisches FAST-Team besteht aus acht Spezialagenten, einem Aufklärungsspezialisten und einem Truppführer. Einen Großteil der Ausrüstung stellt das Pentagon.

Ich traf mich mit dem Oberbefehlshaber des FAST-Teams, Jeff Higgins, einem GS-14. Viele dieser FAST-Jungs konnten vor allem taktieren, schießen, angreifen. Bisher waren sie die »harten Kerle« gewesen, hatten DEA-Windjacken und Teflon-Westen getragen und waren mit Rammböcken gekommen – bei Razzien waren sie die Ersten, die über die Schwelle stürmten.

Ich musste aus ihnen das machen, was Rogelio Guevara und José Martinez aus mir gemacht hatten, als ich noch ein junger Kerl in LA war: erstklassige Ermittler und Undercover-Agenten.

»Wir vernichten hier keine Opiumfelder wie das Militär«, erklärte ich Higgins. »Wir bauen Fälle auf, damit sie strafrechtlich verfolgt werden können, hier oder von anderen zuständigen Behörden: in England, Deutschland oder der Türkei und vor allem zu Hause in den USA. Das müssen Sie verstehen. Wenn wir irgendwo im Einsatz sind, treten wir einzig und allein als Angehörige einer Strafverfolgungsbehörde auf.«

Sehr viele meiner FAST-Team-Jungs würden nur am

Rande mit unseren bevorstehenden Aufträgen zu tun haben. Sie waren »Taktiker«, wie ich sie gern nannte, aber dennoch musste ich ihnen den gebührenden Respekt erweisen. Schließlich mussten sie eingreifen, falls es mal Kugeln hagelte.

Die Besprechungen, die ich während der ersten Woche in der Botschaft abhielt, waren im Grunde der Versuch, unsere Einsatzmethoden wieder auf Null zurückzusetzen. Als ich ankam, hatte es eine klare Arbeitsteilung gegeben, doch nun war ich – zu meiner Erleichterung – zuversichtlich, dass ich die taktisch geschulten FAST-Jungs und meine juristisch versierten Ermittler zusammengebracht und somit ein einheitliches, geschlossenes Strafverfolgungsteam gebildet hatte.

Das wichtigste Gesetz, nach dem wir arbeiteten, war Paragraf 21, 960a US-Bundesgesetzbuch, das Drogen-Terrorismus-Statut von 2006, das der Drug Enforcement Administration mehr Spielraum beim Einsatz im Ausland einräumte und uns somit ermöglichte, die Opiumhändler mit Verbindungen zu den Taliban zu verfolgten, zu verhaften und sie an Bundesbezirksgerichte in New York sowie an den Bundesgerichtshof in Washington, D.C. zu überstellen. Dieses neue Gesetz sorgte außerdem dafür, dass wir im Bundeshaushalt berücksichtigt wurden und Zugang bis in die Spitze der Befehlskette hatten; wir erhielten sogar einen Platz am Tisch des Nationalen Sicherheitsrates.

Der erste Drogenhändler, den wir unter meiner Leitung ins Visier nahmen, war Bagcho Sherzai, gegen den ich später vor Gericht als Experte aussagte. Wenn es allein um das Einkommen aus illegalen Drogengeschäften geht, ist Bagcho bis heute vielleicht der erfolgreichste Heroin-händler aller Zeiten. Durch Überwachung und Informanten brachten wir verlässlich in Erfahrung, dass Bagcho Heroin in mehr als zwanzig verschiedene Länder exportierte, dar-unter die USA. Er lebte in Marco Khune, einem Dorf in der Provinz Nangarhar, und besaß außerdem ein befestigtes Anwesen in Hayatabad am Stadtrand von Peschawar in Pakistan.

Es gab nur eine Möglichkeit, an Bagcho heranzukommen: Wir mussten runter nach Dschalalabad fahren – einem für Amerikaner sogar noch gefährlicheren Orte, als Ciudad Juá-rez. Selbst unsere US-Marines begaben sich nur in großen Gruppen dorthin. Unter zwei oder drei Zügen in Humvees und mit M2-Maschinengewehren bewaffnet ging gar nichts.

Wegen der Genehmigung des Einsatzes wandte ich mich an Botschafter Ronald Neumann. Er war der gerissenste Di-plomat, mit dem ich je zusammengearbeitet habe. Neumann war zuvor stellvertretender Abteilungsleiter im Außenminis-terium gewesen und kannte sich mit den Besonderheiten des Nahen und Mittleren Ostens erheblich besser aus als ich. Zumal er bereits als Botschafter in Algerien und Bahrein und zuletzt für die Übergangsverwaltung in Bagdad tätig gewesen war.

Bei seiner Vereidigung im Außenministerium hatte Bot-schafter Neumann verkündet, seine Prioritäten in Kabul bestünden im »Kampf gegen Drogen, im Aufbau eines Rechtsstaates und in der Verbesserung der Sicherheit«. Er argumentierte, dass wir nur durch die Bekämpfung der Drogenbarone in Afghanistan sicherstellen könnten, dass das Land nie wieder ein Rückzugsort für Terroristen werde.

Neumann erzählte mir oft, er habe seine Begeisterung für den diplomatischen Dienst und für Afghanistan von seinem Vater geerbt, der in den 1960er-Jahren ebenfalls die Vereinigten Staaten am Hindukusch vertreten hatte.

Ich setzte mich dem Botschafter gegenüber an den Schreibtisch und erläuterte ihm den Undercover-Einsatz gegen Bagcho.

»Hadschi Bagcho Sherzai?«, fragte er ungläubig. »Ed, kriegen wir den Kerl tatsächlich da unten in Dschalalabad?«

»Ja, Sir. Ich glaube, dass wir ihn schnappen können. Dort schon, eigentlich nur dort. Weil er seine Hochburg nicht verlässt. Wir haben keine Wahl.«

Der Botschafter war kein Zauderer und deshalb der einzige Mitarbeiter des Außenministeriums, den ich in unsere Undercover-Aktivitäten einweihte.

»Okay, Ed«, meinte er. »Sie können auf meine Unterstützung zählen. Aber Sie müssen mir versprechen, lebend wieder zurückzukommen.«

Im Grunde handelte es sich, wie er sehr wohl wusste, um einen ersten Test unter Risikobedingungen. Um herauszufinden, wie die DEA nach den neuen Regeln der Strafverfolgung im Kriegsgebiet funktionierte.

Als ich den Posten des Landesattachés und stellvertretenden Regionaldirektors der DEA mit Verantwortung für fünfzig Agenten und eine Vielzahl von Verwaltungskräften übernahm, war mir nicht klar, dass damit ein endloser Kampf gegen die korrupte Karzai-Regierung und unsere widerspenstigen Geheimdienste verbunden sein würde.

Da ich in meiner Funktion als Landesattaché unbedingt einen afghanischen Verbündeten brauchte, traf ich mich bald regelmäßig mit General Mohammed Daud Daud, dem für Drogenbekämpfung zuständigen Mann im Innenministerium, und wir wurden schnell enge Freunde.

Gemeinsam verbrachten wir unzählige Stunden damit, die erste feste Antidrogeneinheit der afghanischen Polizei aufzubauen. Wenige Wochen nach meiner Ankunft in Kabul erzählte mir General Daud bei einer Tasse Jasmintee in seiner bescheidenen Residenz, wie er als Mudschahed gegen die Rote Armee der Sowjets gekämpft und mehr als *sieben* Jahre lang wie ein Urmensch in einer Höhle gehaust hatte. Er wusste, mit welchen Entbehrungen die Afghanen zu leben bereit waren.

»Ed, die meisten von euch Amerikanern verstehen eines nicht«, sagte er. »Die Afghanen wollen *nichts* von dem, was ihr habt. Schon gar keinen westlichen Lebensstil. Sie leben seit Jahrhunderten gemäß ihrer Traditionen und werden auch weiterhin so leben.«

Als die Sowjets einmarschierten, hatten sich rivalisierende Warlords zusammengeschlossen zum heiligen Krieg im Namen Allahs. Die Mudschaheddin legten eine für den Westen völlig unvorstellbare Askese an den Tag und vertrieben so die riesige Militärmaschinerie der Sowjets aus Afghanistan.

Mit General Dauds Hilfe wollten wir nun das Rechtssystem des afghanischen Staates auf eine neue Grundlage stellen und die zuvor geltende drakonische Scharia durch ordentliche Gerichtsverfahren ersetzen. Speziell was Drogen betraf. Außerdem entwickelten wir ein Betäubungsmittelgesetz, das auf unserem eigenen, in den Vereinigten Staaten gültigen basierte – ein Team US-amerikanischer Anwälte war nach Afghanistan gekommen, um den Staatsanwälten

vor Ort dabei zu helfen, die gesetzlichen Vorgaben zu for-
mulieren.

Für den Undercover-Einsatz in Dschalalabad brauchte ich
fünf Männer, einschließlich meiner eigenen Person. Wir fünf
hatten uns seit einem Monat nicht mehr rasiert und würden in voller »Hadschi«-Montur nach Dschalalabad fahren:
bekleidet mit einem *salwar kamiz* aus Leinen, die Gesichter in schwarze Tücher gehüllt. Ich ließ einen Paschtunisch
sprechenden Schneider in die Botschaft kommen und jedem
seinen eigenen *salwar kamiz* anfertigen. Auf dem Kopf würden wir traditionelle Pakol-Mützen tragen.

Die Echtheit unserer Fahrzeuge war für die Mission genauso entscheidend wie die richtige Kleidung. Selbstverständlich konnten wir nicht in unseren vom Staat gestellten
Land Cruisern fahren. Dann hätten wir uns für die Selbstmordattentäter gleich eine Zielscheibe auf den Rücken malen
können. Ich organisierte Geld für vier alte Toyota Corollas –
rostzerfressen, zerbeult und sechs oder sieben Jahre alt. Den
Boden der Fahrzeuge legte ich mit Sprengschutzmatten
gegen selbst gebaute Bomben und Handgranaten aus.

Einige der Agenten machte der Anblick der fragil wirkenden japanischen Kleinwagen offensichtlich nervös.

»Ich habe es euch doch gesagt: Wir sind *nicht* vom Militär«, sagte ich. »Wir sind verdeckte Ermittler und stellen den
Drogenhändlern in ihrem eigenen Milieu nach. Das heißt,
dass wir ihre Fahrzeuge benutzen.«

»Bitte was?«

Alle ohne Ausnahme sahen mich an, als hätte ich den Verstand verloren.

»Wir kommen nicht einmal in die Nähe von Dschalalabad,

wenn wir in gepanzerten Land Cruisern oder Suburbans unterwegs sind«, erklärte ich. »Und wir nehmen Kalaschnikows mit. Keine amerikanischen Waffen.«

Hätten wir M4-Sturmgewehre – Waffen des US-Militärs – mitgeführt, wäre unsere Tarnung sofort aufgeflogen, also gab es für uns keine andere Wahl als Kalaschnikows, die bevorzugte Waffe von al-Qaida und den Taliban – und der Fußsoldaten von großen Heroinhändlern wie Hadschi Bagcho Sherzai und Hadschi Juma Khan.

Der Dschalalabad-Einsatz konnte nur gelingen, wenn ich selbst mit ins Feld zog. Damit ich – als GS-15 und Landesattaché der DEA – undercover nach Dschalalabad reisen durfte, brauchte ich eine schriftliche Genehmigung der Zentrale in Arlington. Zum Glück war diese zum Zeitpunkt des Einsatzes bereits eingetroffen.

Wie groß das Drogenhandelsproblem war, konnten wir nur durch direkte Beobachtung in Erfahrung bringen. Niemand, weder die afghanischen Geheimdienste noch unsere Jungs aus Langley, verfügte über detaillierte Kenntnisse der örtlichen Heroinproduktion, vom Anbau der Mohnpflanzen bis zur Verarbeitung zu Opiumpaste, Morphinbase und schließlich zu Heroin. Unser hoch in der Luft schwebendes, hochauflösendes optisches Überwachungssystem kann eben auch nicht alles.

Es würde eine riskante Mission werden, und ich wusste, dass ich mich nicht ausschließlich auf mein FAST-Team verlassen konnte. Damit ich mich an einen so verschrienen Ort wie Dschalalabad begeben und dort für die Strafverfolgung relevantes Material sammeln konnte, brauchte ich mehr Unterstützung.

Geplant war, dass wir uns auf dem größten Opiumbasar Afghanistans einschlichen, der sich direkt im Herzen von Dschalalabad befand. Allein mit meinen DEA-Jungs war das aber nicht machbar – selbst wenn ein FAST-Team bereitstand.

In der Zwischenzeit hatte ich mich mit Greg Pate angefreundet, einem Oberst der Marines. Ich hätte mich an verschiedene Truppengattungen der Streitkräfte wenden können, doch ich vertraute am meisten den Marines. Uns wird zeitlebens eine starke Brüderschaft verbinden.

Ich traf mich mit Pate in meinem Büro.

»Ich brauche zusätzliche Unterstützung«, erklärte ich ihm. »Möglicherweise eine Eingreiftruppe, möglicherweise eine medizinische Evakuierung und möglicherweise sogar mit .50er Kalibern ausgestattete Humvees.«

Der Oberst lachte mich fast aus.

»Dschalalabad? Da fahren wir nur in Kompaniestärke hin. Sie dagegen wollen einfach mit einigen Ihrer Männer und ein paar Afghanen in Corollas da hin?«

»Ja, das haben wir vor. Machen Sie sich bereit.«

»Sind Sie völlig wahnsinnig?«

»Kann sein, Trotzdem machen wir es.«

Wir bekamen die volle Unterstützung des Marine Corps, und ich brachte diesen jungen Oberst sogar dazu, seinen Männern zu sagen, sie müssten die Einsatzregeln der DEA befolgen: keine Schlachtrufe, keine gezogenen M4-Gewehre, keine Kampfanzüge – nichts von diesem US-Marine-Scheiß.

Afghanistan hat viele abgelegene und einsame Regionen, doch *nichts* ist ernüchternder als eine Reise über den Khaiberpass. Seit dem Beginn des Einmarsches in Afghanistan, haben nur wenige Amerikaner die wichtige Bergstrecke unversehrt überquert.

Während der Fahrt kamen wir an verschiedenen Kontrollpunkten vorbei, an denen scharfgesichtige Wachposten, offenbar Taliban-Anhänger, uns tatsächlich für Fundamentalisten hielten und uns auf Paschtunisch fragten:

»Seid ihr Taliban?«

Wir starrten sie bloß an – kein Wort Englisch durfte uns verraten – und ließen Aziz, unseren afghanischen Ermittlungsassistenten, die Fragen beantworten.

Zum Glück hatten wir uns zum Schutz gegen den allgegenwärtigen Sand Tücher vors Gesicht gezogen, sodass nur unsere Augen zu sehen waren, was eine genauere Identifizierung erschwerte.

Der Khaiberpass verbindet Afghanistan und Pakistan auf einer Höhe von 1070 Metern. Er war früher ein wichtiger Teil der Seidenstraße und zählt zu den ältesten Handelswegen der Welt. Über ihn zogen seit altersher Karawanen zwischen den Regionen Asiens hin und her, um Waren aller Art zu verkaufen. Darunter auch Opium. Darüber hinaus kam dem Pass strategische Bedeutung zu.

Wer das erste Mal den Khaiberpass hinauffährt, spürt die Präsenz der vielen Möchtegerneroberer, von Alexander dem Großen über die Briten bis hin zu den Sowjets. Noch heute kann man von der Passstraße aus Bauten der britischen Armee und an den Hängen errichtete Festungen sehen.

Inzwischen ist die zerklüftete Bergregion im Grenzland vor allem als Land der Gesetzlosen bekannt. Wer die Hauptstraße verlässt, befindet sich ganz schnell in den staatlich kaum kontrollierten »Stammesgebieten unter Bundesverwaltung«.

Dort ist ein Menschenleben nicht viel wert. Von den hochaufragenden, mit Höhlen durchsetzten Felswänden aus kann man leicht von einem Scharfschützen – egal welcher politischen Ausrichtung – erschossen werden, ohne dass man es kommen sieht.

Während der Fahrt im Corolla blickte ich die Felswände hinauf und dachte an die Figur, die Sean Connery in *Der Mann, der König sein wollte* verkörpert: Danny, der britische Söldner, der über seinen eigenen Hochmut stolpert und am Ende von afghanischen Stammesangehörigen in genau dieser verlassenen Gegend ermordet wird, während er die berühmte patriotische irische Ballade schmettert:

The minstrel boy to the war is gone,
In the ranks of death you'll find him;
His father's sword he has girded on,
And his wild harp slung behind him;
»Land of Song!« said the warrior bard,
»Though all the world betrays thee,
One sword, at least, thy rights shall guard,
One faithful harp shall praise thee!«

Wir gelangten sicher über den Khaiberpass, holperten durch die nordwestliche Grenzprovinz und fuhren unbehelligt an den Stammesgebieten vorbei, während die Läufe unserer Kalaschnikows auf dem Rücksitz auf- und abhüpften, vorsichtshalber hielten wir sie bereit, denn mit Sicherheit wurden wir immer noch beobachtet ...

Irgendwie – aus wundersamen Gründen – funktionierte unsere Tarnung.

Dschalalabad war unbestritten die gefährlichste Stadt

der Region, und wir fühlten uns in keinem Winkel der vor Menschen nur so wimmelnden Stadt sicher. Ich bin schon an einigen Furcht einflößenden Orten gewesen – in Asien ebenso wie in Lateinamerika –, aber so etwas wie Dschalalabad hatte ich noch nie erlebt.

Und einen Drogenumschlagplatz wie den Opiumbasar ebenfalls noch nicht. Es ging dort zu wie auf einem Flohmarkt, nur dass anstelle von Modeschmuck, alten Möbeln und Fahrrädern hier an Dutzenden Ständen verschiedene Sorten reines Opium, Heroin und Morphinbase verkauft wurden. Das Ganze erstreckte sich über ein riesiges Areal und ähnelte einem Rummelplatz, selbst was die Stimmung betraf.

Für den eigentlichen Drogenkauf schickte ich zwei meiner afghanischen Männer hin – darunter natürlich unseren einheimischen, Paschtunisch sprechenden Informanten Aziz. Auf dem Opiumbasar wurde völlig ungerührt mit Drogen gehandelt, man konnte ganz offen ein paar Kilogramm kaufen oder sogar eine Bestellung für eine größere Menge aufgeben.

Bevor ich Aziz losschickte, legte ich ihm einen »Falken« um den Hals.

Der »Falke« ist ein verstecktes Aufnahmegerät, das von einer Privatfirma produziert wird und auf dem neuesten Stand der Technik ist. Es liefert gute Video- und Audioaufnahmen und ist praktisch unsichtbar. Ein Riesenvorteil bei Ermittlungseinsätzen. Sein Nachteil besteht darin, dass er, anders als KEL-Geräte, nichts überträgt: Er zeichnet nur auf, sodass die Verstärkung nicht alarmiert wird, wenn die Sache schiefläuft.

Damals war der Falke noch so neu – und so winzig und so ausgefeilt –, dass die Drogenbarone der Taliban bei einer

Leibesvisitation ihn nicht bemerkt oder nicht gewusst hätten, was sie da sahen.

Ich hielt mich in meiner Taliban-Verkleidung im Hintergrund und beobachtete, wie Aziz Hadschi Bagcho Sherzai traf. Bagcho war überraschend klein, etwa 1,55 Meter, hatte ein freundliches Gesicht und einen schneeweißen Bart. Unser erstes hochbrisantes Beweismittel lieferte er uns, als er auf der Falken-Videoaufnahme zugab, Opium zu produzieren und Heroin zu verkaufen. Dann erstand Aziz an Bagchos Basarstand 2 Kilogramm reines Heroin. Damit hatten wir an diesem lärmenden Opiumumschlagplatz unser Ziel erreicht.

Unmittelbar nach dem Heroinkauf rief ich die FAST-Jungs hinzu. Ich nahm über Funk Kontakt zu Jeff Higgins auf.

»Okay, Higgins. Lass deine Hunde los.«

Jetzt konnten die Mitglieder des FAST-Teams loslegen und das tun, wofür sie ausgebildet waren. Sie stürmten auf den Basar und ließen die Fetzen fliegen.

Zwischen den Ständen brach Chaos aus. Jederzeit hätte einer der Taliban eine Kalaschnikow ziehen können. Aber wir hatten Glück: Wir handelten so schnell, dass es nicht zum Feuergefecht kam.

Higgins und das FAST-Team nahmen alles auseinander und beschlagnahmten sämtliche Bücher und Beweismittel von Bagchos Stand, die wir brauchen konnten.

Kurz darauf führten wir in Bagchos Wohnsitzen in und um Dschalalabad Razzien durch. Dabei fanden wir Unterlagen, die sich als wahre Fundgrube erwiesen, enthielten sie doch Aufzeichnungen über all seine Rauschgiftdeals und seine Finanzen.

Seine Angestellten hatten – ganz altmodisch – alles aufgeschrieben. Sie benutzten nicht einmal Rechenmaschinen, von Computern ganz zu schweigen. Jede einzelne Opiumtransaktion wurde handschriftlich nach alter Sitte in Rechnungsbüchern festgehalten, wie sie anderweitig bereits seit Jahrzehnten nicht mehr verwendet werden.

In einem Exemplar, das Bagchos Aktivitäten im Jahr 2006 auflistete, waren Transaktionen im Umfang von mehr als 123 000 Kilogramm Heroin eingetragen. Es gab unwiderlegbare Beweise dafür, dass Bagcho einen Teil seiner Drogeneinnahmen dafür verwendet hatte, den Gouverneur der Provinz Nangarhar und zwei hohe Taliban, die für Anschläge im Osten Afghanistans verantwortlich waren, mit Geld, Waffen und anderen Gütern zu versorgen, damit sie ihren Dschihad gegen das US-Militär und andere Truppen des Bündnisses fortführen konnten.

Erst später erfuhren wir die vielleicht erstaunlichste Zahl: Laut einer Statistik, die das Büro der Vereinten Nationen für Drogen und Verbrechensbekämpfung zusammenstellt, führte Hadschi Bagcho im Jahr 2006 Herointransaktionen im Wert von mehr als 250 Millionen Dollar durch, das waren ungefähr 20 Prozent der gesamten Weltproduktion in jenem Jahr.

Allerdings beschränkte Bagcho sich nicht auf das Drogengeschäft – er überwies auch Millionen Dollar nach Japan, um Fahrzeuge zu importieren. Wie ich später herausfand, gehörten ironischerweise sogar die Toyota Corollas, die ich gekauft hatte, zu jenen, die Bagchos Organisation aus Japan eingeführt hatte.

Sobald wir alle Beweise gegen Bagcho zusammengetragen hatten, mussten wir sie den Strafverfolgern unterbreiten. Wir trugen den Fall zunächst der Staatsanwaltschaft im südlichen Distrikt von New York an, stießen aber auf keine Gegenliebe. Aus den unterschiedlichsten politischen Gründen sperrte man sich dagegen. Also wandten wir uns an die Abteilung für Betäubungsmittel und gefährliche Drogen des Justizministeriums. Zwar nahm die NDDS den Fall erfreut an, klagte Hadschi Bagcho Sherzai an und überstellte ihn an das Gericht – aber erst nachdem uns der afghanische Präsident widerwillig die Erlaubnis dazu erteilt hatte.

Trotz aller gegenteiligen Darstellungen in der Presse ist es *nicht* ungesetzlich, einen gesuchten Verbrecher in den Vereinigten Staaten vor Gericht zu bringen – es verstößt nicht gegen das Völkerrecht, sondern ist lediglich eine ungewöhnliche Form der Auslieferung. Da zwischen den USA und Afghanistan kein Auslieferungsabkommen bestand, hatten wir keine andere Wahl, als Bagcho direkt zu überstellen.

Wenn wir einen afghanischen Opium-Warlord in die USA schaffen wollen, bringen wir ihn meistens über die Grenze nach Pakistan, verfrachten ihn in einen Militärhubschrauber und dann in ein Langstreckentransportflugzeug, das ihn nonstop zum Dulles Airport in Washington fliegt. Sobald er in den Staaten gelandet ist, wird er offiziell angeklagt und von den US-Behörden weggesperrt.

Nach einem von der Öffentlichkeit intensiv verfolgten Prozess in Washington, DC, war Bagcho Sherzai erst der zweite Mensch, der nach Paragraf 21, 960a, dem Drogen-Terrorismus-Statut, verurteilt wurde.

Er erhielt lebenslänglich.[11]

Nur wenige Stunden nachdem wir Bagcho geschnappt hatten, übermittelte uns einer unserer äußerst zuverlässigen, Paschtunisch sprechenden Informanten in Dschalalabad eine weitere beunruhigende Information.

Ein anderer Warlord plante einen Angriff auf unsere Truppen. Obwohl er in Bezug auf den jährlichen Opium- und Heroinumsatz nicht mit Bagcho mithalten konnte, stellte er sich als größere Gefahr für unsere Streitkräfte in der Region heraus.

Hadschi Khan Muhammad war ein kleiner, schwarzbärtiger Taliban, der, ehrlich gesagt, wie eine Miniaturausgabe von Osama bin Laden aussah. Auf den ersten Blick hielten wir ihn einfach für einen weiteren Opiumhändler. Wir hefteten uns an seine Fersen, und ich beschloss, einen unserer fähigsten und der Landessprache mächtigen Mitarbeiter hinzuschicken.

Ich erklärte dem Informanten in meinem Büro, was er zu tun hatte.

»Sorgen Sie dafür, dass Sie ihm in die Unterhose gucken können«, sagte ich.

Er starrte mich verständnislos an.

Innerhalb der amerikanischen Belegschaft war ich für diese Formulierung bekannt, doch den Einheimischen unter den Mitarbeitern sagte sie gar nichts.

»Ich meine damit nur, dass Sie *ganz nah* an ihn herankommen sollen«, erklärte ich.

Wir schickten unseren Informanten, mit einem Falken ausgestattet, zu einem persönlichen Treffen mit Mohammed, den wir zumeist einfach HKM nannten. Er kaufte ihm ein paar Kilo Rauschgift ab.

Von diesem ersten Treffen an verbrachte der Informant Wochen damit, langsam das Vertrauen von HKM zu gewinnen und sich mit ihm anzufreunden. Von allen bedeutenden Drogenhändlern der Region war HKM der fanatischste Unterstützer und Geldgeber der Taliban. Über den Informanten erfuhren wir zudem von einem geheimen Treffen der Taliban, das direkt vor den Toren von Dschalalabad in der Provinz Nangarhar stattfinden sollte. Da die Zusammenkunft für die Nachtstunden anberaumt war, konnten wir es riskieren, im Schutz der Dunkelheit echte DEA-Agenten auszusenden – die weißen amerikanischen Gesichter sorgfältig unter afghanischen Kopftüchern und Schals verborgen –, um undercover zu beobachten, was die Taliban planten.

Wir hatten es hier genau genommen nicht mit Opium- und Heroinhändlern zu tun, sondern mit fanatischen Fundamentalisten, und solche Treffen stellten – mit unseren Falken dokumentiert – eine unschätzbare Informationsquelle dar. Bei diesen Gelegenheiten nämlich legten sich die selbst ernannten Gotteskrieger keinerlei Zurückhaltung auf. Vielmehr sagten sie völlig ungehemmt, was sie dachten. Ihr Geschrei, ihr Hass, ihre Drohungen gegen die Amerikaner wurden durch nichts gefiltert. Sie nannten Namen und priesen lautstark die örtlichen Taliban-Gruppen und die Drogenhändler in Nangarhar, von denen sie unterstützt wurden.

Alle unsere Leute bei der Zusammenkunft waren mit Falken ausgestattet, und wir konnten neben Muhammad weitere Drogenhändler, die in der Provinz operierten, identifizieren. Es war ein bisschen wie in den Staaten, wenn Mafiafamilien eine Hochzeit oder eine Taufe feiern und sich die Bundesbeamten vom FBI zur Observierung versammeln, dabei mit Teleobjektiven Fotos schießen und die Autokennzeichen registrieren.

Durch diese Versammlung erfuhren wir, dass Muhammad nicht nur Heroin verkaufte, sondern auch ein Waffenarsenal mit russischen Raketen sein Eigen nannte.

Und es handelte sich um mehr als leere Drohgebärden, wenn HKM zweien unserer Informanten ohne Umschweife mitteilte, er habe vor, diese Waffen gegen unsere Streitkräfte in unserem Stützpunkt in Dschalalabad einzusetzen.

Als mich diese Information erreichte, marschierte ich schnurstracks in Neumanns Büro.

»Das hier ist noch dringender als Heroin«, erklärte ich dem Botschafter. »Sie wollen Raketen auf unsere Jungs abfeuern.«

»Für wann ist das geplant?«, fragte er.

»Ich glaube, dass sie Dschalalabad innerhalb der nächsten Tage angreifen werden.«

Botschafter Neumann befragte mich zu den Quellen der Information. Ich erzählte ihm von unserem Drogengeschäft mit HKM und wie es uns dazu geführt hatte, die Taliban-Zusammenkunft zu unterwandern.

»Was haben Sie jetzt vor, Ed?«

»Wir verhaften ihn.«

Neumann nickte. Das entsprach ganz seinen Intentionen. Er betonte immer wieder, wie wichtig es sei, den Afghanen beizubringen, wie man verantwortungsbewusst einen Staat führt, und mit gutem Beispiel voranzugehen: Wir sollten ihnen zeigen, dass wir nach den Regeln des Rechtsstaats handelten – nicht nur theoretisch, sondern auch in der Praxis. Botschafter Neumann war ein eiserner Verfechter dieses Grundsatzes. Er hatte nichts übrig für die sogenannte »kinetische« Liste, die für das Verteidigungsministerium oft die Grundlage bildete, um Opium-Warlords ohne Verhaftung oder Prozess durch heimliche Drohnenangriffe aus dem Weg zu räumen. Als Idealist glaubte er wirklich daran, dass wir in Afghanistan waren, um das Land neu aufzubauen. Wir waren nicht dort, damit unsere FAST-Teams paramilitärische Aktionen durchführen konnten, und auch nicht, um die örtliche Polizei anzuspornen, einen funktionierenden Staat zu schaffen. Wenngleich eine Demokratie im Sinne Jeffersons aufgrund der komplexen Geschichte der Stämme und Regionen nicht möglich schien, glaubte der Botschafter, dass wir dort waren, um als Vorbild zu dienen und zu einer afghanischen Variante unseres westlichen, demokratischen Rechtsstaats anzuregen.

Wir wussten nun zweifelsfrei, dass Muhammad die Taliban finanziell unterstützte, aber er war auch dafür bekannt, sehr schwer zu fassen zu sein. Von nun an waren er und andere in Nangarhar ansässige Drogenhändler, von denen wir bei der Zusammenkunft erfahren hatten, unser Ziel. Sie alle wohnten in der Nähe von Dschalalabad, in den Randbezirken südlich der Stadt nahe Tora-Bora – dem abgelegenen Höhlenkomplex, in dem wir bin Laden 2001 fast geschnappt hätten.

Das hier ging über einen typischen DEA-Einsatz hinaus. Wir mussten das Ganze wie eine Geheimoperation der CIA aufziehen und beobachteten Muhammads Leute mithilfe von optischen Überwachungssystemen. Wie sich herausstellte, waren die Erkenntnisse, die wir gewonnen hatten, kein leeres Gerede: Muhammad hortete tatsächlich heimlich Raketen, vor allem die in Russland hergestellten Typen 63 und 81 vom Kaliber 107 mm.

Ich traf eine jener exekutiven Entscheidungen, die nie in

offiziellen Berichten auftauchen. »Es geht jetzt erst einmal nicht um Festnahmen«, sagte ich. »Wir schnappen uns einfach nur die Raketen.«

Und das taten wir auch. Jeff Higgins führte sein FAST-Team zum Versteck, und die Jungs setzten mitten in der Nacht auf einem verlassenen Stück Wüste ihre Spaten an und begannen zu graben. Sie fanden Stinger, MANPADs und Boden-Luft-Raketen aus der Sowjetzeit.

Wir luden alles in unsere Fahrzeuge und verschwanden in die afghanische Nacht.

Auf diese Art und Weise säten wir ganz klassisch Zwietracht. Ich wandte das, was Steve Whipple mir in El Paso und Ciudad Juárez unter der Bezeichnung »die Leitungen kitzeln« beigebracht hatte, nun hier an. Binnen Kurzem löste der Diebstahl der Raketen großen Streit innerhalb von Muhammads Gruppe aus.

Wir hörten natürlich ihre sämtlichen Handys ab und vernahmen schon bald das Geschnatter: Sie glaubten, dass sie einen Verräter in den eigenen Kreisen hatten, dass einer von ihnen zum Informanten geworden war oder, noch schlimmer, die Raketen auf eigene Rechnung verkaufte.

Dadurch waren der Zusammenhalt und das Vertrauen in der Gruppe dahin. Einer nach dem anderen wandte sich gegen den Rest. Und durch diese Differenzen, die uns Informanten in die Arme trieben, gelang es uns, Muhammad aus der Deckung zu locken.

Wir warfen ihm nicht einmal den geplanten Angriff auf unseren Stützpunkt vor, sondern sorgten bloß dafür, dass die Anklage wegen Drogenhandels wasserdicht war. Dann brachten wir ihn über die Grenze nach Pakistan, überstellten ihn wegen Verstoßes gegen das US-Drogenstatut, und schon saß er, genau wie Bagcho, in einem C-130-Militärjet Richtung Dulles Airport.

Und genau wie Bagcho bekam auch dieser Opium-Warlord der Taliban letztendlich lebenslänglich in einem Staatsgefängnis der USA. Meine Strategie, die Ermittlungsmethoden anzuwenden, die ich unter Rogelio Guevara und José Martinez gelernt und durch die Arbeit mit Mike Bansmer in Thailand und mit Steve Whipple in El Paso verfeinert hatte, zahlte sich unmittelbar und auf beeindruckende Weise aus.

Die Verhaftung von Bagcho Sherzai auf dem Opiumbasar und die Beschlagnahmung von Muhammads Raketenarsenal waren zwar große Erfolge, doch die größte Herausforderung stand mir noch bevor. Von den drei afghanischen Hadschis, mit denen ich während meiner Zeit als Landesattaché in Kabul zusammenarbeitete, war der undurchschaubarste des Trios derjenige, zu dem ich das engste Verhältnis aufbauen würde. Der allmählich wie ein Bruder für mich wurde und den ich sogar so nannte. Aber das alles wurde mir erst nach und nach klar.

KAPITEL 8

SHIRAZ

Er war ein Berg von einem Mann, 1,95 Meter groß und mehr als 165 Kilogramm schwer – ein Drogenhändler mit Milliardenbesitz und der Figur eines Footballspielers. Keines unserer Fotos hatte mir den richtigen Eindruck von HJK vermittelt: Als ich ihn zum ersten Mal traf, war er so breit, dass er kaum durch die Tür zu meiner Wohnung in der amerikanischen Botschaft passte.

Sein vollständiger Stammesname lautete Hadschi Juma Khan Mohammedhasni – so wurde er in unseren DEA-Akten geführt –, aber ich habe nie gehört, dass ihn jemand so nannte. Die Afghanen auf der Straße gaben ihm andere Namen, wenn sie ehrfürchtig und meist im Flüsterton über ihn redeten: Hadschi Abdullah oder Hadschi Juma Khan Baluch.

Für mich war er einfach HJK.

Der Name an sich ist eine Aneinanderreihung vornehmer Titel. »Juma Khan« heißt »Herr Freitag«. Und »Hadschi« ist, wie schon gesagt, die Ehrenbezeichnung für einen Mann, der nach Mekka zu den heiligsten Stätten des Islam gepilgert ist. Der Titel brachte HJK nicht allein auf den Straßen Afghanistans enormen Respekt ein, sondern auch bei Millionen anderer Muslime auf der Welt, sogar bei Strafverfolgungsbeamten – wie ich 2006 erleben sollte, als ich HJK nach Jakarta lockte.

Wie viele der maßgeblichen Drogenhändler war auch Hadschi Juma Khan kein Fundamentalist. Er war vor allem ein cleverer Geschäftsmann, jemand, der wusste, wie er in den mörderischen Jahren der sowjetischen Invasion, des Bürgerkriegs, des Aufstiegs der Taliban und der Invasion des westlichen Bündnisses seine eigene Haut retten konnte – und seine Millionen Dollar gleich mit.

Er gehörte zu den Belutschen, einem der kleineren Stämme des Landes. Obwohl sich seine Macht auf die Region Belutschistan konzentrierte, reichte das Operationsgebiet seiner Organisation bis in den Ostiran, nach Westpakistan und nach Südafghanistan. Ende 2001 hatte er die Kontrolle über die Wüstenprovinz Nimrus übernommen und sie zu seinem persönlichen Lehen gemacht. Die Gegend dort ist mit Laboren zur Herstellung von Opiumpaste und Heroinbase übersät: einfache Hütten, in denen Turban tragende Männer mithilfe von Chemikalien in Bottichen mit kochendem Wasser Klötze klebrigen braunen Opiums säckeweise in pulvriges weißes oder braunes Heroin umwandeln.

Hadschi Juma Khans persönlicher Reichtum war gigantisch, sein Gewinn wurde in Milliarden berechnet. Die DEA glaubte, dass mehrere hundert Millionen seiner Narco-Dollar direkt an die Taliban und al-Qaida sowie an andere dschihadistische Rebellengruppen flossen.

Es war bekannt, dass HJK ein enger Vertrauter von Osama bin Laden und Mullah Omar war. Er gehörte zu den Gründungsmitgliedern der Quetta-Schura, die nach dem Ende der Taliban-Herrschaft in der westpakistanischen Stadt Quetta ins Leben gerufen wurde und jetzt eine Art Führungsgremien und Kommandozentrale der Taliban bildete. Sie steuerte auch den Widerstand gegen die Truppen der USA und des Bündnisses.

Doch Hadschi Juma Khan verfügte ebenfalls über Freunde und Verwandte auf hohen Posten im Staatsapparat. Sein Cousin war Minister für Tourismus und Stammesangelegenheiten in der Regierung Karzai. Ich habe mit eigenen Augen gesehen, dass HJK in der Residenz des Ministers unterkam, wenn er in Kabul weilte. Britische Geheimagenten des MI6 berichteten sogar, HJK habe Ahmed Wali Karzai – den Halbbruder des Präsidenten, der mittlerweile ermordet wurde – als Verbindungsmann benutzt, »um zwei Gouverneure zu bestechen, damit sie die Verarbeitung und den Transport von Rauschgift in ihren Provinzen störungsfrei ermöglichen« sollten.

An einem warmen Donnerstagabend fand ich HJK in Kabul vor, wie er in seinem persischen Lieblingsrestaurant Shiraz Hof hielt. Er saß an demselben Ecktisch wie immer, mit dem Rücken zur Wand, den Blick auf die Tür gerichtet. Das Restaurantpersonal behandelte ihn wie ein Mitglied der Königsfamilie. Das Shiraz war keine Spelunke, es entsprach in etwa einem Fünf-Sterne-Restaurant, obwohl eine gute Mahlzeit dort nur ein paar Dollar kostete.

Im Raum war es schummerig, da hauptsächlich Kerzen und ein paar gedimmte Lampen für Licht sorgten. Der

Teppich war in einem dunklen Weinrot gehalten. An den Wänden um uns herum hingen in Holzrahmen gefasste Bilder von jungen persischen Frauen in klassischer Kleidung. Die Botschaft dahinter war eindeutig, obwohl es sich bei dem einzigen Stück Haut, das zu sehen war, um ein paar Zentimeter rund um die Augen handelte. Aber was für Augen! Mandelförmige, tiefschwarze, durchdringende, allwissende Augen. Hundert wunderschöne, dicht bewimperte persische Augen beobachteten uns von jeder Wand und aus jeder Ecke des Restaurants. Ein sexuell eindeutigeres Bild würde man in Afghanistan nie zu sehen bekommen.

HJK trug wie üblich einfach einen ganz in Weiß gehaltenen *salwar kamiz* und dazu billige Ledersandalen. Er saß aufrecht und selbstbewusst da, der enorme schwarze Bart von grauen Stellen durchzogen, in der einen gewaltigen Pranke ein einfaches Klapphandy, in der anderen eine *misbaha* – eine Kette aus muslimischen Gebetsperlen, neunundneunzig Edelsteinen, um die Namen Allahs zu rezitieren. Er unterschied sich durch nichts von anderen afghanischen Geschäftsleuten. Das gab einem zu denken: Trafen die Geschichten über seinen immensen Reichtum tatsächlich zu? War dieser wuchtige Mann wirklich einer der Oligarchen Südwestasiens und des Mittleren Ostens?

Wir umarmten einander zur Begrüßung. Danach ließ er seine Hände eine Zeit lang auf meinen Schultern ruhen. Es gefiel ihm, wenn ich ihn als den »großen« Hadschi Juma Khan bezeichnete – an Eitelkeit mangelte es ihm ganz sicher nicht. Er seinerseits nannte mich am liebsten »Mister Ed« – er hatte das Gefühl, das verleihe unserer Beziehung eine gewisse Förmlichkeit.

Er war ein Mann mit enormem Appetit. In den folgenden Monaten aß ich sehr oft mit ihm zusammen und war jedes Mal beeindruckt von den Mengen, die er verdrückte. Nie warf er einen Blick in die Speisekarte. Alle Kellner kannten den großen Hadschi Juma Khan und brachten immer wieder Nachschub seiner Lieblingsgerichte. Ich bin nie ein großer Esser gewesen. Mir reichte es, im Verlauf einer langen Nacht an ein paar Hähnchenkebabs zu knabbern. HJK hingegen bestellte stets zwanzig bis vierundzwanzig Hähnchen- und Lammkebabs und verschlang sie, ohne einen Schluckauf zu bekommen. Die Kellner eilten ohne Unterlass zwischen unserem Tisch und der Küche hin und her: Sie brachten einen Teller Hähnchen- oder Lammkebab nach dem anderen mit Tomaten, Zwiebeln, Kartoffeln und Blumenkohl – dem Standardgemüse des dortigen Speiseplans. Die Afghanen scheinen pro Woche im Schnitt ihr eigenes Körpergewicht in Blumenkohl zu vertilgen. Ich habe gehört, dass sie die immer gleichen Gerichte in praktisch unveränderter Form essen, seit Dschingis Khans Armee das Land überrollte.

Hadschi Juma Khan und ich sind fast genau gleich alt. Er wuchs in ländlicher Armut auf, ein Kind der sowjetischen Besatzungszeit. Als ich meinen Collegeabschluss machte und zur Marine ging, saß er als Junge im Schützengraben: Die Militärmaschinerie der UdSSR verwüstete sein Land.

Zu Hause war ich monatelang von Experten ausgebildet worden und hatte mehr als hundert Bücher über die Region gelesen, doch erst hier vor Ort lernte ich Afghanistan wirklich verstehen, und zwar durch die Augen von HJK – die Augen eines Kindes und Jugendlichen in Belutschistan, nahe der Grenze zum Iran, während der Jahre des großen

Blutvergießens und vieler Unruhen. An diesem Tisch in der Ecke des persischen Restaurants unterrichtete HJK mich umfassend über die Geschichte Afghanistans und die Entbehrungen seines Volkes.

Ich müsse nur *eine* Sache über sein Land verstehen, betonte er, während dampfende Teller mit Kebabs und Gemüse eintrafen. Die verschiedenen Stämme und Völker – Paschtunen, Tadschiken, Hazara, Aimaken, Turkmenen, Belutschen – seien in den Wirren der Geschichte zu einer außerordentlich *wissenden* Nation verschmolzen. Weil sie die Eroberung durch vier große Imperien überstanden hätten. Sie wussten erbittert und furchtlos zu kämpfen, aber genauso verstanden sie es, den Rückzug anzutreten und sich, wenn nötig, unter die Eroberer zu mischen.

Hadschi Juma Khan erzählte mir – angelehnt an Faulkners berühmte Worte über den Süden Amerikas –, dass diese historischen Eroberungen nicht Geschichte seien. Sie seien nicht einmal *vergangen.*

»Wir haben Alexander überstanden – und dann Jahrhunderte später Attila«, sagte er.

Ebenso Dschingis Khan und seine Reiterhorden, denn die Mongolen stellten fest, dass es unmöglich war, das Terrain zu kontrollieren. Und dann sei das größte Imperium von allen gekommen, berichtete er mir: die Briten mit ihren disziplinierten Reihen von Rotröcken. Selbst angesichts der technologischen Errungenschaften des 19. Jahrhunderts war Afghanistan zu ungastlich. Und wie die Mongolen stellten auch die Briten fest, dass sie Afghanistan *besetzen*, es jedoch niemals beherrschen konnten. Als die afghanischen Stämme schließlich rebellierten, kam es zu einem Gemetzel. In der Schlacht vom Gandamak 1842 wurden 16 500 Briten getötet – abgeschlachtet –, als sie sich schon auf dem Rückzug aus Kabul befanden.

Das alles fand ich sehr aufschlussreich – und seltsam: Wir lebten im Zeitalter von GPS und allgegenwärtigen Handys, und die Netzabdeckung in Afghanistan ist überdies die beste der Welt, dafür haben unsere CIA-Leute, die auf das Sammeln von Informationen aus sind, gesorgt. Und dennoch verwies ein Mann wie HJK ganz nebenbei auf ein vor Jahrhunderten begangenes Massaker. *Gandamak.* Ein stolz und trotzig vorgebrachter Beweis für die Unbeugsamkeit der Nation. »Das versteht ihr Amerikaner nicht. *Zeit.* Ja, die Zeit vergeht in Afghanistan anders. Als Kind hörte ich in den Jahren der Mudschaheddin ständig: ›Sei geduldig, Kleiner. Wir können *warten*.‹«

Er erzählte mir von seiner Jugend zur Zeit der sowjetischen Besatzung, als er die Überlebensstrategien der älteren afghanischen Stammesmitglieder beobachtete – der Graubärte, die jede verstecke unterirdische Wasserschicht kannten, jedes Stück urbaren Landes, jede Fluchtroute ins hochgelegene Hinterland und zu den vereisten Gebirgspässen.

Wer heute die unendlichen Weiten des Landes durchquert, sieht Millionen Afghanen, die genauso leben wie zu Zeiten Alexanders: ohne Strom, ohne fließendes Wasser. Mehr als 90 Prozent der Afghanen haben immer noch keinen Zugang zu Elektrizität. Selbst in Kabul gibt es nur jeden zweiten Tag für vier Stunden Strom. An meinen ersten Tagen im Land besuchte ich hochrangige afghanische Regierungsbeamte zu Hause: Auch sie hatten nur einen einfachen elektrischen Heizkörper, um sich aufzuwärmen, und verhängten die Fenster mit selbst gemachten Matten, um die Wärme drinnen zu halten. Nachts deckten sie sich mit Teppichen und Decken zu. Nur die wenigsten besitzen einen eigenen Generator. Sobald man das Botschaftsgelände verließ, sprang einem der Unterschied ins Auge: Der durchschnittliche Afghane lebt wie vor Jahrhunderten. Mein Freund General Daud hatte recht: *Wir haben nichts, was sie wollen.* Vor allem im Winter wird ohne Strom und ohne Erdgas alles auf offenen Holzfeuern gekocht. Ihre Notdurft verrichten die Leute oft hinter ihren Hütten, wo die Exkremente verdampfen. Menschen aus dem Westen sind in Kabul ständig krank. Allein schon das Einatmen der Luft sorgt dafür. In der Botschaft litten alle unter Durchfall.

Während der Wintermonate ist es besonders hart für an selbstverständlichen Komfort gewöhnte Amerikaner oder Europäer. Auch das eintönige Essen geht ihnen auf die Nerven: Jeden verdammten Tag gibt es das gleiche Gericht.

In meiner Vorstellung war der eine das Spiegelbild des anderen: Keine zwei Männer gaben ein besseres Beispiel für den afghanischen Überlebensinstinkt ab als meine Freunde General Mohammed Daud Daud und Hadschi Juma Khan. Dem wuchtigen Drogen-Warlord der Belutschen gelang es seit dreißig Jahren, durch Abtauchen, Zusammenarbeit, Kooperationen und ständiges Taktieren zu überleben und Tonnen von Opium und Heroin weltweit umzuschlagen – er besaß eine unheimliche Verwandlungsfähigkeit.[12]

Doch HJK konnte mehr als sich nur anpassen. Er fand immer Wege, die jeweiligen Machthaber zu manipulieren, beeinflusste die sowjetischen Eroberer zu seinem Vorteil und spielte die Stämme gegeneinander aus. Überhaupt benutzte er alle: die Taliban ebenso wie die Amerikaner und seine hochrangigen Freunde innerhalb der Karzai-Regierung. Und jetzt versuchte er es bei mir. Ich war nicht so naiv, etwas anderes zu glauben – allerdings machte ich es mit ihm genauso.

HJK machte sich über ein weiteres seiner Hähnchenkebabs her und erzählte mir stolz von seinen vierzehn Frauen und den neunundzwanzig Kindern, die über die gesamte Region verstreut lebten. Er hatte sechzehn Söhne von verschiedenen Frauen und Geliebten. Die Namensliste ging mir beim einen Ohr rein und beim anderen wieder raus und weckte Erinnerungen daran, wie ich als Kind in St. Louis in der Kirchenbank von Sankt Gabriel gesessen und den Jesuiten dabei zugehört hatte, wie sie die Nachkommen der Patriarchen des Alten Testaments herunterratterten.

Eine Sache wollte mir allerdings nicht in den Kopf: Aus irgendeinem Grund liebte HJK seinen Neffen Abu Aziz mehr als seine eigenen Kinder. Das sagte er oft und ganz offen: Er verehre diesen einen Neffen mehr als jeden seiner Söhne. Dann schüttelte er meist den Kopf und bezeichnete seinen ältesten Sohn mit einem Wort, das auf Dari so viel wie »Missgeburt« bedeutet.

Seinen Neffen Abu Aziz hingegen vergötterte er so sehr, dass er diesen jungen Mann darauf vorbereitete, statt seiner Söhne sein ausgedehntes »Firmenimperium« eines Tages zu übernehmen.

So seltsam es auch klingen mag: Die Stunden, die ich undercover mit HJK verbrachte, wurden zu einer Quelle der Aufmunterung: eine Flucht vor dem Stress der Botschaftspolitik, dem ständigen Gerangel und dem Machtkampf mit den CIA-Agenten und den britischen Beamten von SAS und SBS (Special Air Services und Special Boat Services). Täglich entschied sich neu, mit wem ich mehr Reibereien haben würde: mit den CIA-Leuten oder mit den Briten. Las man die Zeitungen zu Hause, erfuhr man von der Einigkeit des Bündnisses – klar, wir mochten gemeinsame Einsätze durchgeführt haben, doch wie in den Tagen von Patton und Montgomery konnten wir einander die meiste Zeit auf den Tod nicht ausstehen.

Was allerdings die CIA genau in jener Woche dem jungen Goldie angetan hatte, ging weit über den üblichen internen Bockmist hinaus. In meinen Augen war es sträfliche Nachlässigkeit, die mich einen meiner besten Männer gekostet hatte. Für jeden Polizisten gilt, dass er nur so gut ist wie seine Informanten.»Die schlechtesten Männer geben oft den besten Rat«, um es mit Sir Francis Bacons berühmten Worten zu sagen.

Informanten legen ihr Leben in unsere Hände. Man muss sie umwerben, ihnen schmeicheln, sich um sie kümmern und für ihre Sicherheit und ihren Schutz sorgen. Nur war es leider in Kabul so gut wie unmöglich, Informanten zu beschützen. Im Gegensatz zu uns anderen – DEA, CIA und FBI sowie den Mitarbeitern des Außenministeriums – lebten sie nicht auf dem gesicherten und bewachten Botschaftsgelände.

So etwas wie ein Zeugenschutzprogramm gibt es in Afghanistan natürlich nicht. Jedes Mal, wenn ein junger Einheimischer mit uns zusammenarbeitete, riskierte er sein Leben und brachte auch seine gesamte Familie in Gefahr. Die Taliban und al-Qaida übten oft»kollektive«Vergeltung an jenen, die sie für Verräter und Ungläubige hielten.

Sobald durchsickerte, dass ein Informant uns geholfen hatte, war er nirgendwo mehr sicher: Ich musste ihn sofort außer Landes bringen. Noch heute habe ich mindestens ein Dutzend Leute, die uns bei unseren Fällen unterstützten und die *nie* wieder nach Afghanistan zurückkehren können. Nicht einmal zur Beerdigung ihrer Eltern.

Es ist unglaublich, wie viele Einreisevisa ich im Schnellverfahren beantragen musste, um einem Informanten das Leben zu retten, nachdem sein Name zu den Dschihadisten der Taliban oder zu Al-Qaida-Funktionären durchgedrungen war. Normalerweise gelang es mir, ein Studentenvisum zu beschaffen und die jungen Leute rechtzeitig aus Afghanistan rauszubringen, bevor sie erwischt wurden.

Und obwohl ich bei dem Abendessen nach Kräften bemüht war, mir nichts anmerken zu lassen, fühlte ich mich deprimiert, denn zum ersten Mal in meiner Laufbahn hatte ich einen Informanten verloren. Diesen siebenundzwanzigjährigen Goldie, der mit den USA zusammengearbeitet hatte, seit wir 2001 einmarschiert waren, um Afghanistan von den Taliban zu befreien. Klar, er war ein Opportunist. Alle Informanten sind Söldner – bei einigen ist das Motiv Rache, bei anderen Geld, und bei wieder anderen sind es idealistische oder nationalistische Beweggründe.

Bei Goldie war es das Geld. Der selbstbewuste junge Mann wollte es irgendwann in die Vereinigten Staaten schaffen und dort aufs College gehen – ich war schon dabei, die Formalitäten zu erledigen, um ihm ein Studentenvisum zu besorgen, damit er in die USA kommen konnte. Aus irgendeinem Grund hatte er sich in den Kopf gesetzt, in Wyoming zu studieren. Ich weiß nicht, ob ihm einfach gefiel, wie diese Silben klangen …, oder ob er vielleicht zu viele Cowboyfilme gesehen hatte. Jetzt würde er nirgendwo mehr hingehen.

Ich hatte Goldie undercover auf ein paar Verbündete der Taliban angesetzt, die mit Heroin handelten. Er traf sich gerade mit ihnen, als wir den Kontakt verloren. Drei Tage lang war er verschwunden. Wir suchten überall nach ihm. Sogar das FBI bot seine Hilfe an – dabei wussten wir genau, dass dessen Agenten nicht einmal in der Lage waren, im Dunklen mit zwei Händen ihren eigenen Hintern zu finden. Auch die CIA-Leute waren keine Hilfe. Wie sich nämlich herausstellte, waren sie für die ganze Scheiße verantwortlich. Wir mussten sie über die geplante Aktion in Kenntnis setzen, da die Informanten oft für beide Seiten arbeiteten. Ich glaube nicht, dass jemand bei der CIA böse Absichten hegte – vermutlich waren nur Inkompetenz und Nachlässigkeit daran schuld, dass es zu einer Panne kam und Goldie verschwand.

Die CIA hatte ihren Kollegen bei der NDS mitgeteilt, dass Goldie undercover für uns arbeitete – und die afghanischen Kollegen waren berüchtigt für ihre Informationsdurchlässigkeit.

Als wir Goldie schließlich fanden, bestätigten sich unsere schlimmsten Befürchtungen: Er war wie ein Lamm geschlachtet und vor einer Moschee abgeladen worden. Zuvor hatte man ihn mit einem Draht erwürgt und diesen so festgezogen, dass Goldies Kehle von einem Ohr zum anderen aufgeschlitzt war.

Die Henker in solchen Fällen glauben an die göttliche Gerechtigkeit und daran, dass sie im Himmel dafür belohnt werden, sich um den »Verräter« am Islam gekümmert zu haben. Sie sehen sich nicht als kaltblütige Mörder, sondern als rächende Krieger Allahs.

Sobald die Nachricht mich erreichte, sprang ich in meinen Land Cruiser und raste zu der Moschee. Goldie lag auf einem Pritschenwagen, das Gesicht blutleer und bleich. Ich hielt den Leichnam des Jungen in meinen Armen. Sein Blut durchtränkte die Vorderseite meines Hemdes. Meine Schuldgefühle quälten mich deshalb so sehr, weil ich nur noch wenige Tage gebraucht hätte, um Goldie mit einem Visum und einem Pass außer Landes zu schaffen. In unserem letzten Gespräch hatte ich zu ihm gesagt, er solle sich schon mal auf die kalten Winter in Wyoming einstellen ...

Dann musste ich die Familie informieren. Goldies Mutter verfiel in ein herzzerreißendes Wehklagen. Untröstlich. Ich setzte mich über die Vorschriften hinweg, griff auf mein DEA-Einsatz-Konto zu und gab der Familie 10 000 Dollar in bar. Das verstieß zwar absolut gegen die Regeln der Behörde, doch ich dachte: *Scheiß drauf, der Junge hat sein Leben dafür gegeben, uns zu helfen.* Das durchschnittliche Haushaltseinkommen in Afghanistan betrug umgerechnet zwischen 300 und 500 Dollar, also würde meine kleine, irreguläre Todesfallentschädigung von zehn Riesen Goldies Familie hoffentlich zwanzig Jahre lang über die Runden bringen.

Von da an trug ich bis zum Ende meiner DEA-Laufbahn immer ein Bild von Goldie zusammen mit meinem Dienstausweis an einem Schlüsselband um den Hals. Es verging kein Tag, ohne dass ich es ansah. Ich wollte Goldie jeden Tag in die Augen schauen und mich daran erinnern, wie wir ihn verloren hatten und welches Risiko meine Arbeit als Agentenführer auch für die mir anvertrauten Mitarbeiter barg.

»Schau dich an«, sagte HJK nach langem Schweigen.

»Dein Essen ist kalt. Was ist los? Du wirkst, als sitze die Last der ganzen Welt auf deinen Schultern.«

»Ja«, sagte ich und seufzte mit zusammengebissenen Zähnen. »Ich habe einfach eine richtig beschissene Woche hinter mir. Was ich brauchen könnte, wäre ein ...«

Alkoholkonsum ist im Islam absolut *haram* – strikt verboten. Wenn man mit Gläubigen spricht, begründen sie diese Vorschrift ganz unterschiedlich, doch meistens bekommt man eine berühmte Sure des Propheten zu hören:

Oh, ihr, die ihr glaubt! Der Wein, das Glücksspiel, die Opfersteine und die Lospfeile sind Greuel, Werk des Satans. So meidet es! Vielleicht ergeht es euch wohl.

Koran, Sure 5, Vers 90

Doch in Wahrheit lief es anders: Im Shiraz – und in wirklich jedem Restaurant und Kebab-Haus, in das wir gingen – hielt das Personal immer eine Flasche Johnnie Walker Black hinten in einem Schrank versteckt.

Ich weiß gar nicht, wie oft ich zugesehen habe, wie sich Männer – afghanische Politiker, Polizisten, Offiziere des Militärs, selbst hochrangigste Staatsbeamte – mit Johnnie Walker volllaufen ließen und dann am nächsten Morgen als Erstes in die Moschee torkelten, um sich auf ihren makellosen Gebetsteppichen vor Allah zu verbeugen ... Ich war in Afghanistan auf vielen Feiern, auf denen die Polizisten und die Männer von der NDS Schweinefleisch aßen – was gleichbedeutend ist mit Gotteslästerung. Und ich habe immer noch keine Ahnung, wie sie es überhaupt ins Land bekamen. Während all der Jahre dort habe ich niemals ein Schwein gesehen.

265

Egal, an jenem Abend brauchte ich unbedingt etwas Stärkeres.

HJK nickte mir mit einem schiefen Lächeln zu. »Hör zu, Ed, du bist kein Muslim. Ich erlaube dir, ein Glas Wein zu trinken.«

Mit seiner riesigen rechten Hand gab er einem der Kellner ein Zeichen. Sofort stand ein einfaches Wasserglas mit Rotwein vor mir.

Wir stießen mit unseren Gläsern an, seines war mit Wasser gefüllt, meines mit Rotwein.

»Das erste Wunder des Herrn bestand darin, Wasser in Wein zu verwandeln«, sagte ich leise, eher zu mir selbst als zu ihm.

Er kannte die Evangelien nicht im Detail, doch er lächelte.

»Ja, Jesus gilt im Islam als Jünger.«

»Als Jünger?«

»Als großer Prophet, als gerechter Gesandter Allahs. Auch wir glauben, dass Isa eines Tages zurückkehren wird – als Mensch, um Allahs Willen zu dienen.«

Vielleicht war es Allahs Wille. Wer weiß das schon? Auf jeden Fall war es der Krebs, der unsere Freundschaft festigte. Der Krebs – seiner und meiner – knüpfte das letzte, unauflösliche Band des Vertrauens. An einem extrem warmen Julimorgen zogen wir uns in meinem drückend heißen Büro auf dem Botschaftsgelände buchstäblich bis zur Taille aus …

Trotz seines ausgeprägten Überlebenswillens und seines kompromisslosen Kampfes gegen Angriffe auf seine Macht konnte Hadschi Juma Khan einen Feind nicht durch pure List schlagen: die bösartige, schnell um sich greifende Zellmutation, die seinen massigen Körper von innen attackierte.

An jenem Morgen klang seine Stimme unverkennbar unsicher, fast zittrig. Völlig ungewöhnlich und befremdlich bei einem so dominanten Mann, der normalerweise vor Selbstbewusstsein und Selbstbeherrschung nur so strotzte. Jetzt hatte sich etwas verändert. Warum klang er so ängstlich, als er auf meinem Handy anrief?

»Mister Ed«, sagte er, »ich muss dich treffen.«

»Was ist los?«

»Um das zu erklären, müssen wir uns sehen«, antwortete er.

HJK kam in mein Büro auf dem Botschaftsgelände – begleitet von seinem geliebten Neffen Abu Aziz –, und sobald er sich hingesetzt hatte, erzählte er von den Sorgen um seine Gesundheit, die ihn seit Kurzem plagten. Er fühlte sich nicht mehr stark wie ein Bulle, und zudem bekümmerten ihn die seltsamen roten Flecken, die sich über Monate hinweg langsam und unerklärlich gebildet hatten. Er war bei einem Stammesarzt in Belutschistan gewesen, doch der verfügte nicht über das medizinische Wissen, geschweige denn über die technischen Geräte, um HJK sagen zu können, ob es sich um Krebs handelte.

Ich sah zu, wie er sorgfältig das Oberteil seines *salwar kamiz* aufknöpfte. Die vier großen Wucherungen auf seiner Brust sprangen mir sofort ins Auge. Riesige, nach außen wachsende Hauttumore. Sie sahen übel aus. Ich war überrascht, dass er es überhaupt so weit hatte kommen lassen. Die Tumore waren über zwölf Zentimeter lang, asymmetrisch und dunkelrot verfärbt.

Ich saß neben ihm und hielt seinem Blick stand.

Das dürfe er nicht auf die leichte Schulter nehmen, sagte ich.

»Woher weißt du das?«, fragte er.

Ich zog mein Hemd hoch, drehte mich halb um und zeigte ihm meinen Rücken. Auf halber Höhe, direkt über dem Lendenbereich, habe ich eine große, wulstige, rötliche Narbe, die ein fast perfektes Kreuz bildet. »Was ist da passiert?« Hadschi Juma Khan schien ernsthaft besorgt.

»Ein bösartiges Melanom«, sagte ich.

Dann erzählte ich ihm meine Geschichte: Wie ich im Sommer 1994 in Kona in Hawaii schnorcheln war und immer tiefer in das azurblaue Wasser tauchte … und wie mein alter Chef Don Carstensen, als ich wieder hochkam und mich ins Boot zog, etwas Seltsames auf meinem nassen Rücken entdeckte.

Mit Don, immer noch der Leiter der Abteilung für organisiertes Verbrechen bei der Staatsanwaltschaft in Honolulu, war ich seit meiner Zeit als junger Militärpolizist bei den Marines in Kontakt geblieben. Damals erklärte er mir, er habe vor Kurzem im Fernsehen eine Dokumentation über die ABC-Regel bei Hautkrebs gesehen. Mitten auf meinem Rücken befände sich eine Wucherung, die asymmetrisch und seltsam bläulich, rötlich und orange verfärbt sei.

»Eddie«, meinte Don, »das ist kein Scherz. Du musst einen Spezialisten aufsuchen.«

Am nächsten Tag flogen wir zurück nach Oahu. Aber ich wollte es nicht wahrhaben oder war einfach nur unglaublich stur – auf jeden Fall hatte ich *keineswegs* vor, zum Arzt zu gehen. Ich wollte nicht glauben, dass ich Hautkrebs hatte.

Zum Glück ist Don Carstensen ein kraftvoller Mann, sowohl körperlich als auch psychisch, und schleifte mich mit Brachialgewalt zu einem Hautarzt in Oahu. »Wir können nicht warten – wir machen eine Biopsie«, hieß es.

Am nächsten Morgen erklärte er mit grimmiger Miene: »Es tut mir leid, Ihnen das mitteilen zu müssen, Mr. Follis. Sie haben ein malignes Melanom.«

Nach einer zweiten Biopsie entfernten die Chirurgen den Tumor mit einem 10 Zentimeter breiten, fast bis zur Wirbelsäule reichenden Schnitt. Das Melanom war früh erkannt worden, aber man wollte sichergehen, dass es nicht gestreut hatte. Die Chirurgen gaben sich zuversichtlich, alles betroffene Gewebe herausgeschnitten zu haben, doch Gewissheit würde nur die Zeit bringen. Wer vier Jahre krebsfrei bleibt, hat es überstanden, heißt es.

»Nur deshalb sitze ich heute hier und rede mit dir«, sagte ich zu HJK. »Nur deshalb liege ich nicht irgendwo auf dem Friedhof. Wir haben schnell gehandelt, entschlossen und aggressiv.«

Verrückt, wie ich war, hatte ich mich allerdings selbst entlassen, als die Wunde auf meinem Rücken noch nässte – ein Katheter saugte die rosarote Flüssigkeit ab –, und mich in ein Flugzeug zurück nach Thailand gesetzt, wo ich zusammen mit Mike Bansmer verdeckt ermittelte, um den Fall gegen die Shan United Army voranzubringen. Vernünftig war das nicht.

Ich wagte es nicht, HJK von den Komplikationen aufgrund ärztlicher Fehler zu erzählen. Am Ende des Eingriffs hatte der Chirurg beim Vernähen einen Faden in meinem Rücken vergessen. Außerdem bildete sich im Laufe der Zeit ein Wulst auf meinem Rücken, den die Leute scherzhaft meine Rückenflosse nannten. Ich hielt es für Narbengewebe, doch wie sich herausstellte, handelte es sich um eine Ansammlung von weißen Blutkörperchen und Körperfett um eine gutartige Geschwulst, ein »Lipom«, das sich unter meinen Sommerhemden und meinen Sakkos deutlich abzeichnete. Meine Kumpels bei der DEA machten sich ständig lustig darüber: »He, Eddie, was hast du denn da für eine Rückenflosse?«

Aber das verschwieg ich alles. Ich erzählte HSK lediglich, wie mein Freund Don Carstensen mich durch seine Aufmerksamkeit und seine Beharrlichkeit vor Schlimmerem bewahrt hatte.

Jetzt wollte ich das Gleiche für ihn tun.

Der Hadschi saß da, beobachtete mich nachdenklich und fuhr sich die ganze Zeit mit einem Finger über die Kieferpartie, über die dicken schwarzen Borsten seines Rauschebarts.

»Hör zu«, sagte ich, »ich weiß nicht, ob deine Tumore bösartig sind – es könnten auch gutartige Geschwulste sein –, aber damit ist nicht zu spaßen. Du musst dich darum kümmern. Du willst wohl nicht, dass es in deine Organe oder die Lymphknoten streut.«

Wir sprachen teilweise auf Englisch, doch das meiste wurde von einem meiner Ermittlungsassistenten in Afghanistan übersetzt. Als Tariq wiedergab, was ich über mögliche Metastasen gesagt hatte, schien HJK zum ersten Mal ernsthaft erschrocken zu sein. Er verstand zwar nicht, was genau mit den Zellen passierte, aber allein der Gedanke an eine mysteriöse Krankheit, die sich ausbreitete, immer weiter wuchs und die lebenswichtigen Organe angriff, bereitete ihm offensichtlich Angst.

»Mister Ed«, sagte er zaghaft, »was mache ich jetzt?«

Blitzartig entstand ein Plan in meinem Kopf.

»Hör mal«, sagte ich, »hier kannst du die Sache nicht angehen. Afghanistan hat nicht die nötige medizinische Ausstattung ... Wie wäre es, wenn ich dich mit nach DC nähme?«

»In die USA?« Er wirkte ungläubig.

»Ja, komm mit mir nach Washington. Dort können wir dich von kompetenten Ärzten untersuchen lassen. Ich glaube nicht, dass du hier in Kabul jemanden findest, der weiß, was er tut. Und du solltest dich ganz sicher nicht auf irgendeine Stammesmedizin verlassen.«

Er warf seinem Bodyguard einen Blick zu und beäugte mich skeptisch.

»Während du in DC bist«, meinte ich, »können wir mit dir über ein paar Dinge sprechen ...«

HJK nickte. Er verstand, was ich meinte: dass wir ihn über alles ausfragen würden, was er über die terroristischen Aktivitäten der Islamisten und die symbiotische Beziehung zwischen ihnen und dem Opium- und Heroinhandel wusste.

Bis zu diesem Punkt unserer Beziehung hatte ich gelegentlich ganz nebenbei die Sprache auf die al-Qaida und die terroristischen Aktivitäten der Taliban gebracht – Heroin aber hatte ich *nie* erwähnt.

Das war natürlich höchst paradox. HJK war eine feste Größe im weltweiten Drogenhandel – seine Gefolgsleute waren für einen Großteil der asiatischen Opium- und Heroinproduktion verantwortlich –, doch über *seine* Beteiligung wurde nie gesprochen.

Wieder dieser heikle Tanz, dieses stillschweigende Verständnis zwischen uns. Er versuchte mir so viel wie möglich zu seinem Schutz und zu seinem Vorteil abzupressen, und ich war bestrebt, ihm im Gegenzug möglichst viele strafrechtlich relevante Informationen zu entlocken.

Als ich sah, welche Angst ihm der Hautkrebs einjagte,

erkannte ich meine Chance, ihn stärker und enger an uns zu binden.

Diesen Teil der Undercover-Arbeit verstehen viele Menschen nicht. Es reicht nicht aus, spontan improvisieren zu können. Man muss sich auch die Fakten zunutze machen. Die Angst vor Krebs kann man nicht spielen. Ein so guter Schauspieler ist niemand.

Wir saßen lange da und starrten einander an, spürten beide den Hauch des Todes, der uns mit einem Mal mit seinem Geruch nach Vergänglichkeit anwehte.

»Wir sind uns also einig? Ich fliege mit dir nach DC und bringe dich zu einem guten Hautarzt«, sagte ich. »Wenn nötig, lassen wir dich von weiteren Spezialisten untersuchen.«

Er hielt meinem Blick stand, ohne mit der Wimper zu zucken. Doch er sprach keine der Fragen aus, die offensichtlich hinter diesen kohlschwarzen Augen brannten: Wie konnte er sichergehen, dass es sich nicht um eine Falle handelte? Durfte er mir so weit vertrauen, das er sein Leben in meine Hände legte und nach Amerika flog?

Ich versuchte, meine Anspannung zu verbergen, keine Regung zu zeigen. Aber ich wusste, das knappe Nicken bedeutete, dass ich den großen Hadschi Juma Khan in der Hand hatte.

Die Monate, in denen ich mit ihm unterwegs gewesen, in denen ich ohne Schutz allein umhergereist war, zahlten sich nun aus. HJK sagte, er vertraue mir genug, um mir die Verantwortung für seine Sicherheit zu übertragen. Ich besorgte ihm einen falschen Pass und ein Visum – damit er unter einem Decknamen reisen konnte – und buchte für ihn und einen meiner Dolmetscher Tickets für einen Linienflug.

Der Beförderung in einer amerikanischen Militärmaschine hätte er niemals zugestimmt. Deshalb versicherte ich ihm von vornherein, er könne undercover fliegen, als sei er in Privatangelegenheiten unterwegs, und buchte ihm einen Erster-Klasse-Flug bei Emirates Airline von Kabul nach Dubai.

Als er nach einem weiteren Zwischenstopp in Heathrow am Dulles Airport in Washington ankam, empfingen wir ihn wie ein Staatsoberhaupt. Eine Lincoln-Limousine mit Diplomatenkennzeichen stand bereit und brachte ihn in ein komfortables und dennoch relativ unauffälliges Hotel in Chantilly (Virginia). Als Erstes wollte die CIA ihn befragen, schließlich hatte sie seit 2001 eine ganz eigene, wenn auch äußerst brisante Beziehung zu HJK.

Es war ebenfalls die CIA, die dafür gesorgt hatte, dass sofort ein Arzt kam und den Hautkrebs von HJK noch im Hotelzimmer untersuchte. Der Mediziner war früher beim Militär gewesen und galt jetzt anscheinend als angesehener Dermatologe. Er sah sich die Tumore an und stellte eine vorläufige Diagnose auf ein spinozelluläres Karzinom – auf jeden Fall behandelbar, kein aggressives, malignes Melanom, wie es bei mir festgestellt worden war.[13]

Der Hautarzt gab HJK einen Termin in drei Tagen und legte ihm einen Behandlungsplan vor. Wir führten im Hotel Befragungen durch und verbrachten vergnügliche Abende mit ihm in der Stadt.

Ich brachte ihn mit verschiedenen Leuten in Kontakt, die sich alle als hohe Tiere aus dem Verteidigungsministerium ausgaben – als Oberste und Ein-Stern-Generäle – und mit ihm reden wollten. In Wahrheit handelte es sich um DEA-Spezialagenten, die undercover für mich arbeiteten. Sie kamen natürlich nicht in Uniform, sondern in Anzug und Krawatte. Niemand von außerhalb des Pentagon wäre je auf die Idee gekommen, dass diese Männer nicht zu den Topstrategen des Verteidigungsministeriums gehörten. Unentwegt schmeichelten wir HJKs Ego. Sein Narzissmus war grenzenlos. Da ich ihn ständig als »großen Hadschi Juma Khan« zu titulieren pflegte, taten unsere verdeckten Ermittler das Gleiche. Auf diese Weise bekam HJK den Eindruck, die Führungselite des Pentagon würde ihm, einem Stammesangehörigen und Drogenhändler aus dem Ödland von Nimrus, in den Hintern kriechen.

An unserem zweiten Nachmittag schnitt ich schließlich das Thema Drogenhandel an. Es folgte eine lange und ungemütliche Stille. HJK leugnete, auch nur im Entferntesten mit Rauschmitteln zu tun zu haben. Er war vorsichtig genug, nichts zu gestehen, was ihn betraf. Aber er redete ganz offen über Bagcho, Noorzai und Muhammad. Er kannte alle Einzelheiten über seine Rivalen und Konkurrenten, über jeden Drogenhändler, der die Taliban unterstützte – nur seine eigenen umfangreichen Geschäfte in Belutschistan überging er geflissentlich.

Während das Gespräch zäh dahinplätscherte, lehnte sich HJK auf dem hellen Sofa zurück und nippte an seinem Jasmintee. Er hatte schon drei Teller von dem Hähnchenkebab verputzt, den wir bei einem Schnellrestaurant namens Sahara geholt hatten.

Die ganze Zeit führte er einen raffinierten Schattentanz auf. Er verhielt sich wie ein extrem geschickter Boxer, blieb immer in Bewegung, ließ sich nie in eine Ecke drängen. Selbstverständlich kooperierte er – sehr entgegenkommend –, wenn es um *andere* bedeutende Narco-Terroristen, Taliban-Anführer und Entscheidungsträger der al-Qaida in Afghanistan und Pakistan ging.

Jetzt beschrieb er uns wie ein Kalif aus alten Zeiten die drei Landschmuggelrouten: Es gab die altehrwürdige Seidenstraße durch den Iran und die Türkei, von dort weiter zu den Städten Westeuropas; die Nordroute durch Usbekistan und Tadschikistan bis ins Herz Russlands (wo die Heroinsucht mittlerweile astronomische Ausmaße angenommen hatte) und den Weg durch die Provinz Nimrus in Richtung des großen pakistanischen Hafens Karatschi, von wo aus die Opiumbase und das Heroin auf Containerschiffen überallhin geschmuggelt werden konnten, hauptsächlich nach Norden durch den Sueskanal und ins Mittelmeer.

Durch Satellitenüberwachung und wochenlange Undercover-Reisen in Afghanistan wusste ich bereits, dass HJK seine Tentakel über alle drei Schmuggelrouten ausgestreckt hatte, aber der Großteil seiner Drogen wurde von iranischen Banditenkollegen nach Karatschi geschmuggelt. Dennoch war rein gar nichts über seine eigene Beteiligung am Opium- und Heroinhandel aus ihm herauszukriegen.

KAPITEL 9

DIE PASSION

Als ich mit HJK nach Afghanistan zurückkehrte und wieder verdeckt ermittelte, nahmen die Dinge plötzlich Fahrt auf und führten zu überraschenden und noch nie da gewesenen Ergebnissen. Warum, das ist einer der am wenigsten verstandenen Aspekte unserer Tätigkeit.

Sunzi, ein chinesischer Militärstratege, hat es bereits in vorchristlicher Zeit in seinem Buch *Die Kunst des Krieges* treffend formuliert:

> Spione können ohne eine gewisse intuitive Klugheit nicht nützlich eingesetzt werden. Spione können nicht ohne Wohlwollen und Aufrichtigkeit geführt werden. Ohne scharfe geistige Gewandtheit können wir nicht sicher sein, was an ihren Berichten wahr ist. Sei umsichtig! Und benutze deine Spione für jede Unternehmung …[14]

In den folgenden Wochen und Monaten »führte« ich HJK mit »Wohlwollen und Aufrichtigkeit«. Ich bin mir nicht sicher, ob ich ebenfalls immer *umsichtig* war. Wie auch immer: HJK erwies sich nach unserer Rückkehr aus Washington als eine der wertvollsten Ressourcen im Kampf gegen den Terrorismus, weil er jetzt undercover mit mir zusammenarbeitete.

Der Ramadan stand vor der Tür, und die gesamte US-Botschaft war nervös. Der heiligste Monat des muslimischen Kalenders begann hierzulande am Abend des 23. September, einem Samstag. Die Befürchtungen waren groß, dass es zu einer Wiederauflage der Tet-Offensive kommen könnte, die 1968 am vietnamesischen Neujahrsfeiertag begonnen und die US-Truppen samt ihren südvietnamesischen Verbündeten völlig überrumpelt hatte.

Seit ich in Afghanistan lebte, hatte ich immer wieder mit verschiedenen Bazillen und Infektionen zu kämpfen gehabt. Auch jetzt, als ich nach Kabul zurückkehrte, litt ich zehn Tage lang an atypischer Lungenentzündung. Damit ist nicht zu spaßen, und so stattete ich widerstrebend dem Botschaftsarzt einen Besuch ab. Er hieß Dr. Jordan und war eigentlich Arzthelfer, ein fünfundsechzigjähriger ehemaliger Feldsanitäter, der in Vietnam einen halben Finger verloren hatte. Er verordnete mir ein paar Tage Bettruhe und verabreichte mir intravenös Antibiotika.

Und dort in der Klinik, in den Tagen vor dem Ramadan, während ich mich in einem fiebrigen Dämmerzustand befand, erzählte Dr. Jordan mir, wohin die ständige Konfrontation mit der Gefahr führte. Viele CIA- und FBI-Leute kämen mit Angststörungen zu ihm, vertraute er mir an. Jeden Morgen beim Aufwachen könnten sie nur an die vier Worte denken, die mich damals in LA verfolgt hatten:

Willst du heute sterben?

Praktisch alle auf dem Botschaftsgelände – CIA, DEA, FBI und die Mitarbeiter des Außenministeriums – standen unter unerträglichem Stress, und viele nahmen Medikamente, um damit zurechtzukommen. Ich hatte schon vor langer Zeit aufgehört, Urteile über Leute zu fällen.»Whatever gets you through the night«, wie schon John Lennon sang: Was auch immer dich die Nacht überstehen lässt. Die Männer taten, was nötig war, um weiter zu funktionieren. Das war wohl besser, als sich selbst mit Alkohol zu therapieren. Doch wie soll man die Nacht – oder auch den Tag – überstehen, wenn der eigene Arbeitsplatz, der vermeintliche Rückzugsort, wiederholt von Fanatikern mit Kalaschnikows unter Beschuss genommen wird? Auf den Fluren und beim Essen gab es nur ein Thema: die Einschränkungen eines Lebens mit PTBS.

Auf dem Botschaftsgelände hatten alle panische Angst davor, eine posttraumatische Belastungsstörung zu bekommen, bevor der »Post«-Zustand überhaupt eingetreten war.

Ich wusste, was sie erwartete, wenn sie in die Staaten zurückkehrten: Mitten in der Nacht schweißgebadet aufwachen. Von Albträumen geplagt. Paranoia. In jedem Gesicht an der Straßenecke eine drohende Gefahr entdecken, im örtlichen Supermarkt den harmlosen, jungen Kassierer mit dem arabischen Aussehen für einen potenziellen Selbstmordattentäter halten …

Es hatte schon angefangen, sich in mein Unterbewusstsein zu schleichen. Von meinem Schreibtisch in der Botschaft aus hielt ich zwar regelmäßig Kontakt mit meinen Angehörigen zu Hause, aber über die täglichen Gefahren, denen ich ausgesetzt war, konnte ich mit ihnen nicht sprechen – obwohl einige der Öffentlichkeit zu bekannt waren, um sie zu verschweigen.

Einmal telefonierte ich gerade mit meiner Mutter – von Kabul nach St. Louis –, als eine 135 Kilogramm schwere Plastiksprengstoffbombe beinahe das gesamte Botschaftsgelände in die Luft gejagt hätte. Es war vielleicht die ausgeklügelste Autobombe, die man in Kabul seit dem Einmarsch von 2001 zu Gesicht bekommen hatte.

Die Dschihadisten hatten das vordere Ende eines Volvo Sedan mit Kugellagern gefüllt und ein raffiniertes Zündsystem ersonnen, das auf die Airbags reagierte. Ihr Ziel war die US-Botschaft. Die Schadenszone war ein qualmender Krater und sah aus wie nach einem Meteoriteneinschlag. Die Bombe hatte ein knapp 300 Meter großes Loch in die Straße gerissen, achtundzwanzig Menschen getötet und mehr als fünfzig verletzt. Schon kurz nach der Explosion rannte ich draußen vor den Mauern herum, zunächst als Ersthelfer und dann als Straßenpolizist, um den Tatort zu sichern. Nach ein paar Stunden fanden wir den Fuß des Selbstmordattentäters, 45 Meter vom Ort der Explosion entfernt.

In dem Augenblick, als die Bombe hochging, unterhielt ich mich gerade ganz normal mit meiner Mutter in St. Louis. Trotz der ohrenbetäubenden Detonation, hörte ich meine Mutter nach Luft ringen und einen Schrei ausstoßen – dann war die Verbindung weg. Wir wurden zunächst zur Sicherheit in die Botschaftsbunker gebracht, doch nur zehn Minuten später war eine TV-Crew von Fox News vor Ort. Meine Mutter und mein Stiefvater Ray konnten das Geschehene und die Zerstörung und das Chaos live im Fernsehen verfolgen, ohne zu wissen, ob ich von der Explosion in Stücke gerissen worden war ...

In manchen Nächten dachte ich halb im Delirium daran zurück, wie ich das erste Mal das Kürzel PTBS gehört hatte. Es war in unserer Kirche zu Hause gewesen, in Sankt Gabriel the Archangel an der Nottingham Avenue in St. Louis, wo ich einen der inspirierendsten Menschen meines Lebens traf.

James Fuller war ein Army-Veteran und wurde am 8. August 1969 in Vietnam von der Granate einer Panzerfaust getroffen. Als er nach St. Louis zurückkam, in die Gemeinde Sankt Gabriel, fehlten ihm der halbe linke Arm und der Zeigefinger der rechten Hand.

Ich war acht Jahre alt, als wir uns zwischen den Kirchenbänken kennenlernten.

Er wurde mein Pate, obwohl ich ihn im Alltag meistens »Onkel Jim« nannte. Ein bemerkenswerter Mann, der sich trotz seiner Behinderungen nie beschwerte und es schaffte, einhändig Klimaanlagen und Heizungen zu reparieren, Buntglasfenster zu restaurieren, zu tischlern und zu klempnern. Er war in der Gemeinde als Hausmeister und Mädchen für alles tätig.

Zwischen meinem achten und zweiundzwanzigsten Lebensjahr verbrachte ich einen Großteil meiner Zeit in Sankt Gabriel, zunächst als Messdiener und später während der High-School-Zeit als Küster. Jeden Tag hielt ich mich drei oder vier Stunden lang in der Kirche auf.

Als ich etwa dreizehn war, fing ich an, Onkel Jim den »unfreiwilligen Krieger« zu nennen. Er hatte kein Soldat sein und nicht in den Krieg ziehen wollen und sich sicherlich niemals ausgemalt, in den Mahlstrom grausiger Dschungel-kämpfe zu geraten. Sein Berufswunsch war es immer gewesen, Motorradpolizist zu werden. In St. Louis, genau wie sein Vater. Allerdings hatte Big Joe Fuller nicht lange gelebt. Im Alter von fünfzig Jahren war er an einem Herzinfarkt gestorben – lange vor meiner Geburt.

Doch Jimmys Traum erfüllte sich nie, obwohl er mir später erzählte, dass er noch Spektralbilder von sich habe, wie er auf einer Harley über den Highway preschte. Nein, als er alt genug war, trat der Vietnamkrieg in die heiße Phase. Jim wurde zu den Marines eingezogen, und da er weder eine besondere Ausbildung noch einen Beruf vorweisen konnte, wurde er einfacher Soldat.

Die GIs sind eine Sache für sich. Sie trifft die volle Wucht des Krieges härter als alle anderen. Sie sind die Jungs direkt vor Ort. An der Front. Sie sind gemeint, wenn Politiker und Generäle nach »Bodentruppen« rufen. Und welche technischen Fortschritte wir im Bereich der Satellitenüberwachung und der Drohnen auch immer gemacht haben – in jedem Krieg außer in einem totalen Atomkrieg werden immer Bodentruppen vonnöten sein.

Ich war Jims kleiner Helfer in der Kirche, und er erzählte mir ständig Geschichten. Er wurde 1967 eingezogen und ging zum Marine Corps. Nach dem Ausbildungslager diente er kurz in Chicago, und als all die Gefallenen aus Vietnam zurückkamen, arbeitete er bei den Sargträgern und gehörte zu dem Marines-Kommando, das die Toten zu den Grabstätten begleitete. Er erzählte mir, dass es ihn psychologisch sehr geprägt habe, noch vor seiner eigenen Abreise nach Vietnam all die mit Flaggen bedeckten Särge zu sehen, in denen die jungen Soldaten heimkehrten zu ihren letzten Ruhestätten.

Dann bekam er seine Befehle, reiste ab und landete im vietnamesischen Hochland. Nach knapp drei Monaten wurde er verwundet. Die Zeit während seines Einsatzes schilderte er mir sehr lebhaft: im Morgengrauen aufstehen und einen guten Platz für einen Hinterhalt finden. Warten, dass ihnen die Opfer in die Falle gingen, und sie sie in die Luft sprengen konnten.

In der Nacht des 8. August 1969 lief alles wie immer, bis eine ganze Kompanie regulärer nordvietnamesischer Soldaten sie überwältigte. Jim wurde von einer Panzerfaustgranate getroffen, die ihm den halben Arm und einen Zeigefinger wegsprengte. Von den zwölf Männern seines Trupps überlebten nur drei. Jim, der fast verblutet wäre, wurde von Saigon nach Guam ausgeflogen.

Noch während meiner Jahre in Afghanistan war »Onkel Jim« eine stetige Quelle der Inspiration für mich. Er hatte alle körperlichen Strapazen überstanden, obwohl die Ereignisse jener Nacht ihn niemals losließen: Fast immer litt er unter Schmerzen. Seinen Arm und seine verbliebene Hand konnte er nie wieder so benutzen wie vorher, trotzdem lernte er ungefähr jede Aufgabe, die für einen Hausmeister anfiel, zu erledigen. Er konnte auf eine hohe Leiter klettern, um hoch oben in der Kirche zu streichen, zu spachteln, zu schleifen oder den Putz auszubessern.

Jim hatte drei Töchter, aber keinen Sohn, und wir unterhielten uns stundenlang, während ich ihm bei der Arbeit half, entweder im Halbschatten der Kirchenbänke oder in den schimmernden Lichtstrahlen, die durch die großen Buntglasfenster fielen. Bis heute erinnere ich mich noch genau an jede Geschichte, die er mir über Vietnam erzählte. Etwa wie er nach stundenlanger Bewusstlosigkeit in einem

Krankenhausbett in Guam zu den Klängen von »Jumpin'
Jack Flash« aus einem Transistorradio erwachte, verwirrt,
vollgepumpt mit Morphium, links der halbe Arm weg und
rechts der Zeigefinger.

Jim hatte mit seiner posttraumatischen Belastungsstörung zu kämpfen, doch er meckerte und klagte nie, stand
frühmorgens auf und machte seine Arbeit. Er war ein typischer Bursche aus dem Süden von St. Louis, der wenngleich
durch den Krieg körperlich und geistig versehrt, sich davon
nicht aufhalten ließ.

Ich lernte ständig von Jim Fuller, ohne dass es ihm bewusst
war. Jede Kleinigkeit – selbst ganz normaler Unfug – wurde
zu einer Gelegenheit, fürs Leben zu lernen. Auf der Bishop
DuBourg High School gehörte ich der Basketballmannschaft
an, und trotz meiner geringen Größe von etwas über eins
siebzig spielte ich auf der Flügelposition. Was mir an Zen-
timetern fehlte, machte ich durch Schnelligkeit wett. In
meinem Abschlussjahr schaffte ich es sogar in die Stadtaus-
wahl. Und obwohl ich nicht zum Ringerteam gehörte, rangen Onkel Jim und ich ständig miteinander.

Eines Tages kam ich nach der Schule in die Kirche und
hatte noch vier Stunden Dienst als Hausmeisterassistent vor
mir, bevor abends ein wichtiges Basketballspiel anstand.
Jim arbeite äußerst konzentriert. Ich hüpfte energie- und
testosterongeladen durch die Gegend.

»Komm schon«, sagte ich. »Onkel Jim, mach eine Pause.
Ring mit mir.«

»Nee.«

»Komm schon!«

Onkel Jim war 1,75 Meter groß und wog 95 Kilogramm.
Ungeachtet seiner körperlichen Einschränkungen – oder

gerade deshalb – war er stark wie ein Bulle. Ein paar Minuten lang sah ich ihm dabei zu, wie er auf einem der Podeste der Kirche eine Holzvertäfelung anbrachte. Ich war aufgedreht, machte mich für das Basketballspiel am Abend bereit und schlug aus irgendeinem Grund beim Schattenboxen gegen die Paneele, die in alle Richtungen flogen.

Jims Miene änderte sich schlagartig. Sichtlich nicht zu Späßen aufgelegt, stand er auf, packte mich, drehte mich um und stieß mich auf den Boden. Blitzschnell ließ er sich auf ein Knie fallen und setzte einen Beinhebel an, wobei er meine Zehen hart nach unten drückte. Ich wand mich und schlug mit meiner freien Hand auf den Boden, um zu sagen: *Ich ergebe mich!*

»Du ergibst dich? Zum Teufel, Eddie, du hast mir gerade *zwei* Tage Arbeit kaputt gemacht.« Er drückte so stark gegen meinen Fuß, dass ich meine Kniescheibe herausspringen hörte. Zwar hatte er mich nicht verletzen wollen, aber er war stocksauer und konnte seine Kraft nicht einschätzen.

Ich zuckte zusammen, doch so schlimm waren die Schmerzen nicht – gemeinsam renkten wir die Kniescheibe wieder ein. Am Abend war mein Bein beim großen Spiel allerdings so fest verbunden, dass ich ganz steif über das Feld lief. Ich hatte meine Lektion gelernt: Leg dich nie mit einem Kerl an, der gerade hart arbeitet.

Was meine eigene Arbeit betrifft, gab es Zeiten, wo die Spannungen mit unseren CIA-Agenten und unseren britischen Pendants so aufreibend waren, dass ich mich nachts einem kleinen Wunschtraum hingab. Halb wach und halb schlafend stellte ich mir in meinem schmalen Bett in der Botschaft vor, wie ich davonlief und den Rest meines Lebens mit HJK verbrachte.

Natürlich würde ich kein Drogenhändler werden. Dennoch verspürte ich in jenen Nächten in Kabul den intensiven, unterbewussten Wunsch, mit Hadschi Juma Khan durchzubrennen und mich seinem Kreis, seinem autarken Reich in der Wildnis der Provinz Nimrus anzuschließen.

Fast überall auf der Welt, wo ich arbeitete, hatte ich Probleme mit der CIA. Wir beackerten oft dasselbe Terrain, doch unter unterschiedlichen rechtlichen und moralischen Voraussetzungen. Da die CIA keine Strafverfolgungsbehörde ist, hat sie keinerlei Interesse an der Entdeckung von Beweisen. Für sie geht es nur um Informationen – nicht darum, einen Fall Stück für Stück aufzubauen, einen hinreichenden Verdacht zu begründen und eine geschlossene Beweiskette vorzulegen. Die CIA führt eine reine Schattenexistenz. Niemand sagt je vor Gericht aus. Wie kann man einen CIA-Agenten so richtig in Angst und Schrecken versetzen? Indem man ihn in den Zeugenstand ruft.

Gegen Ende des Sommers 2007 mündeten meine Streitereien mit Thad »Tex« Saget, einem der hochrangigsten CIA-Agenten in Südwestasien, fast in eine Schlägerei.

Seit meiner Ernennung zum Landesattaché war die Botschaft neunmal von feindlichen Raketen getroffen worden. Unsere DEA-Quellen – vor allem die von uns in Pakistan angeworbenen etwa sechzig Informanten – hatten sieben der neun Angriffe vorhergesagt. Und aufgrund meiner engen Beziehung zu HJK und der einzigartigen Vertrautheit zwischen uns fingen die CIA-Leute jetzt an, mir vorzuwerfen, ich hätte im Voraus genau über die Anschläge Bescheid gewusst. Und sie unterstellten mir, dass ich –

aus welchem Grund auch immer – dieses Wissen für mich behalten hätte.

An jenem Morgen schrien Tex und ich uns im Büro des Botschafters gegenseitig an.

»Ich glaube, dass Ed möglicherweise schon im Vorfeld von diesen Anschlägen Kenntnis hatte, Herr Botschafter«, sagte Saget.

»Dass ich *was*? Im *Vorfeld*? Was wollen Sie damit sagen, Tex? Wollen Sie sagen, dass sie mit meinem *Einverständnis* stattfanden?«

Schließlich ging der Botschafter dazwischen, trennte uns voneinander und brachte Tex dazu, die Klappe zu halten. Und das war gut so. Mir vorzuwerfen, Teil einer Verschwörung zu sein, die mein Land – meine *Mitbürger* – angriff und tötete? Ich war wirklich kurz davor, mir Tex direkt dort in der Botschaft mal so richtig vorzuknöpfen.

Es war daher kaum verwunderlich, dass ich jede Nacht in meinem spartanisch eingerichteten Schlafzimmer lag und davon träumte, mit HJK abzuhauen, in Wolken von Wüstenstaub zu verschwinden, in SUV-Karawanen durch das Ödland zu brettern. Und wenngleich es seltsam klingt, aber im Vergleich zur Unmoral und Heimtücke der CIA-Agenten fühlte ich mich in der Welt von HJK wohler.

Ich wurde so vertraut mit diesem Burschen, dass ich mich ihm gegenüber – obwohl ich kaum Dari oder Belutschisch sprach und sein Englisch sehr rudimentär war – manchmal richtig öffnete.

Sein Verhalten war warmherzig, sein Lachen offen, sein Charme feinsinnig.

Ein Skeptiker würde vielleicht sagen, dass es sich nur um Täuschung handelte und dort ein meisterhafter Manipulator am Werk war. Doch ich wollte glauben, dass unsere Beziehung tiefer ging.

Für mich persönlich war es am wichtigsten, dass er mich als einen Christen achtete. Ich zeigte mich erkenntlich, indem ich seinem islamischen Glauben immer den höchsten Respekt entgegenbrachte. Ich kenne alle Tricks und Kniffe der Undercover-Arbeit – und das hier war keine Maske, keine Rolle, die einer von uns spielte. Er trug immer die schimmernden Gebetsperlen aus Edelstein bei sich – im Arabischen heißen sie wörtlich übersetzt »Sorgenperlen« – und fingerte ständig an ihnen herum, während er stumm die neunundneunzig Namen Allahs rezitierte.

Ich lächelte währenddessen in mich hinein und dachte: *Dieser Kerl ist einfach eine andere Version von mir.* Er erinnerte mich an die unzähligen Stunden, die ich mit meinem Rosenkranz in den Fingern verbracht hatte, als ich bei den Jesuiten in St. Louis aufwuchs.

In einer Hinsicht vor allem stach HJK unter den frommen Muslimen hervor: Er war immer wissbegierig und urteilte nicht. Obwohl er nur sehr wenig über das Christentum wusste, bat er mich ständig, ihm meinen Glauben zu erklären. Wieder griff ich auf einen Grundsatz zurück, den ich in Honolulu von Don Carstensen gelernt hatte, indem ich den weichen, den noch formbaren Bereich von HJKs Persönlichkeit suchte und mich bemühte, mithilfe von echtem Einfühlungsvermögen eine Verbindung zu ihm herzustellen.

An einem bewölkten, mondlosen Samstagabend traf ich mich erneut im Shiraz mit ihm. Solche Treffen dauerten in der Regel vier Stunden. Auf seine Bitte hin hatte ich meinen Laptop dabei – auf der Festplatte befand sich der Film *Die*

Passion Christi. Wir nahmen unseren Stammplatz am Tisch im hinteren Teil des Restaurants ein, umgeben von den Gemälden mit den wunderschönen schwarzen persischen Augen ...

Bevor ich nach Kabul gekommen war, hatte ich mich intensiv vorbereitet und alle Suren des Korans studiert. Und zwar anhand einer englischsprachigen Übersetzung, die auf der ägyptischen Ausgabe basiert, die von vielen Autoritäten für die authentischste Version gehalten wird. Insbesondere jene Passage, die explizit die Vernichtung und Versklavung der Nichtmuslime – der Juden und Christen – fordert, hatte ich immer und immer wieder gelesen.

Doch als ich HJK danach fragte, zuckte er mit den Schultern und lächelte. Auf die finsteren Auslegungen seiner Religion ging er nicht ein. Er sprach stets nur von der Güte des Korans – für ihn handelte er ausschließlich von der Liebe Allahs – und ließ nie zu, dass ich ihn über die radikalen Ansichten der Taliban oder über das, was ich für die intoleranten und grausamen Seiten dieser Religion hielt, ausfragte.

Wir waren mal wieder dabei, die schier unendlichen Mengen an Kebabs, Gemüse und Naan-Brot zu verzehren, und schauten dabei den Film an:

»Ich glaube an Isa – an Jesus«, sagte er.

Wir waren bei der Szene im Garten Gethsemane angelangt – wo Jesus wie ein Mensch Angst zeigte –, und er bat mich, den Film anzuhalten. Ich drückte auf die Pausetaste des Laptops.

»Das verstehe ich nicht«, sagte er.

»Ich war dort«, eröffnete ich ihm.

»In Jerusalem?«

»Im Garten Gethsemane.«

»Gibt es den noch?«

»Klar. Auf dem Ölberg. Genau an der Stelle bin ich auf die Knie gefallen und habe gebetet.«

Ich erzählte ihm nicht, dass ich dort zum ersten Mal gewesen war, als ich undercover am Kayed-Berro-Fall arbeitete, der mich von Paris nach Kairo und dann nach Jerusalem geführt hatte.

»Dauds Stadt«, sagte Hadschi Juma Khan.

»Daud?« Zuerst dachte ich, er meinte meinen lieben Freund, den General ... Es dauerte einen Augenblick, bis ich begriff, dass er über den Psalmenschreiber sprach.

»Wir verehren Daud«, fügte er hinzu. »Im Koran ist er zugleich *nabi* und *rasul*: Prophet und Gesandter Allahs. Dasselbe gilt für seinen Sohn, König Suleiman.«

Als er das sagte, reiste ich im Geiste in die Vergangenheit zurück – zurück nach St. Louis, durch vom Wind aufgepeitschte feine Schneewolken zu der Backsteinkirche auf der Nottingham Avenue. Ich war acht Jahre alt und saß in der Kirchenbank von Sankt Gabriel, überströmt von türkisfarbenen, bernsteingelben und roten Lichtstrahlen, die durch die Buntglasfenster fielen, die mein Pate kürzlich ausgebessert hatte.

Jim Fuller ordnete eine Bank weiter die Gesangbücher. Er sah, wie ich mit den Seiten des ersten Buches Samuel zu kämpfen hatte, lächelte, kam zu mir und erklärte mir, dass David – lange bevor er König wurde – der erste Undercover-Agent gewesen sei.

»Undercover? König David?« fragte ich ungläubig.

»Ja«, antwortete er. »Der erste Undercover-Ermittler der Geschichte. Lies den Abschnitt noch einmal, Eddie.«

Und er hatte recht, da stand es: David, listenreich wie Odysseus, nahm eine falsche Identität an und gab vor, verrückt zu sein, um sich am Hof von König Gat einzuschleichen.

> David nahm sich diese Worte zu Herzen, und er fürchtete sich sehr vor Achisch, dem König von Gat. Darum verstellte er sich vor ihnen und tat in ihrer Gegenwart so, als sei er wahnsinnig; er kritzelte auf die Flügel des Tores und ließ sich den Speichel in den Bart laufen. Achisch sagte zu seinen Dienern: Seht ihr nicht, dass der Mann verrückt ist? Warum bringt ihr ihn zu mir? Gibt es bei mir nicht schon genug Verrückte, sodass ihr auch noch diesen Mann zu mir herbringt, damit er bei mir verrückt spielt? Soll der etwa auch noch in mein Haus kommen?
>
> 1 Sam 21,13-16

Diese Passage hatte sich wie ein Stück glitzerndes, schimmerndes Buntglas in meinem Gehirn festgesetzt – die Idee, in eine Rolle zu schlüpfen, um in das Allerheiligste eines fremdländischen Königs einzudringen.

Oder *Drogenkönigs*.

Ich unterdrückte ein Lachen, fühlte mich von den Hunderten gemalter persischer Augen im Shiraz umzingelt. Augen, die ebenfalls zu lachen schienen. »Gibt es bei mir nicht schon genug Verrückte, so dass ihr auch noch diesen Mann zu mir herbringt, damit er bei mir verrückt spielt?«

»Ja, die Stadt Davids«, sagte ich.

Hadschi Juma Khan blickte immer noch mit zusammengekniffenen Augen auf den Laptopbildschirm; er räusperte sich und hüstelte leise in seine Faust. Die Szene, erklärte er mir, beunruhige ihn. Sie ergebe in seinen Augen absolut keinen Sinn.

Jesus wirkt einsam und verlassen und fragt:»Vater, gibt es keinen anderen Weg?«

Diese Frage traf HJK unvorbereitet, sie brachte ihn durcheinander und ließ ihn den Kopf schütteln. Er erlaubte nicht, dass ich den Film weiter abspielte – eine Fassung übrigens, die mit farsischen Untertiteln versehen war.

HJK starrte mich an und wiederholte:»Mein Vater, wenn es möglich ist, dann lass diesen Kelch an mir vorübergehen.«

»Ich weiß«, sagte ich zu ihm.»Es ist schwer – auch viele Christen können das nicht nachvollziehen. Der Kampf wurde nicht auf Golgotha am Kreuz gewonnen, sondern in Gethsemane. Denn in diesem Augenblick hätte er ja noch problemlos in die Wüste verschwinden und sich in Galiläa in Sicherheit bringen können. Fliehen. Einfach weg. Doch im Garten fragt er seinen Vater dreimal: ›Bist du sicher? Gibt es keinen anderen Weg?‹ Weil er wusste, was ihm bevorstand. Das meint er damit, wenn er sagt: ›Wenn es möglich ist, dann lass diesen Kelch an mir vorübergehen.‹«

Hadschi Juma Khan sah mich weiterhin mit zusammengekniffenen Augen an.

»Wir akzeptieren seine Göttlichkeit nicht – Allah ist einzigartig«, sagte er.»Und für euch ist er wirklich der König der Welt?«

»Ja.«

Er biss ein weiteres Stück Naan ab – frisch und fluffig und mit einem leichten Hauch von Olivenöl – und dachte gründlich nach, bevor er sprach.

»Aber wenn das der *Sohn* Gottes ist«, sagte er,»warum tut sein Vater ihm dann diese Tortur an?«

Er konnte es nicht fassen, dass Gott seinen Sohn auf die Erde schickte, damit er gefoltert und hingerichtet wurde, um die Menschheit zu retten. »Sag mir: Liebt Gott seinen Sohn nicht?«

Ich blieb stumm – und ließ ihn reden. Die Fragen und Kommentare strömten nur so aus seinem Mund: einige auf Dari, andere auf Englisch. Eine weitere Grundregel, wenn man undercover arbeitet, lautet: Lass dich nie auf unnötige Diskussionen ein. Man nickt, man hört zu und zieht seine Schlüssel. Die *eigenen* Ansichten muss man nicht hören. Wichtig ist zu verstehen, wie der *andere* tickt.

»Nein, es ergibt keinen Sinn«, sagte er immer wieder. »Wenn Gott seinen Sohn wirklich liebte, warum ließ er ihn dann so leiden?«

Ich nippte am letzten Rest meines Rotweins in der Hoffnung, dass der Kellner es bemerkte und mir diskret nachschenkte.

Mein Blick ruhte lange auf Hadschi Juma Khan. Im Restaurant waren nur Kaugeräusche und das Kratzen von Besteck auf Tellern zu hören. Jetzt wirkten die vielen persischen Augen an den Wänden plötzlich skeptisch, fragend, urteilend. Ich konnte ihm keine Antwort geben. Ohne dass es ihm klar war, hatte HJK die alles entscheidende Frage gestellt – diejenige, die unzählige Gläubige dazu gebracht hatte, an ihrem Glauben zu zweifeln. Warum ließ der Vater seinen Sohn diese körperlichen und seelischen Qualen erleiden?

Warum gab es keinen *anderen* Weg?

An jenem Montagmorgen während des Ramadan, als ich nach mehreren Infusionen die Krankenabteilung wieder verlassen durfte, bestellte mich Botschafter Neumann zu einem vertraulichen Gespräch ein, um unsere Strategie zu besprechen.

»Ed«, sagte er, »wir machen uns ernsthaft Sorgen, dass es hier zu einer Art Tet-Offensive kommen könnte. Sie haben die Informationen gelesen – die ganzen Berichte über ausländische Kämpfer, die nach Kabul kommen und Waffen und Zünder für selbst gebaute Sprengsätze horten.«

Der Botschafter hatte eine besondere Bitte, einen sehr ungewöhnlichen Auftrag für mich.

Da HJK und ich mittlerweile so engen Umgang pflegten, standen mir ganz neue Wege offen. Mit ihm an meiner Seite konnte ich undercover ohne Begleitung von DEA-Agenten losziehen und verschiedene Moscheen in Afghanistan aufsuchen. Ich war der einzige Amerikaner, der auch die zahllosen Moscheen in Kabul ungehindert betreten durfte. Versammelten sich dort gerade ausländische Kämpfer? Das musste ich herausfinden. Wenn ja, wäre das ein klarer Hinweis auf einen koordinierten Angriff auf die Botschaft.

Ich hatte gegen diesen Auftrag nichts einzuwenden. Als Hadschi hatte ich mich schon oft genug verkleidet, und undercover mit HJK unterwegs zu sein, war mittlerweile ganz selbstverständlich für mich. Der Unterschied bestand lediglich darin, dass uns diesmal niemand begleiten würde. Keine Bodyguards, keine weiteren Agenten, keine Dolmetscher. Zusammen klapperten wir die Moscheen ab – manchmal mehr als sechs oder sieben am Tag –, und ich hielt Ausschau nach Anzeichen für Gefahr. Nach Gruppen von Dschihadisten, die sich hier versteckten. Ich suchte immer nach den üblichen ausländischen Kämpfern: Saudis, Irakern, Jemeniten, Syrern, Ägyptern, Libanesen.

Warum würde sich ein junger Araber überhaupt in Kabul aufhalten? Sicherlich nicht, um sich den Taliban anzuschließen. Die hätten ihn nicht einmal *aufgenommen*. Obwohl es sich bei ihnen um eine Rebellenbewegung handelte, kämpften die Taliban mehr oder weniger wie eine konventionelle Armee – allerdings wie eine mit Moral- und Strategievorstellungen aus der Bronzezeit. Als Fundamentalisten sind sie auf ihre eigene Art und Weise stolz darauf, einen Krieg gegen die einmarschierten Ungläubigen auszufechten. Sie wollen keine Unterstützung von Außenstehenden, nicht einmal von arabischen Glaubensbrüdern.

Nein, diese eingeschleusten Araber – fast ausschließlich junge Männer zwischen achtzehn und sechsundzwanzig – waren nur aus einem Grund dort: Nach einer Gehirnwäsche glaubten sie fest daran, sich als Selbstmordattentäter opfern zu müssen. Von den Dutzenden Selbstmordanschlägen, die ich in Afghanistan mitbekam – die meisten durch Autobomben –, wurde, soweit ich mich erinnere, kein einziger von einem Einheimischen verübt. Die Täter waren fast immer Araber, die ins Land gebracht worden waren.

Im Zusammenhang mit unserer Antidrogenarbeit hatten mein Freund General Daud und ich intensiv Karten studiert und Geheimdienstberichte ausgewertet, um die Abläufe nachzuvollziehen. Die arabischen Dschihadisten wurden von al-Qaida auf verschlungenen Wegen nach Afghanistan geschleust: durch den Iran und dann über die Grenze nach Pakistan. In Quetta – dem Tummelplatz radikaler Dschihadisten – versammelten sie sich und erhielten ihre Aufträge, bevor sie als Karawane in die Provinz Kandahar zogen und sich schließlich in sicheren Häusern in Kabul versteckten. Bei unseren Antidrogeneinsätzen in Afghanistan durchsuchten wir Dutzende dieser Unterschlupfe und verhafteten viele Araber, weil sie im Besitz von Zündern waren – umgebauten Handys, die eine gewaltige mörderische Explosion auslösen würden, sobald man sie benutzte.

Für uns in Kabul bedeuteten die Araber also eine viel größere Gefahr als die aufständischen Taliban, weshalb General Daud mir gezeigt hatte, woran man sie erkannte. Die jungen Männer aus Nordafrika oder von der Arabischen Halbinsel hatten für gewöhnlich hellere Haut und ausgeprägte semitische Gesichtszüge, und zudem bestanden spürbare Unterschiede in ihrem Verhalten und ihren Überzeugungen.

Typische Afghanen tragen keine Gebetsperlen bei sich, es sei denn, sie sind nach Mekka gepilgert wie Hadschi Juma Khan. Die meisten Araber hingegen haben ihre Gebetsperlen immer dabei und spielen ständig damit herum. Und obwohl sie sich ebenfalls in »Hadschi-Pyjamas« kleideten, wie wir den *salwar kamiz* respektlos nannten, machten sie darin einen unsicheren Eindruck und zogen das knielange Oberteil ständig zurecht wie ein Kind, das unablässig am steifen Kragen und der Krawatte des Erstkommunionanzugs herumfummelt.

In den Moscheen wirkten sie, im Gegensatz zu den Afghanen, vor dem Gebet verkrampft und nervös. Während die einheimischen Gläubigen sich entspannten und zwanglos miteinander unterhielten, blieben die Araber unter sich und vermieden jeglichen Blickkontakt.

Doch der wichtigste Unterschied, erklärte Daud, bestehe in der *Intensität* des Betens. Viele Afghanen spulen das Rezitieren der Suren und das Hinabbeugen auf die Gebetsteppiche gewohnheitsmäßig ab und legen dabei genauso wenig Begeisterung an den Tag wie ein durchschnittlicher Amerikaner in der Sonntagsmesse. Die Araber hingegen sind deutlich intensiver bei der Sache: Mit dem Eifer bigotter Christen bei einem Erweckungsgottesdienst reißen sie fünfmal am Tag mit dem Gesicht gen Mekka den Körper hoch und werfen sich wieder hin. Auf ihren Gebetsteppichen schlagen sie in einem Zustand, der an Besessenheit grenzt, den Kopf immer wieder reuig auf den Fußboden – *donk, donk, donk.* Für mich war es ein Wunder, dass sie dabei nicht das Bewusstsein verloren.

Das sei das verräterische Zeichen, schärfte General Daud mir ein:»Halt nach dem Gottesdienst immer nach denen Ausschau, auf deren Stirn das ständige Auf-den-Boden-Schlagen Spuren hinterlassen hat. Vertrau mir, Eddie – wenn du jemanden mit einem dicken blauen Fleck mitten auf der Stirn siehst, ist das *kein* Afghane. Es handelt sich höchstwahrscheinlich um einen Araber.«

Am schlimmsten war für mich nicht, verdeckt in einem Kriegsgebiet zu ermitteln, traditionelle afghanische Kleidung zu tragen oder mich für jemanden auszugeben, der ich nicht war – das hatte ich mein ganzes Berufsleben lang getan. Der schwierigste Moment war für mich, wenn ich beim Betreten einer Moschee mit HJK sofort meine Waffen ablegen musste.

Ich hatte keine Verstärkung, kein Observationsteam, niemanden an meiner Seite außer Hadschi Juma Khan. Normalerweise trug ich vier Waffen bei mir. An meiner rechten Hüfte hing eine 9-mm-Glock. Die war genau das Richtige für einen Schusswechsel, doch das Problem der Glock – und praktisch jeder teils aus Kunststoff bestehenden Halbautomatik – besteht darin, dass der Schlitten im Falle eines Gerangels beim Nahkampf oft blockiert wird. Dann nämlich,

wenn man jemandem die Pistole gegen den Körper drückt –
man spricht vom sogenannten »Zustand-3-Versagen«. Und
weil nichts nutzloser ist als eine Waffe mit Ladehemmung,
hatte ich auch meinen eigenen Smith-&-Wesson-.38er-Re-
volver mit nach Kabul genommen. Er steckte an meinem
Knöchel und war die perfekte Nahkampfwaffe. Den 5 Zentimeter langen Lauf des .38ers kann man jedem zwischen die
Rippen drücken, ohne dass sich etwas verklemmt.
Außerdem hatte ich zwei Messer, die ich mir jeden Morgen direkt nach dem Aufstehen umschnallte. Schon seit
meiner Jugend in St. Louis war ich ein Messerkämpfer. Ein
enger Freund von mir, Lynn Thompson, besitzt eine Firma
namens Cold Steel, und als ich mich nach Kabul aufmachte,
überreichte er mir ein handgefertigtes Laredo-Bowie-Messer, das ich immer auf dem Rücken trug. Und zu guter Letzt
steckte in einer Spezialscheide an meiner linken Seite eines
von Lynns Faustmessern mit einer 13-Zentimeter-Klinge.
Krieg das legal? Kam drauf an, wen man fragte. In Afghanistan machten wir, ehrlich gesagt, was wir wollten – was wir
für nötig hielten, wenn es um unseren Schutz ging. In Mexiko
zu arbeiten, war eine andere Sache: DEA-Spezialagent Victor
Cortez wurde dort unten einmal von den *federales* festgenommen, weil er eine vollautomatische Waffe trug.
Für mich ähnelte die Strafverfolgungsarbeit in Kabul dem
Dasein eines US-Marshals im Tombstone der 1880er-Jahre.
Wohin man auch schaute, überall trugen die Leute Waffen,
meistens Kalaschnikows: das Sicherheitspersonal vor Büro-
gebäuden, die Bodyguards von Ministern und Diplomaten,
sogar normale Bürger auf einer belebten Straße. Jeder zeigte
offen, was er dabeihatte. Es gab in Afghanistan nicht einen
Ort – und ich hatte das gesamte, weitläufige Land besucht –,

an dem man nicht jemanden mit einer AK-47 in der Hand sah.

Doch obwohl sich alle aufführten, als befänden sie sich im gesetzlosen Grenzland, gab es einen Ort, an dem strikte Regeln galten: Niemand entehrte eine Moschee. Man musste seine Schuhe ausziehen. Der Gebetsteppich war das Einzige, was man mit hineinnehmen durfte.

Bevor wir aus dem Auto stiegen, warf ich HJK einen Blick zu, den er erwiderte, und legte meine Waffen ab. Ich versteckte alles im Wagen: meine Glock, meinen Smith-&-Wesson-Snubnose und meine beiden Cold-Steel-Messer.

Dann betrat ich die Moschee durch den Vordereingang Seite an Seite mit HJK. Was ich allerdings erfolgreich hineinschmuggelte, waren mein kleines Goldkreuz und meine Taschenbibel. Ohne meine Bibel ging ich niemals irgendwohin, sie war in graues Leder gebunden und klein genug, um in meine Handfläche zu passen.

Ich hatte sie von Terrence bekommen, einem meiner engsten Kumpel bei den Marines, als ich als Militärpolizist in Hawaii stationiert war. »Versprich mir, dass du sie jeden Tag bei dir trägst, Ed«, sagte er, bevor er den Dienst quittierte, um Pfarrer zu werden.

Dieses Versprechen habe ich bis heute gehalten, wenngleich die meisten Muslime es als Respektlosigkeit verstehen, eine christliche Bibel in eine Moschee mitzubringen. Wie bei den meisten Dingen in Kabul musste ich auch dieses Mal geschickt und verstohlen vorgehen.

Die Moscheen waren immer brechend voll, vor allem beim Freitagsgebet. Mindestens drei- bis vierhundert Besucher sorgten – nach Geschlechtern getrennt – dafür, dass der Raum zum Bersten gefüllt war.

Barfuß und feierlich schritten wir, während der Adhan des Muezzin die Gläubigen noch laut heulend zum Freitagsmittagsgebet rief, zu den Tischen mit den kleinen Wasserbehältern und den Schüsseln aus gehärtetem Silber. HJK führte mich wie ein gütiger Lehrer durch das Reinigungsritual – bei dem die Hände und die Herzen von Schmutz befreit werden –, bevor wir Seite an Seite zu unserem Platz gingen, unsere Teppiche ausbreiteten und uns für das Freitagsgebet gen Mekka wandten.

Ich hatte ihn nie unterschätzt, sondern ihn im Gegenteil immer respektiert. Nicht zuletzt wegen seines Intellekts. In einigen Berichten war er als Analphabet dargestellt worden, doch wer es schafft, ein Leben in bitterer Armut gegen Reichtum und internationalen Einfluss einzutauschen, der muss was draufhaben und lässt sich von niemandem etwas vormachen.

Im Rückblick kann ich sagen, dass HJK wahrscheinlich der klügste Mann war, gegen den ich je ermittelt habe. Doch erst im Innern der Moscheen verstand ich, wie intelligent er wirklich war.

Der Mann spricht kein Arabisch, beherrscht nur ein paar einfache Sätze zur Begrüßung wie »as-salamu alaikum«. Unterhaltungen führte er am liebsten auf Dari, der afghanischen Variante des persischen Farsi, oder auf Belutschisch, einem nordwestiranischen Dialekt.

Dennoch konnte er den Koran – alle hundertvierzehn Suren – wortwörtlich rezitieren. Ohne Pause, ohne darüber nachdenken oder nachlesen zu müssen: komplett auswendig. Ich kenne das Alte und das Neue Testament ziemlich gut – dafür haben die Jesuiten meiner Heimatgemeinde

299

schon gesorgt –, aber ich bin ganz gewiss nicht in der Lage, auf einem ausgerollten Teppich jeden Vers von der Genesis bis zur Offenbarung des Johannes herunterzubeten.

Es gehört zu den intimsten Handlungen, die zwei Männer gemeinsam vollziehen können – auf die Knie zu gehen und Seite an Seite zu beten. Obwohl kein Muslim, hielt ich mich an die Rituale, hatte sogar meinen eigenen Gebetsteppich dabei, ein wunderschönes, in Rot und Schwarz gehaltenes Prachtstück und ein Geschenk von General Daud. Natürlich rezitierte ich nicht den Koran. Ich betete zu Jesus. Seit ich zu Beginn meiner DEA-Laufbahn im Rahmen des Kayed-Berro-Falls undercover in Israel gewesen war, verwendete ich immer den aramäischen Namen, bei dem die Jünger in Galiläa und Jerusalem ihn genannt hatten. *Yeshua Ha'Mashiach.*

Tief über den Gebetsteppich gebeugt, inmitten von mehreren hundert Muslimen, flüsterte ich lautlos:

»Ich *ermittle* nicht mehr einfach gegen diesen Mann. Es ist nicht mehr bloß ein *Fall*. Schau uns an: Ich bin der Bruder dieses Mannes. Was soll ich tun, wenn die Zeit kommt, ihn zu verhaften? Ich bin mir nicht sicher, ob ich auf diesen Tag vorbereitet, ob ich stark genug bin. Daher frage ich dich – wie du selbst damals im Garten gefragt hast: Gibt es keinen anderen Weg?«

Wir beteten länger als eine Stunde, knieten nebeneinander. Irgendwann brannten meine Knie, als wäre ich von Wespen gestochen worden. Als ich mich erhob, kannte ich die Antwort. Es gab keinen anderen Weg.

Ich tat das Einzige, was mir noch blieb – ich bat um Kraft. Um die Kraft, das zu tun, was ich tun musste. Um die

Kraft, einen Mann zu verhaften, der mir sein Herz geöffnet hatte. Um die Kraft, einen Mann zu verraten, der ...

In dem Moment schaute ich auf und erblickte etwa 10 Meter entfernt einen hellhäutigen Araber mit einem sorgfältig gestutzten dunkelbraunen Bart, der sich gerade von seinem Gebetsteppich erhob und dem jungen Al Pacino zum Verwechseln ähnlich sah. Definitiv kein Afghane: ein Syrer, möglicherweise ein Libanese, vielleicht ein Saudi ...

Und da war er, genau wie General Daud es vorhergesagt hatte: der verräterische blaue Fleck des Fanatikers – fast schwarz, beinahe rechteckig, genau in der Mitte der Stirn.

Der junge Mann wandte den Blick nicht ab. Hatte er mich als Amerikaner erkannt? Mich in der Menge ausgemacht? Er taxierte mich ganz genau.

Ich griff instinktiv nach dem Laredo-Bowie-Messer hinten an meinem Rücken, dann nach dem Faustmesser an meiner linken Seite – die Scheide war leer. Abgesehen von meinem kleinen Kreuz und der Bibel in meiner Hand war ich quasi nackt in der Moschee.

Meine Gedanken rasten. Arabische Kämpfer sind immer zu mehreren unterwegs. Und trotz des Waffenverbots in diesem Gebetsraum war den aus dem Ausland stammenden Dschihadisten alles zuzutrauen. Uns war bekannt, dass sie sogar oft Kalaschnikows und andere vollautomatische Gewehre sowie Sprengsätze in Moscheen bunkerten – mit der Begründung, es handele sich um Waffen für den Heiligen Krieg gegen die Invasoren und Ungläubigen.

Wie sollte ich mich jetzt verhalten? Was würde ich tun, wenn sie mich in der Moschee umzingelten? Was, wenn mich jemand verraten hatte?

Plötzlich spürte ich etwas Schweres auf mir lasten. Ich

schrak zusammen, und ein kalter Schauer lief mir über den Rücken, bis ich bemerkte, dass es nur HJK war, der mir einen seiner gewaltigen Arme um die Schultern gelegt hatte.

»Gib mir die Kraft«, flehte ich erneut lautlos.

Als Nächstes zog HJK mich an sich und erstickte mich fast in einer ungestümen Umarmung, während sein langer schwarzer Bart wie raues Sandpapier über mein Gesicht und meinen Hals kratzte. Ich bin durchaus robust gebaut, aber als er mich enger an sich drückte, hob er mich in die Höhe, als wäre ich ein sechsjähriger Junge.

Dann küsste er mich schnell viermal auf beide Wangen – wie es bei Afghanen unter Familienangehörigen und Freunden am Ende des Freitagsgebets üblich ist.

Sobald der junge Araber erkannte, dass ich mit Hadschi Juma Khan – unverkennbar mein Beschützer – da war, senkte er den Blick in Richtung des hellblau gefliesten Bodens.

HJK drückte weiterhin meine Schulter, und mit den eng zusammengerollten Gebetsteppichen unter dem Arm begaben wir uns gemeinsam in den vorderen Teil der Moschee.

An meinem Ohr spürte ich die Wärme seines Atems, der schwach nach gebratenem Blumenkohl und Jasmintee roch. Zum ersten Mal sprach er mich mit dem Dari-Wort an:

Baradar.

Noch heute meine ich bisweilen die drahtigen Borsten seines schwarzen Bartes an meinen Wangen zu fühlen.

»Du bist mehr als ein Freund, Ed«, sagte er. »Ich liebe dich wie einen Bruder …«

KAPITEL 10

DER LETZTE ANRUF

Ich arbeitete unglaublich gern als Agent undercover auf die Straße. Doch unvermeidbar kamen mit der Anerkennung Beförderungen.

Es begann mit einem ganz gewöhnlichen Sturz. Wir waren in der Umgebung von Kabul unterwegs auf der Suche nach einem der unzähligen illegalen Heroinlabore, die in Höhlen im ganzen Land versteckt sind, als ich auf einem kantigen Stück Schiefer ausrutschte und mir das Knie übel zurichtete. Wochenlang humpelte ich über das Botschaftsgelände, das Bein geschient und verbunden wie an dem Tag, an dem mir beim Ringen mit Onkel Jim die Kniescheibe herausgesprungen war.

Irgendwann wurden die Schmerzen so schlimm, dass ich in die Staaten fliegen musste, um einen Kernspin machen zu lassen, einen Orthopäden aufzusuchen und mich schließlich einer Meniskusoperation zu unterziehen.

Während ich mich in Washington erholte, verkündete Karen Tandy, meine oberste Chefin, dass ich zum SES, zum

Mitglied des Senior Executive Service der DEA, aufsteigen sollte und somit nicht mehr dem gewöhnlichen Dienst angehörte. Vielmehr würde ich künftig nach »Ermessen des Präsidenten der Vereinigten Staaten« eingesetzt, hieß es. Ich erklärte ihr zwar, dass ich nach Kabul zurückwolle, aber als SES konnte ich dort nicht länger als Landesattaché tätig sein. Mein neuer Posten ging mit einer Stationierung in den USA einher, erst für kurze Zeit in Nevada und später dauerhaft in der Zentrale in Los Angeles.

Dort fungierte ich als stellvertretender Chefermittler und beaufsichtigte und führte achthundertfünfzig Agenten, Analysten und Verwaltungskräfte in Südkalifornien, Nevada und im gesamten pazifischen Raum. Dazu gehörten sämtliche Spezialagenten, die auf US-Territorium wie Guam oder in Indonesien, Malaysia und auf den Nördlichen Marianen stationiert waren. Ich war ständig auf Reisen und noch öfter mit Schreiben beschäftigt, erstellte die globale DEA-Heroinstrategie für die Haushaltsvorlage des US-Senats und war Hauptverfasser des Strategieplans, den die DEA zum Thema »weltweite Heroinbekämpfung in Zentralasien nach dem 11. September« vorlegte.

Außerdem arbeitete ich am Aufbau der Finanzermittlungseinheit der DEA mit, die sich mit den Geldkanälen von Osama bin Laden befasste. Gemeinsam mit dem FBI verfolgte ich verschiedene *hawalas* – arabische Banküberweisungen – zu ihren Absendern zurück, denn mit diesem Geld waren die Anschläge des 11. September finanziert worden. Insgesamt machten wir 300 000 Dollar ausfindig, die aus dem Mittleren Osten stammten und über Thailand geleitet worden waren, vermutlich für die Attentäter.

Doch das Abfassen von Berichten für den Kongress und

das Nachverfolgen von Geldströmen reichten mir nicht aus. Auch als Mitglied des Senior Executive Service, was einem Brigadegeneral in der US-Army entspricht, arbeitete ich weiter als verdeckter Ermittler auf der Straße. Meine Chefs waren darüber nicht allzu erfreut – viele Leute meines Ranges in der DEA verachteten mich sogar dafür –, aber ich konnte nur so und nicht anders arbeiten. Wie alle guten Vorgesetzten, die ich kannte – von Rogelio Guevara bis zu Don Carstensen –, wies ich meinen Leuten nie Aufgaben zu, die ich selbst nicht erledigen wollte.

Das Seltsame war, dass ich im Laufe meines Berufslebens – obwohl ich bis heute noch nicht weiß, warum – immer wieder Drogenhändlern das Leben gerettet habe. Vor allem während der Jahre für den SES in der Pazifikregion, in Ländern wie Indonesien, wo auf Drogenhandel automatisch die Todesstrafe steht. Ich habe mehrere Male gefährdete Dealer in Thailand, in Malaysia, in Indonesien angerufen und ihnen erklärt, dass sie jetzt am besten direkt zu den örtlichen Behörden gehen und versuchen sollten, einen Deal auszuhandeln:

»Hören Sie zu, Sie sind akut in Gefahr. Gehen Sie heute Abend nicht nach Hause. Wenn Sie am Leben bleiben wollen, fangen Sie lieber unverzüglich damit an an zu kooperieren.«

Mir war egal, ob dieses Vorgehen im Sinne der Behörden war – vielleicht war es das Erbe der Jesuiten in mir. Ich wollte nicht, dass diese Männer oder ihre Familien starben.

Von meinem Büro in LA aus leitete ich die Ermittlungen, die Yitzhak Abergil, den »Mr. Untouchable« Israels, vor Gericht bringen sollten.

Dort hatte man jahrzehntelang ein landesinternes Mafia-problem, die gewaltbereiten Clans der Mizrachim – Juden, die aus dem Nahen Osten, aus Ägypten, Syrien, dem Irak und Marokko stammten – bekämpften sich gegenseitig. Mit der Verbreitung des Internets und sinkenden Preisen für internationale Flüge fingen israelische Mafiosi an, sich außerhalb der Grenzen ihres Landes nach möglichen Märkten umzusehen.

Praktisch über Nacht schufen sie einen Markt für Ecstasy. Genau wie die kolumbianischen Drogenbarone vom Schlage eines Pablo Escobar in der Lage waren, den Import von Kokain in die Vereinigten Staaten unter ihre Kontrolle zu bringen, indem sie seit jeher bestehende Marihuanaschmuggelrouten benutzten, hatten auch die Israelis beim Vertrieb von Ecstasy einen unschlagbaren Vorteil gegenüber den rivalisierenden Mafiosi.

Ihnen gehörte nicht nur ein Großteil der Untergrunddrogenlabore in den Niederlanden und in Belgien, sie konnten zudem auf die Infrastruktur des Diamantenschmuggels zurückgreifen, bei dem oft Stripperinnen und ultraorthodoxe jüdische Teenager als Kuriere nach New York und Los Angeles geschickt wurden. Niemand war raffinierter darin, diese Partydroge zu schmuggeln als Yitzhak und Meir Abergil, zwei gefürchtete Brüder aus dem Küstenort Netanja.

Man darf sich durch die verharmlosende Bezeichnung »Partydroge« für 3,4-Methylendioxy-N-methylamphetamin oder MDMA nicht hinters Licht führen lassen: Der weltweite Ecstasymarkt ist immens. 2005 schätzte das Büro der Vereinten Nationen für Drogen- und Verbrechensbekämpfung seinen Wert auf mehr als 16 Milliarden Dollar. In Israel führte der Kampf um die Branchenherrschaft schon bald zu Blutbädern. Am helllichten Tag geschahen brutale Morde, bei denen Autos in die Luft gejagt wurden, und Scharfschützen, auf Motorrädern gehörten fast schon zum Straßenbild von Tel Aviv.

Solange sich alle an Bugsy Siegels berühmte Worte über Bandenmorde hielten –»Wir bringen uns nur gegenseitig um« –, war die Selbstverstümmelung der israelischen Mafia lediglich ein Thema für reißerische Schlagzeilen in der Boulevardpresse und gelegentliche Fernsehnachrichten. Doch als auch unschuldige Zeugen umgebracht wurden, rief die Öffentlichkeit:»Genug!« Der Wendepunkt kam im Juli 2008, als am Strand in Bat Jam, südlich von Tel Aviv, Margarita Lautin, eine einunddreißigjährige Sozialarbeiterin, irrtümlich vor den Augen ihres Mannes und ihrer beiden Kleinkinder ermordet wurde.

Obwohl die Brüder Abergil bereits vor meiner Zeit bei uns aktenkundig gewesen waren, wurde ich erst damit befasst, als ich zum SES der Dienststelle in LA ernannt wurde und der Drogenclan seine Aktivitäten auf die USA auszudehnen begann. Als Lieferanten großen Stils auf der Suche nach einem Vertriebsnetz, beschlossen sie, sich mit den Vineland Boyz zu verbünden, einer der übelsten Latino-Gangs von LA. Sie gingen eine clevere Schmugglerehe ein – einschließlich solcher Geniestreiche wie dem Verstauen von Ecstasypillen in Plüschtigern –, und das Geschäft boomte. Doch im Drogenspiel folgt auf Geld *immer* Mord. Der erste Todesfall in Kalifornien ereignete sich, als Handlanger der Abergils Sami Atlas ermordeten, einen in Sherman Oaks lebenden israelischen Drogenhändler, dem sie vorwarfen, sich eine große Drogenlieferung unter den Nagel gerissen zu haben.

Als wir die multinationale Reichweite der Geschäfte und

die immer größer werdende Gefahr, die hier in den USA von ihnen ausging, erkannten, leiteten wir die Ermittlungen ein. Bis wir die Abergils dingfest machen konnten, verbrachten wir Hunderte Stunden mit der Sichtung von abgehörtem Material und der Befragung von Zeugen und Komplizen. Unsere Anklage fußte auf Auskünften unserer Informanten aus Beverly Hills und Hollywood, wobei neben dem Mord an Atlas noch die groß angelegte Einfuhr von Ecstasy aus Amsterdam auf das Konto der Abergils ging.

Als SES hatte ich oft Auseinandersetzungen mit den Staatsanwälten des Zentraldistrikts von Los Angeles. Sie brüsteten sich damit, eine der höchsten Verurteilungsraten aller US-Bundesgerichte zu haben, was meiner Meinung nach lediglich daran lag, dass sie nur Fälle annahmen, die im Grunde schon verhandelt waren, *bevor* sie vor Gericht landeten.

Ich reiste nach Israel und arbeitete eng mit der dort neu gegründeten Einheit für organisiertes Verbrechen zusammen. Direkt nach meiner Ankunft in Tel Aviv traf ich mich mit dem verantwortlichen Polizeigeneral.

»Wissen Sie, wie wichtig das für uns ist?«, fragte er mich. »Bei uns wird es nämlich niemals einen fairen Prozess geben. Dieser Abergil hält vom Gefängnis aus immer noch alle Fäden in der Hand.«

Es waren harte Verhandlungen, und es dauerte lange, bis wir den höchsten Gerichtshof Israels zu einem Kompromiss bewegen konnten.

Am 12. Januar 2011 wurden Yitzhak und Meir Abergil gemeinsam mit drei anderen Mitgliedern ihres Clans an die Vereinigten Staaten ausgeliefert, und zwar nach Los Angeles. In der siebenundsiebzig Seiten langen und zweiunddreißig Punkte umfassenden Anklageschrift wurden ihnen Mord, schwere Veruntreuung, Geldwäsche, organisierte Kriminalität und das Herstellen von Ecstasy in großem Maßstab zur Last gelegt. Angesichts einer drohenden lebenslangen Haftstrafe gestand Yitzhak Abergil im Mai 2012 vor einem Bundesgericht in Los Angeles, zu einem Verbrechersyndikat gehört zu haben, das Ecstasy vertrieb und dessen Mitglieder Mord als übliches Mittel zur Durchsetzung ihrer Ziele einsetzten. Am 21. Mai 2012 wurde der vormals »unantastbare« Verbrecherkönig nach einer historischen Verständigung zwischen Anklage und Verteidigung zu zehn Jahren Haft verurteilt.

Darüber hinaus waren wir gerade dabei, innovative Technologien und die sozialen Netzwerke zu nutzen, um einige der berüchtigtsten Narco-Terroristen der Welt aus dem Verkehr zu ziehen. So etwas hatte es noch nie gegeben, jedenfalls nicht in der amerikanischen Strafverfolgung. Ich gründete die Einheit für besondere Ermittlungen, ein Team, das sich ausschließlich mit Drogen-Terrorismus befasste und der Dienststelle in LA angegliedert war. Personell bestückte ich es mit meinen besten Ermittlern, sofern sie interessiert waren, Drogen-Terrorismus-Fälle aufzubauen. In ihr Resort fielen auch die ganz dicken Fische al-Qaida, Hamas, Hisbollah.

Wie bei jedem Startup dauerte es Monate, bis wir die Anfangsprobleme behoben hatten und endlich Undercover-Figuren – oder Avatare – in die Onlinewelt der Narco-Terroristen einschleusen konnten. Diese virtuellen Charaktere meldeten sich in Foren an und diskutierten über radikale politische Ansichten und fundamentalistisch-islamistische

Überzeugungen – alles mit dem Ziel, gefährlichen Narco-Terroristen auf die Schliche zu kommen.

Die Einheit für besondere Ermittlungen wurde schnell zu einem Bienenstock voller High-Speed-Modems, klappernder Tastaturen und einem Gewirr von Sprachen: Ich musste Übersetzer hinzuziehen, die auf Paschtunisch, Belutschisch, Farsi, Dari und Arabisch spezialisiert waren. Die Arbeit unserer Einheit führte zu einer der ersten drogenbezogenen Ermittlungen gegen die Hisbollah in den USA. In meinen Augen stellt sie die Zukunft der Ermittlungen dar, die Speerspitze im Kampf gegen die globale Bedrohung durch den Narco-Terrorimus, im echten Leben wie in der virtuellen Welt.

Auch nachdem ich Afghanistan verlassen hatte, war ich in gewisser Hinsicht *immer* dort bei HJK.

Er war der bei Weitem größte Fall meines Lebens, der Höhepunkt meiner Laufbahn als verdeckter Ermittler, der Informanten heranzog und gerichtlich relevante Informationen sammelte. Ich griff auf siebenundzwanzig Jahre Erfahrung in der Strafverfolgung und jeden Instinkt und Trick der Branche zurück, als ich mir den reichsten Heroinhändler weltweit zum Gegner wie zum Freund machte.

Nach meiner Rückkehr nach Los Angeles ging ich zu Wal Mart und kaufte mir ein Samsung-Klapphandy nur für Anrufe von HJK. Manchmal rief er mich in einer Nacht dreimal an. Da die Zeitverschiebung zwischen Kabul und LA mehr als elf Stunden beträgt, war es für ihn mitten am Tag. Es ging um Routinesachen oder darum, sich einfach mal zu melden – manchmal allerdings auch um gravierende Informationen über irgendeinen Taliban. Er hoffte wohl dadurch in meiner Gunst zu steigen.

Zu seinem Pech aber hatte bis zum Sommer 2008 in Washington ein dramatischer Politikwechsel stattgefunden. Mitte Juli erfuhr ich von Jimmy Soiles, meinem Lehrmeister aus Pariser Zeiten, dass das Verteidigungsministerium Hadschi Juma Khan auf die »kinetische« Liste gesetzt hatte. Ein harmlos wirkender Euphemismus, klingt er doch deutlich angenehmer als »zur Eliminierung per unbemanntem Luftfahrzeug ausgewählt«.

Im Klartext hieß das nicht mehr und nicht weniger, als dass das Pentagon eine Drohne losschicken würde, um HJK auszuschalten.

Man wollte Hadschi Juma Khan jedoch nicht »eliminieren«, solange er sich auf seinem Anwesen befand, umgeben von seinen verschiedenen Frauen und zig Kindern und weiteren Zivilisten, die als »Kollateralschaden« enden könnten. Der Plan sei ganz einfach, erklärte Jimmy mir. Das Verteidigungsministerium wolle, dass ich einen *letzten* Anruf mit dem Samsung tätigte, um HJK via Handy auf eine Schnellstraße irgendwo in Nimrus zu locken. Ich bat um Zeit, um ein paar Monate.

»Neunzig Tage«, sagte ich zu Jimmy. »Gebt mir neunzig Tage.«

»Sechzig«, gab Jimmy schroff zurück. »Du hast sechzig, Ed.«

Noch sechzig Tage.

Aus irgendeinem Grund war ich nach wie vor zuversichtlich, dass ich einen Ausweg finden würde – eine Möglichkeit, HJK am Leben zu lassen, ihn weiter einzusetzen und ihn in diesem sich zuspitzenden Narco-Terror-Krieg zu unserem Vorteil zu nutzen …

Ich habe es bereits mehrfach erwähnt: Abgesehen von

seinem Wert als Quelle nützlicher Informationen war er mir wichtig geworden – nicht als Zielperson, sondern als *Mensch.*

Vor allem hatte ich mir das unausweichliche Ende immer so vorgestellt, dass HJK sich unter meiner Obhut in einer Gefängniszelle befand und uns weiterhin mit wertvollen und strafrechtlich relevanten Informationen versorgte, die amerikanischen Bürgern das Leben retten konnten und uns vielleicht den Weg zu den Drahtziehern bei al-Qaida- und den Taliban wiesen. Dass er auf einer von rotem Staub bedeckten Schnellstraße irgendwo in der Provinz Nimrus in einem vor sich hinschwelenden Toyota verbrannte, war eine grässliche Vorstellung …

Natürlich konnte ich diese Überlegungen mit niemandem teilen. Jede Nacht überlegte ich, was Don Carstensen getan hätte oder Rogelio und José und alle meine Lehrer in Gruppe vier.

Am häufigsten dachte ich daran, wie HJK mir in unserem persischen Lieblingsrestaurant die eine Frage gestellt hatte: Warum gab es keinen anderen Weg?

Eines Donnerstags um drei Uhr schrak ich aus dem Schlaf: Ich hatte die Lösung gefunden.

Die Zeit war fast abgelaufen, ich konnte Jimmy und die Verantwortlichen im Verteidigungsministerium nicht länger hinhalten. Der Drohnenangriff sollte in weniger als einem Monat stattfinden.

In meinem dunklen Schlafzimmer hörte ich mir selbst dabei zu, wie ich einen geradezu widersinnigen Satz vor mich hinmurmelte: »Ich muss ihm sein Leben nehmen, um sein Leben zu *retten.*«

Ich griff nach dem Handy und erreichte HJK auf seinem Anwesen in Belutschistan. Ohne Vorgeplänkel teilte ich ihm mit, dass ich ein lukratives Geschäftsangebot für ihn hätte. Allerdings handle es sich um ein so sensibles Thema, dass ich am Telefon nicht offen darüber sprechen könne. Wir mussten uns schnellstmöglich treffen.

»Komm hierher«, sagte er.

»Geht nicht.«

»Kabul.«

»Nein, wir können es nicht in Kabul machen.«

»Wo dann?«

»Nirgendwo in Afghanistan.«

Das stimmte ihn misstrauisch. Er würde sicherlich nicht einwilligen, noch einmal nach Amerika oder in irgendein Land in Westeuropa zu fliegen. Schließlich schlug er vor, mich in Dubai zu treffen. Auch das ginge nicht, erklärte ich ihm.

Minutenlang diskutierten wir hin und her, HJK blieb unnachgiebig und bestand darauf, dass eine Zusammenkunft nur in Asien stattfinden könne.

»Wie sieht es mit Indonesien aus?«, schlug ich am Ende vor.

»Indonesien?« Er überlegte.

»Ja, ich könnte dich in Jakarta treffen.«

Daraufhin war er lange still, und ich konnte spüren, wie sein Misstrauen wich.

Jakarta war ihm offenbar sicher genug. Indonesien ist schließlich der bevölkerungsreichste islamische Staat der Welt. Aus meiner Sicht war es außerdem ein Land, in dem ich als SES mit den örtlichen Behörden eine Reihe kollegialer und für beide Seiten nutzbringender Antidrogeneinsätze durchgeführt hatte.

»Jakarta«, sagte er letztendlich.

»Ja, dann sehen wir uns in Jakarta.«

Ich klappte das Handy zu und verspürte plötzlich einen schmerzhaften Stich.

Ich wusste, das war der letzte Anruf gewesen.

Was folgte, war die geheimste aller Geheimoperationen, für die unsere afghanischen Kollegen uns einen falschen Pass und ein Visum für Hadschi Juma Khan besorgten. Dermaßen ausgestattet, würde er erneut unter falschem Namen seine Heimat verlassen. Wiederum an Bord einer Emirates-Maschine, diesmal nach Jakarta.

Die Aktion allein kostete uns alles in allem mehr als eine Million Dollar.

Während der Hadschi komfortabel erster Klasse nach Indonesien flog, gab es für mich Probleme. Es ließ sich kein Linienflug finden, der mich pünktlich zu unserer Verabredung am 22. Oktober 2008 nach Indonesien bringen würde. Es blieb der DEA nichts anderes übrig, als einen Gulfstream-V-Privatjet zu chartern, der mich am Flughafen in Long Beach auflas.

So schnell war ich noch nie im Leben unterwegs gewesen: Wir flogen mit 750 Knoten über den Pazifik, und nach einem Tankstopp auf den Marshallinseln schoss die G-V beim Start über die winzige Piste hinaus und wäre fast ins Meer gestürzt.

Als wir in Jakarta gelandet waren, rannte ich schwitzend auf das Rollfeld hinaus.

Und dann sah ich den beleibten Riesen aus dem Emirates-Flieger treten. Langer schwarzer Bart. Weißer *salwar kamiz* mit ein paar sichtbaren Fettflecken. Braune Sandalen.

Weiße Hadschi-Mütze und ein schlecht sitzendes schwarzes Jackett, das aussah, als habe er es 1973 auf einem Flohmarkt in Kabul gekauft.

Er hatte keine Bodyguards oder Gehilfen um sich und kein Gepäck dabei, nur einen abgewetzten Rollkoffer, dessen Räder so verzogen waren, dass er quasi auf mich zuhüpfte ... »Mister Ed«, rief HJK und erstickte mich in einer seiner ungestümen Umarmungen, hob mich in die Luft und küsste mich zweimal nacheinander schnell auf jede Wange.

Man hätte glauben können, dieser Kerl sei ein ungebildeter Bauer, der gerade sein Dorf in Nimrus verlassen hatte und über kaum genügend Geld für die Visumsgebühr verfügte. Dass er der Kopf des größten Heroin- und Opiumunternehmens in Südwestasien war, ein Drogen-Warlord mit mehr als einer Milliarde Dollar Umsatz im Jahr, das sah man ihm weiß Gott nicht an.

Die Polizisten am Airport – allesamt fromme Muslime – kannten allerdings die Wahrheit: Als HJK mit dem wackeligen Rollkoffer im Schlepptau durch den Flughafen lief, sanken mehrere von ihnen vor dem »großen Hadschi« auf die Knie, als handelte es sich um einen Gott.

Letzten Endes gelang es mir, diesem bizarren Paradox gerecht zu werden.

Wir befanden uns in einer diplomatischen und juristischen Grauzone: In New York lag zwar eine hieb- und stichfeste Anklage gegen HJK vor, doch zwischen den USA und Afghanistan bestand kein Auslieferungsabkommen, und Hadschi Juma Khan war sowieso mit einem Ausweis der Vereinigten Arabischen Emirate und getürkten Visa unterwegs.

Aber was sollte jetzt mit ihm passieren?

Ich hatte mit den indonesischen Behörden vereinbart, dass sie ihm die Einreise in ihr Land verweigerten, damit er den Flughafen von Jakarta nicht verlassen konnte und wir uns um den Weitertransport kümmern würden.

Bevor sich das Ganze zu einem internationalen Zwischenfall auswachsen konnte, traf ich, sobald sich HJK in Gewahrsam der DEA und an Bord der G-V befand, eine Entscheidung und rief den Piloten zu:

»Jetzt starten Sie schon, verdammt!«

Ich würde die diplomatischen und juristischen Verwicklungen auf meine Kappe nehmen. Auf dem Rückflug über Asien stieg der Pilot auf über 35 000 Fuß – zu hoch also, um auf dem Radar aufzutauchen. Pilot und der Co-Pilot riefen mich deshalb hektisch über das Satellitentelefon an.

Wir hatten allerdings jetzt eine dringendere Sorge: Im Tank war nicht genügend Kerosin, um New York oder einen der europäischen Flughäfen zu erreichen, für die wir eine Landeerlaubnis hatten. Die DEA-Direktorin setzte sich mit dem Außenministerium in Verbindung. In Anbetracht der Tatsache, dass HJK die Taliban und al-Qaida mit mehr als 100 Millionen Dollar unterstützt hatte und ein wertvoller Gefangener war, erwirkte das State Department für uns die Erlaubnis, in Malta zu landen und aufzutanken.

Am Ende schafften wir HJK sicher zum Flughafen LaGuardia.

Sobald er gelandet war, wurde er gemäß dem Drogen-Terrorismus-Statut aus dem Jahr 2006 verhaftet. Ihm drohte eine viele Punkte umfassende Anklage wegen »verbrecherischen Komplotts zum Vertrieb von Rauschgift mit der Absicht, eine terroristisch agierende Organisation materiell zu unterstützen«, und er wurde ins Metropolitan Correctional Center in Lower Manhattan gebracht.

Er war zwar hinter Gittern, doch in meinen Augen wenigstens am Leben.

Epilog

Hadschi Juma Khan sitzt nach wie vor im Metropolitan Correctional Center in New York City. Da ihm lebenslange Haft in einem Bundesgefängnis droht, plädiert er auf »nicht schuldig«, aber noch ist kein Prozesstermin festgesetzt worden. Sein momentaner rechtlicher Status ist aus Gründen der nationalen Sicherheit offiziell geheim.

Das gesamte Ausmaß der Informationen, die HJK uns zukommen ließ, ist nie bekannt geworden – und wird es vielleicht auch nie –, weil die Details von der Bundesanwaltschaft des südlichen Distrikts von New York unter Verschluss gehalten werden.

Meine Unterhaltungen mit Hadschi Juma Khan führten zur gerichtlichen Verfolgung des dritthöchsten Befehlshabers der Taliban und zu »Capture-or-kill«-Einsätzen gegen Mitglieder aus den Führungsreihen von al-Qaida, darunter Osama bin Laden selbst, der sich in Pakistan versteckte.

Der »Drogen-Terrorismus«, ein Begriff, der 1983 vom peruanischen Präsidenten Fernando Belaúnde Terry geprägt wurde und der durch die Gewalttaten, eines Pablo Escobar in Kolumbien berühmt-berüchtigt wurde, beschränkt sich mittlerweile nicht mehr auf Lateinamerika. Nein, der Drogen-Terrorismus ist zum Gesicht des organisierten Verbrechens im 21. Jahrhundert geworden. Weit verzweigte Gruppierungen wie die Taliban, die Hamas, die Hisbollah und die FARC (Fuerzas Armadas Revolucionarias de Colombia) sind zweiköpfige Monster: Mischungen aus äußerst strukturierten, global agierenden Drogenkartellen und politisch motivierten Terroristen. Der Verkauf von Rauschgift wird immer mehr zur wichtigsten Geldquelle für terroristische Akte. Die Bombenanschläge auf Züge in Madrid vom 11. März 2004, die hunderteinundneunzig Opfer forderten, kosteten zum Beispiel relativ wenig – geschätzte 70 000 Dollar – und wurden vor allem durch den Vertrieb von Haschisch und Ecstasy finanziert.

Innerhalb der USA warf der Tod des Schauspielers Philip Seymour Hoffman, der 2014 durch eine Überdosis Heroin starb, ein neues Licht auf die sich hierzulande rapide ausbreitende Krise infolge Missbrauchs und Abhängigkeit von Opiaten. Jüngsten Schätzungen zufolge ist der Erstkonsum von Heroin in den Staaten zwischen 2004 und 2014 um fast 60 Prozent gestiegen. Viele Mitarbeiter der DEA und der lokalen Strafverfolgungsbehörden haben es selbst erlebt: Junge Leute steigen mit rezeptpflichtigen Opiaten ein – die ihre Eltern oft rechtmäßig verschrieben bekommen und die dann aus der Hausapotheke geklaut werden – und gehen später dazu über, winzige Herointütchen im Wert von ein paar Dollar auf der Straße zu kaufen.

Die Gesundheitsbehörde CDC (Centers of Disease Control

and Perevention) berichtet, dass Überdosen an Opiaten in den letzten Jahren zu mehr Todesfällen geführt haben als jede Verletzung. Außerdem meldet sie, dass bei 75 Prozent der Todesfälle durch rezeptpflichtige Medikamente Schmerzmittel mit Opioiden, Heroin und Morphin eine Rolle spielten. Eine Studie aus dem Jahr 2011 ergab, dass der Missbrauch von rezeptpflichtigen Opiaten den Vereinigten Staaten jährlich Produktivitätseinbußen in Höhe von 55,7 Milliarden Dollar beschert, ganz zu schweigen von den unkalkulierbaren Kosten für das Gesundheitssystem und die Strafjustiz. Im Nordosten der USA sterben in letzter Zeit alarmierend viele Menschen durch eine Überdosis; die DEA verzeichnete allein in New York 67 Prozent mehr beschlagnahmtes Heroin und 59 Prozent mehr Anklagen.

Der Missbrauch legaler Schmerzmittel mag der Einstieg sein, doch um die Flut des Heroins einzudämmen, müssen wir weiterhin gegen die Warlords des Goldenen Halbmonds vorgehen. Trotz all unserer Bemühungen – und der Milliarden Dollar für den Kampf gegen die Drogen – hat die Drogenkrise in Afghanistan ein Dauerhoch erreicht. Jahr für Jahr wird mehr Opium angebaut, und die Heroinproduktion bringt etwa 3 Milliarden Dollar ein, was 15 Prozent des afghanischen Bruttoinlandprodukts entspricht.

Niemand hat diesen Missstand so unermüdlich bekämpft wie mein Freund General Mohammed Daud Daud. Selbst als ich als SES nach Los Angeles zurückkehrte, sprachen wir regelmäßig miteinander und berieten über Strategien und Geheimdienstinformationen. General Daud teilte mir öfter ziemlich frustriert mit, dass es zusätzlich zu den Tausenden von Opiumproduzenten und -schmugglern mit Verbindung zu den Taliban viele Mitarbeiter im Staatsdienst gebe, die wegen illegaler Opiumgeschäfte angeklagt und verhaftet würden.

Die Warlords der Taliban, die im schmutzigen Heroingeschäft mitmischen, verhalten sich weitgehend wie traditionelle Mafiaerpresser: Nach Angaben der Vereinten Nationen nahmen sie im Jahr 2009 100 Millionen Dollar dadurch ein, dass sie den unabhängigen Opiumanbauern eine Steuer in Höhe von 10 Prozent abknöpften.

Mohammed wusste, dass er einfach nicht die finanziellen Mittel und das Personal hatte, um den Kampf allein auszufechten. Im Dezember 2008 hielt er bei einer UN-Konferenz in Kabul eine Rede und erklärte, die afghanischen Strafverfolgungsbehörden seien bei Ausbildung und Ausrüstung dringend auf internationale Unterstützung angewiesen. Er sprach mutig über die Sicherheitsdefizite und die Verbindung zwischen Drogenhandel und Terrorismus sowie über die weitverbreitete Korruption, wie sie in der afghanischen Polizei und bei der Armee vorkomme.

Ich hatte das Glück, dem DEA-Team anzugehören, das die benötigte internationale Unterstützung bereitstellen konnte.

Mohammed war ein furchtloser Mann und im wahrsten Sinne des Wortes ein Krieger – er blieb sein Leben lang Mudschahed. Und er war bereit, sich selbst dafür zu opfern, Afghanistan von einem Schurkenstaat unter der Knute eigensüchtiger Opium-Warlords in eine funktionierende, moderne Demokratie nach dem Rechtsstaatsprinzip zu verwandeln.

»Ed, ich nehme in Kauf, ermordet zu werden, weil ich meinem Volk diene«, erklärte er mir einmal. »Jeden Morgen, wenn ich aus dem Haus gehe, spreche ich ein Gebet, denn ich bin bereit zu sterben.«

Diese Worte berührten mich zutiefst. An wie vielen Arbeitstagen hatte ich mir – wie so viele meiner DEA-Kollegen – die Frage gestellt:

Willst du heute sterben?

Tragischerweise erwiesen sich die Worte meines lieben Freundes als prophetisch.

Im Mai 2011, während der sogenannten Frühlingsoffensive der Taliban, wurde General Daud nach einem Treffen im Hauptquartier des Gouverneurs der Provinz Tachar durch ein Selbstmordattentat getötet. Sechs weitere Personen, darunter zwei deutsche Soldaten, starben ebenfalls. Der Kommandeur der ISAF-Truppen in Nordafghanistan, General Markus Kneip, wurde schwer verletzt.

Die Taliban bekannten sich unmittelbar danach zu dem Terroranschlag.

Ich war gerade auf der Autobahn unterwegs, als ein Nachrichtensender im Radio die Meldung brachte. Sofort verließ ich die Straße und stellte den Motor ab. Meine Hände am Lenkrad zitterten, und ich war wie betäubt, weinte und sah starr zu, wie der entgegenkommende Verkehr an mir vorbeiraste.

Der Gebetsteppich, den General Daud mir geschenkt hatte – und den ich im Undercover-Einsatz mit HJK von Moschee zu Moschee schleppte –, ist bis heute mein wertvollster Besitz.

Verdeckt zu ermitteln ist eine Kunst. Doch über eines muss man sich im Klaren sein: Es ist ebenso eine dunkle wie eine *aussterbende* Kunst. Die Arbeit mit Geheimdienstlern, mit

Undercover-Agenten aus Fleisch und Blut – mittlerweile in orwellscher Manier »HUMINT« genannt: *human intelligence* – verlangt Zeit, Geduld und ausgeprägte Führungsqualitäten. Wir verlassen uns indes immer mehr auf modernste Technologien.

Fast drei Jahrzehnte lang war die Undercover-Arbeit mein Leben. Man kann es altmodisch nennen. Zurückhaltung, Gerissenheit und Wachsamkeit sind die Schlüssel dazu, diejenigen auszumanövrieren und zu überlisten, die dasselbe gern mit einem selbst machen würden. Man muss wissen, wie man sich eine Fassade zulegt. Wie man zum Hologramm wird. Wie man in das Umfeld einer Person eindringt, ohne dass sie es bemerkt.

Undercover-Arbeit verlangt, dass man den Körperkontakt zum anderen sucht. Wer jemandem allerdings so nah kommt, wird selbst in die Sache hineingezogen. Man wird zu der Person, welcher der andere sein Leben anvertraut. Und das ist es, was die DEA tut. Nur sehr wenige von uns sind übrig geblieben, denn unsere Vorgehensweise ist fast ausgestorben. Jimmy Soiles ist der unbestrittene Meister darin. Ich hatte das Glück, von den Besten lernen zu dürfen.

All das wird leider bald Vergangenheit sein. Ich glaube, dass die Kunst des verdeckten Ermittelns in ein paar Jahren endgültig verloren und vergessen sein wird. Warum? Das liegt vor allem am Vormarsch jener neuen Technologien, die eine virtuelle Präsenz ermöglichen, ohne tatsächlich vor Ort zu sein. Ich war dabei, als wir unsere Drohnen losschickten, die von verschiedenen Orten aus ferngesteuert werden, meist von der Edwards Air Force Base aus.

Unsere Drohnen sollen das menschliche Element ersetzen. Wir verfügen über Überwachungsfahrzeuge wie den winzigen RQ-11 Raven, die so klein sind, dass sie nur gut zwei Kilogramm wiegen und in den Rucksack eines Soldaten passen. Wer, wie ich, die sogenannten Drohnenpiloten beobachtet hat, weiß, wie seltsam es wirkt: Sie tragen Fliegeroveralls und sitzen in virtuellen »Cockpits«. Doch eigentlich ist es nur ein ausgeklügeltes Computerspiel, als würden sie *Halo* oder *Call of Duty* auf der Xbox 360 spielen.

Der »Pilot« gibt vom Edwards-Stützpunkt aus ein Signal via Satellit, und die Drohne hebt ab. In einer Höhe von 10 000 Fuß verharrt sie dann und kann aufgrund ihrer topmodernen Infrarotausstattung bei Tag wie bei Nacht und selbst in der Dämmerung Zielobjekte anvisieren und Raketen zum Einsatz bringen. Im Normalfall mit verheerenden Auswirkungen. Durch Predator-Angriffe sind mehr Führungsleute von al-Qaida ums Leben gekommen als durch irgendeine andere Waffe in unserem Arsenal.

Ich war persönlich vor Ort, um diese Einsätze zu veranlassen. Ja, es ist mir gelungen, Hadschi Juma Khan vor einem tödlichen Drohnenangriff zu bewahren – andere hatten weniger Glück.

Üblicherweise lief es so: Ich war undercover in Afghanistan unterwegs, als Lockvogel im Auftrag des Verteidigungsministeriums. Wenn es so weit war, teilte man mir mit, ich solle bestimmte Mitglieder der Taliban oder von al-Qaida in ein Telefonat verwickeln. Den letzten Anruf tätigen.

Wir unterhielten uns immer ein paar Minuten, dann – *Stille.*

Der Kerl am anderen Ende der Leitung war – zumindest für mich – ein Geist.

So sieht es heute aus. Sicherlich effektiv, aber Lichtjahre von unserer Undercover-Arbeit entfernt. In Anbetracht der erheblich veränderten Bedingungen der Strafverfolgung und der Tatsache, dass die neue Generation sich fast ausschließlich auf fortschrittliche Technologien verlässt, betrachte ich es mittlerweile als Privileg, eines der letzten Glieder in der Kette jener alten, geheimnisvollen dunklen Kunst zu sein, der ich mein Leben gewidmet habe.

Dank

Für ihre unschätzbare Hilfe beim Verfassen dieses Buchs danken die Autoren Richard Abate, Mike Bansmer, Charlie Conrad, Mike Holm, Leslie Hansen, Andrea Santoro, William Queen, José Martinez und Steve Whipple.

Anmerkungen

1 Interne Berichte zu einer laufenden Ermittlung der US-amerikanischen Drug Enforcement Administration heißen offiziell
»DEA-6«, werden von uns aber oft als »Sechser« bezeichnet.

2 Die DEA hat in den Brennpunktgebieten rund um den Glo-
bus – Mexiko, Kolumbien, Thailand, Burma, Afghanistan –
eine Reihe erfahrener Eliteeinheiten stationiert.

3 *Ermittlung auf zwei Rädern. Die wahre Geschichte des verdeckten Ermittlers, der sich in die brutalste Motorradgang
Amerikas einschleuste*, Berlin 2008.

4 Ich war erst der 24. DEA-Agent, der in den Possible Club aufgenommen wurde. Heute sind etwa 60 DEA-Leute Mitglied. Der
Club des FBI besteht seit der Wirtschaftskrise in den 1930ern,
daher hat er deutlich mehr Mitglieder aus den Reihen der Bun-
despolizei. Da die DEA erst seit 1973 existiert, ist unser Anteil
im Vergleich gering. Dennoch war es mir eine Ehre, in den
Possible Club aufgenommen zu werden – den durchlöcherten
Papierumriss, der als Ziel gedient hatte und jetzt an der Wand
meines Arbeitszimmers hängt, hüte ich sorgfältig.

5 Die »Supernoten« werden mit Tinte der höchsten Qualität auf
ein Baumwoll-Leinen-Gemisch gedruckt und mit Nachbildun-
gen der verschiedenen Sicherheitsmerkmale der US-Währung,
wie den roten und blauen Sicherheitsfasern, dem Sicherheits-
faden und dem Wasserzeichen, versehen.

6 Im Zusammenhang mit der Zerschlagung der nigerianischen

Drogenhandelsorganisation sprach der US-Senat am 28. April 1992 »Spezialagent Edward Follis für seinen besonderen Einsatz über seine Dienstpflicht hinaus« sein höchstes Lob aus. »Follis gelang es durch seine extrem sachkundige und unermüdliche Undercover-Arbeit, bis in die Tiefen dieser Organisation vorzudringen und deren komplexen internationalen Heroin- und Marihuanaschmuggel vollständig aufzudecken. Er traf sich regelmäßig mit Verdächtigen, die schwer bewaffnet waren und jederzeit hätten gewalttätig werden können.«

7 Ernest Hemingway: »Blaues Meer. Ein Brief vom Golfstrom«, in: Ders.: *49 Depeschen,* Reinbek bei Hamburg 2003, S. 216 (Gesammelte Werke, Bd. 10).

8 Im Oktober 2013 berichteten drei pensionierte Bundesbeamte dem Sender Fox News und mehreren Zeitungsjournalisten, dass die CIA an der Entführung, Folter und Ermordung Kiki Camarenas beteiligt gewesen sei, da die Behörde angeblich in den 1980er-Jahren in den Drogenschmuggel von Lateinamerika nach Mexiko verwickelt war, um Geld für die nicaraguanischen Contra-Rebellen zu beschaffen. Die CIA gab umgehend eine Pressemitteilung heraus, in der sie erklärte: »Die Andeutung, die CIA könnte irgendetwas mit dem Mord an einem US-amerikanischen Bundesbeamten zu tun haben, ist lächerlich.«

9 Das Urteil im Fall Carroll gegen die Vereinigten Staaten (1925) besagt, dass ein Fahrzeug ohne entsprechenden Beschluss durchsucht werden darf, wenn ein hinlänglicher Verdacht besteht, dass sich darin Beweismaterial befindet, und die akute Gefahr droht, dass das Fahrzeug entfernt wird, bevor ein solcher Beschluss vorliegt.

10 »Addiction, Crime and Insurgency: The Transnational Threat of Afghan Opium«, Bericht des Büros der Vereinten Nationen für Drogen- und Verbrechensbekämpfung, 2009.

11 Ich war während des Prozesses gegen Hadschi Bagcho Sherzai der einzige Sachverständige, der als Zeuge auftrat. Er wurde von einer Geschworenenjury am 13. März 2012 in folgenden Punkten für schuldig befunden: erstens des verbrecherischen Komplotts, da er ein Kilogramm Heroin oder mehr vertrieben hatte in dem Wissen und mit der Absicht, dass es illegal in die Vereinigten Staaten eingeführt würde; zweitens des Vertriebs von einem Kilogramm Heroin oder mehr in dem Wissen und mit der Absicht, dass es illegal in die Vereinigten Staaten eingeführt würde; und drittens des Drogen-Terrorismus.

12 So hatten die US-amerikanischen Behörden Hadschi Juma Khan im Laufe des Jahres 2001, nach dem Einmarsch des Bündnisses in Afghanistan, kurzzeitig festgenommen, doch er wurde – aus bis heute rätselhaften Gründen – beinahe auf der Stelle wieder freigelassen.

13 1998, nach vier Jahren ohne erneutes Krebswachstum, erklärten meine Ärzte in St. Louis, der Krebs sei völlig ausgeheilt.

14 Sunzi: *Die Kunst des Krieges*, hrsg. von James Clavell, München 1988.

Packende Missionen, gnadenlose Gegner –
Navy SEALs bei Heyne

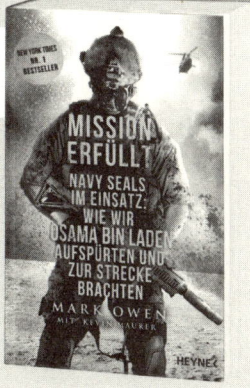